JN336196

意志表現を中心とした日本語モダリティの通時的研究

ひつじ研究叢書〈言語編〉

【第70巻】言葉と認知のメカニズム—山梨正明教授還暦記念論文集
　　　　　　　　　　　　　　　　　　　　　　　　児玉一宏・小山哲春 編
【第71巻】「ハル」敬語考—京都語の社会言語史　　　　　辻加代子 著
【第72巻】判定質問に対する返答—その形式と意味を結ぶ談話規則と推論
　　　　　　　　　　　　　　　　　　　　　　　　　　　内田安伊子 著
【第73巻】現代日本語における蓋然性を表すモダリティ副詞の研究　杉村泰 著
【第74巻】コロケーションの通時的研究—英語・日本語研究の新たな試み
　　　　　　堀正広・浮網茂信・西村秀夫・小迫勝・前川喜久雄 著
【第76巻】格助詞「ガ」の通時的研究　　　　　　　　　　山田昌裕 著
【第77巻】日本語指示詞の歴史的研究　　　　　　　　　　岡﨑友子 著
【第78巻】日本語連体修飾節構造の研究　　　　　　　　　大島資生 著
【第79巻】メンタルスペース理論による日仏英時制研究　　井元秀剛 著
【第80巻】結果構文のタイポロジー　　　　　　　　　　　小野尚之 編
【第81巻】疑問文と「ダ」—統語・音・意味と談話の関係を見据えて　森川正博 著
【第82巻】意志表現を中心とした日本語モダリティの通時的研究
　　　　　　　　　　　　　　　　　　　　　　　　　　　土岐留美江 著
【第83巻】英語研究の次世代に向けて—秋元実治教授定年退職記念論文集
　　吉波弘・中澤和夫・武内信一・外池滋生・川端朋広・野村忠央・山本史歩子 編
【第84巻】接尾辞「げ」と助動詞「そうだ」の通時的研究　漆谷広樹 著
【第86巻】現代日本語における外来語の量的推移に関する研究　橋本和佳 著

ひつじ研究叢書〈言語編〉第82巻

意志表現を中心とした
日本語モダリティの通時的研究

土岐留美江著

ひつじ書房

目　次

まえがき　　　　　　　　　　　　　　　　　　　　　　xi
凡例　　　　　　　　　　　　　　　　　　　　　　　　xiv

序章　　　　　　　　　　　　　　　　　　　　　　　1

1. はじめに　　　　　　　　　　　　　　　　　　　　1
2. 先行研究におけるモダリティ論と意志表現の位置づけ　　2
    2.1. モダリティとは何か　　　　　　　　　　　　　2
    2.2. 意志表現の位置づけ　　　　　　　　　　　　　8
3. 言語形式と文脈的意味　　　　　　　　　　　　　　11

第1部　助動詞「う」と「だろう」　　　　　　　　　15

第1章　江戸時代における助動詞「う」の変遷　　　　17

1. はじめに　　　　　　　　　　　　　　　　　　　　17
2. 全体の傾向　　　　　　　　　　　　　　　　　　　19
3. 分析　　　　　　　　　　　　　　　　　　　　　　22
    3.1. 終止法　　　　　　　　　　　　　　　　　　22
    3.2. 準終止法　　　　　　　　　　　　　　　　　24
    3.3. 準連体法　　　　　　　　　　　　　　　　　25
    3.4. 連体法　　　　　　　　　　　　　　　　　　29
4. おわりに　　　　　　　　　　　　　　　　　　　　31

第2章　江戸語における連語「そうにする」の機能　　33

1. はじめに　　　　　　　　　　　　　　　　　　　　33

2. 現代語の「そうにする」	33
3. 江戸語の「そうにする」	35
4. 構成要素の意味と連語全体の意味との関係	36
5. 江戸語の「そうな（だ）」と現代語の「そうだ」	37
6. 江戸語の「そうにする」と「うとする」「んとす（る）」	39
7. 「そうにする」の将然態用法の発生及び衰退の背景	47
8. おわりに	48

第3章　江戸語と現代語における「だろう」の比較
　　　　　―推量から確認要求へ―　　　　　　　　　　　51

1. はじめに	51
2. 考察対象範囲及び分析資料	52
3. 集計結果及び考察	54
3.1. 全体の傾向	54
3.2. 「う」と「だろう」及び上接語について	55
3.3. 推量を表す指標	59
3.4. 終助詞との共起状況	63
4. おわりに	64

第4章　後期江戸語を中心とした「だろう」の用法分類　69

1. はじめに	69
2. 分析資料	70
3. 先行研究における分析枠組み	71
3.1. 田野村（1990a）	72
3.2. 蓮沼（1993）、（1995）	73
3.3. Szatrowski（1994）	74
4. 江戸語を中心とした「だろう」の用法の再検討	78
4.1. 本章での分析枠組み	78
4.2. 江戸語及び現代語の用例の分析	82
5. おわりに	87

第 2 部　形式名詞を用いた意志表現　　　　　　　　　　　　　91

第 1 章　江戸時代における名詞「つもり」の変遷―モダリティ表現としての文末表現形式化と形式名詞化の過程―　93

　　1. はじめに―意志表現の中での「つもり」の占める位置―　　93
　　2. 研究方法及び分析資料　　94
　　3. 考察　　98
　　　　3.1. 第一期（17 世紀末から 18 世紀初頭、元禄の上方の浮世草子類、及び浄瑠璃類）　　102
　　　　3.2. 第二期（18 世紀半ばから 19 世紀、文化文政期以前の江戸の黄表紙類、及び洒落本類）　　108
　　　　3.3. 第三期（19 世紀初頭から 19 世紀半ば、文化文政期から天保期にかけての江戸の滑稽本類、及び人情本類）　　112
　　　　3.4. 第四期（19 世紀後半から 20 世紀初頭、明治以降の落語口演速記及び小説類）　　119
　　　　3.5. 元禄期（西鶴、近松）と明治期（鷗外、漱石）の比較　　123
　　4. おわりに　　125

第 2 章　意志表現に用いられる「つもり」以外の名詞の分布と変遷　129

　　1. はじめに　　129
　　2. 先行研究　　129
　　3. 研究方法及び分析資料　　131
　　4. 分析　　133
　　　　4.1. 江戸語・東京語の意志表現に用いられる名詞・形式名詞　　133
　　　　4.2. 「気」と「心」　　135
　　　　4.3. その他の名詞　　146
　　5. おわりに　　151

第3部　動詞基本形を用いた意志表現　　　155

第1章　テンスとモダリティとの関係
　　　　―現代韻文資料における動詞基本形のテンス―　　　157

1. はじめに　　　157
2. 問題の所在―意志モダリティと未来時との関係―　　　158
3. 動詞基本形使用の諸条件　　　160
4. 分析資料及び集計結果　　　161
5. テンスの基準としての発話時　　　163
6. 現代和歌における動詞基本形　　　163
   6.1. 未来系用法　　　163
   6.2. 現在系、事実系用法　　　166
   6.3. 和歌のまとめ　　　169
7. 現代詩における動詞基本形　　　170
   7.1. 未来系用法　　　170
   7.2. 現在系、事実系用法　　　171
   7.3. 詩のまとめ　　　174
8. 談話スタイルと文章スタイル　　　175
9. おわりに　　　176

第2章　古代語と現代語の動詞基本形終止文
　　　　―古代語資料による「会話文」分析の問題点―　　　179

1. はじめに―日本語の文末表現体系と動詞基本形―　　　179
2. 動詞基本形の現場（文脈）的意味についての先行研究　　　180
   2.1. 現代語―尾上（1995、2000）　　　181
   2.2. 古代語―小島（1995）、大木（1997）　　　182
3. 分類の視点―動詞基本形とテンス・アスペクト　　　185
4. 考察対象範囲　　　186
   4.1. 動詞基本形の定義　　　186
   4.2. 分析資料　　　187
5. 古代語・現代語の基本形意味用法の比較分析　　　188

	5.1.	A. 恒常用法		190
	5.2.	B. 未来用法		193
	5.3.	C. 現在用法		194
	5.4.	D. 過去用法		199
	5.5.	E. 評価・解説用法		201
6.	おわりに			203
	6.1.	分析結果と解釈		203
	6.2.	もう1つの解釈の可能性 ―古代語の「会話文」の中の「地の文」性		205

第3章　平安和文会話文における連体形終止文　211

1. はじめに―問題の所在　211
2. 先行研究　212
    2.1. 記述的考察　212
    2.2. 原理的考察　213
3. 本章の分析対象範囲　214
4. 助動詞を伴わない動詞述語文　215
    4.1. 述語動詞の意味的性質による分布　215
    4.2. 動作・変化動詞文の文内容　217
5. 助動詞を伴わない形容詞述語文　224
6. 助動詞付加文　226
7. まとめ―連体形終止の表現性の本質と原理―　229
8. おわりに　231

付章　日本語と中国語の意志表現　233

1. はじめに　233
2. 研究方法　234
3. 分析　235
    3.1. 一次的モダリティと二次的モダリティ　235
    3.2. 調査結果と考察　237
4. まとめと今後の課題　246

おわりに 251
   1. まとめ 251
   2. 意志表現とモダリティ 252
   3. 言語体系の通時的考察 255

引用文献・参考文献一覧 257
語句索引 269
人名・書名索引 275

まえがき

　意志表現とは意味的カテゴリーである。日本語を通時的に見渡してみると、多くの場合、形態的には推量表現を担う形式と同一であるものが文脈的に意志表現を担っている。それ故に、推量表現に比較して意志表現は研究対象として正面から取り上げられることが少なかったと言えよう。

　本書は筆者が学部以来、興味を持ち続けてきた意志表現の通時的変遷に関する論文をまとめたものである。金田一春彦氏（1953）の「不変化助動詞の本質（上）、（下）」を手にしたことが研究の発端である。助動詞「う」への興味から、形式名詞「つもり」へ、さらに文末表現としての終止形や連体形の機能へと進んだのであるが、常に念頭にあったのは日本語のモダリティとは何かという問題である。

　現代日本語のみ、または、古代日本語のみに研究対象を限ることなく、通時的な変遷の過程に焦点をあてる試みの中で、他の研究法では見えてこなかったものが見えてくるのではないかと考えた。本書で明らかにし得たことは、ほんの一部に過ぎないが、日本語のモダリティの本質を考えるための一つの足がかりに出来ればと願っている。

　本書の構成と各章の内容は以下の通りである。
　序章では、研究のテーマであるモダリティについての先行研究を概観し、意志表現という意味的カテゴリーを研究対象として取り上げるに至った背景を述べる。
　第1部では、助動詞「う」と「だろう」について江戸語を中心とした考察

を行う。現代語のように、意志は「う」推量は「だろう」と、助動詞としての機能分化が起こるのがこの時期であり、近世から近代にかけては重要な転換期である。

　第2部では、形式名詞「つもり」を中心に文法化の実態の考察を行う。近世から近代にかけては、文末表現全体に近代的分析的表現が伸張してくる時期であり、「つもり」も含めて、現代語の文末表現の体系の源流となるさまざまな新しい表現形式が生み出され、定着していった過程が観察されるのがこの時期である。

　第3部では、最もシンプルで原始的な方法である動詞終止形終止による意志表現について、古代語と現代語とを対比させつつ考察する。古代語では動詞の終止形終止は実態として多くなく、連体形終止の性格づけを避けて文末終止の問題を考えることは難しい。連体形終止についても併せて考察する。

　付章として現代日本語と現代中国語の意志表現を概観し、最後に意志表現の通時的考察についてのまとめと本書の意義づけを行う。

　本書の各章のもとになった既発表論文（原論文）との関係は次の通りである。

序　章　　一部は「古代語、現代語における動詞基本形終止文の機能」『愛知教育大学研究報告（人文・社会科学篇）』52　愛知教育大学（2003、3）、他の部分は書き下ろし。

第1部

第1章　　「江戸時代における助動詞「う」―現代語への変遷―」『都大論究』29　東京都立大学国語国文学会（1992、6）

第2章　　「江戸語における連語「そうにする」の機能」『文学・語学』163　全国大学国語国文学会（1999、5）

第3章　　「「だろう」の確認要求の用法について―江戸時代後期と現代語における様相の比較―」『日本近代語研究3』ひつじ書房（2002、3）

第4章　　「「だろう」の用法分類についての一試案―後期江戸語を中心に」

『愛知教育大学研究報告（人文・社会科学篇）』48　愛知教育大学（1999、3）

第 2 部

第 1 章　「意志表現としての「つもり」の発達―モダリティ化への歴史的変遷―」『都大論究』31（1994、6）

第 2 章　「江戸語以降の意志表現に現れる名詞―「つもり」以外のものについて―」『日本語研究』14　東京都立大学国語学研究室（1994、3）

第 3 部

第 1 章　「現代韻文資料における日本語動詞基本形のテンス」『国語国文』68-6　京都大学文学部国語国文学会（1999、6）

第 2 章　「古代語と現代語の動詞基本形終止文―古代語資料による「会話文」分析の問題点―」『社会言語科学』6-1　社会言語科学会（2003、9）

第 3 章　「平安和文会話文における連体形終止文」『日本語の研究』1-4　日本語学会（2005、10）

付　章　「日本語と中国語の意志表現」『日本語研究』16　東京都立大学国語学研究室（1996、4）

おわりに　書き下ろし

　本書を成すにあたり、学部学生時代から常に温かく御指導下さった小林賢次先生に心より深謝申し上げる。また、研究会や学会等で拙い発表を聞いて下さり、温かい御助言を下さった皆様をはじめ、大変お世話になった、本書の出版をお勧めいただいたひつじ書房の松本功氏、ならびに編集担当の工藤紗貴子さんに心より御礼申し上げる。

2009 年 9 月 22 日　　　　　　　　　　　　　　　　　　　土岐留美江

凡例

分析資料の略称および出典一覧

  岩波大系：日本古典文学大系、岩波書店、1957–1967
  新大系　：新日本古典文学大系、岩波書店、1989–2005
  古典全集：日本古典文学全集、小学館、1970–1976
  明治全集：明治文学全集、筑摩書房、1965–1989

序章

1. はじめに

　現代日本語の文法研究においては、対象言語を大きく命題とモダリティの2つの要素に分ける観点がある。益岡(1991)は、日本語は他の言語に比べてこのモダリティの部分が言語構造の中に組織的、体系的に組み込まれており、いわば文法化の度合いが高いため、日本語を対象としてモダリティ研究を進めることで、諸言語のモダリティ研究に対して問題提起をなしうる点が多いと述べている。現代語については、個別形式の用法についても、また、体系的研究についても相当な研究成果が蓄積されつつある。一方、古代語のモダリティについては、現代語モダリティ研究の成果を踏まえ、いわゆる推量の助動詞を中心に、現代語研究と古代語研究との連携をめざして書かれた高山(2002)などの研究が挙げられる。しかし、個別的語彙変遷の研究としてではなくモダリティ表現としての観点から、体系的に通時的変遷の過程を考察しようとする試みはほとんどなされていない。
　日本語史の上で、文末モダリティ表現が、現代語のように「〜かもしれない」「〜にちがいない」「〜はずだ」「〜わけだ」「〜つもりだ」などの分析的表現を豊富に持ち、それらが助動詞類と共に階層的、体系的に用いられるようになったのはそれほど古いことではない。このような体系化の流れは、多く近世以降に起こったものである。しかし、現代語のモダリティ体系の直接の源流である近世、近代の実態を、記述的に研究していこうとする試みについてはいまだ不十分である。

以上のような観点から、本書では近世江戸語を中心として、モダリティ表現の中から、特に意志表現に関係する形式を選んで考察する。意志表現として代表的な形式である助動詞の「う」は、モダリティの諸先行研究において、現代日本語の様々な文末モダリティ表現の中でも最も外側の部類に、つまり最もモダリティらしいモダリティとして位置づけられており、また、助動詞研究の枠組みにおいても、例外なく、相互承接において最も下位に位置し、最も主観性の強いものとされてきた。しかし、同じく古代語の助動詞「む」を祖とする「だろう」に代表される推量系のモダリティが、現代語、古代語ともによく考察対象に取り上げられ、比較的分析が進んでいるのに対して、「う・よう」などの意志系のモダリティの研究はあまりなされておらず、意志モダリティの位置づけについても諸説で一致を見ていない。意志モダリティは、日本語研究の上で考えるべき課題を多く残していると思われる。

2. 先行研究におけるモダリティ論と意志表現の位置づけ

2.1. モダリティとは何か

　日本語研究において「モダリティ」や「ムード」という概念が何を指すのかということが問題にされる。従来提示されたいくつかのモダリティ体系論について、近藤（1989）や尾上（1997）、ハイコ・ナロック（2002）などで、概念の異質なものの混在ぶりとその問題点が指摘されている。日本語研究におけるモダリティ概念は、英語の法助動詞をめぐるムードの概念から、伝統的国文法による時枝氏の詞辞論、山田氏以降の陳述論、更にC.フィルモアの命題対モダリティの論における概念等が含まれており、その対象も、助動詞はもとより、終助詞や間投詞、また平叙文、命令文等の文の類型等も含めた多種多様なものが扱われている。しかし、従来の先行研究は、聞き手に関する要素をモダリティに認めるか否かで大きく2つの立場に分けられる。以下、日本語モダリティ研究におけるそれぞれの立場の代表的諸氏による概念規定がどのようなものかを概観する。

2.1.1. 聞き手の要素をモダリティの概念に含める立場

　益岡(1991)では「「モダリティ」という概念を規定するための基本となるのは、主観性の言語化されたものである、という見方である。(p.30)」と述べ、モダリティを大きく判断系のモダリティと表現系のモダリティとに二分し、何らかの形で聞き手に対する要素を含むものを表現系のモダリティとしてカテゴリー化している。この「主観性」を軸とする概念規定については、問題が多いことが既に多くの研究者によって指摘され、また、益岡がモダリティとして挙げる「ほしい」などの感情・思考表現や、「くれる」「もらう」などの授受表現、「です・ます」などの丁寧表現、「ねえ、～よ」のような呼びかけや終助詞などの幅広く異質なものを、すべてモダリティの範疇に含めることについても異論が多い。そのため、同様にモダリティの概念に聞き手の要素を含める立場の諸氏も、これらの点についてはそれぞれ立場を異にする。

　例えば仁田(2000)では、

> 命題とは、おおよそ、話し手が外界や内面世界との関係において描き取った、客体的・対象的な出来事や事柄を表した部分である。それに対して、モダリティとは、おおよそ、言表事態をめぐっての話し手の捉え方、および、それらについての話し手の発話・伝達的態度のあり方を表した部分である。(p.81)

と述べており、概念規定において「主観的」という用語が注意深く避けられている。モダリティに「発話・伝達のモダリティ（益岡の表現系モダリティにあたる）」と「命題めあてのモダリティ（同じく判断系モダリティにあたる）」との二種を認める点では益岡と同様だが、それぞれの概略的規定は、

> 発話・伝達のモダリティとは、言語活動の基本的単位である文が、どのようなタイプの発話・伝達的機能を担っているのか、といった発話・伝達の機能類型や話し手の発話・伝達的態度のあり方を表したものであ

る。それに対して、命題めあてのモダリティとは、話し手の命題(言表事態)に対する把握のあり方・捉え方を表したものである。(p.82)

とされ、また、次の記述から、両者は形態的に区別出来るものというより、同一の形態上に同時に生起する存在であると考えられていることがうかがえる。

（１）　どうか僕に力を<u>貸して下さい</u>。
（２）　この夏一緒に北海道に<u>行こう</u>。
（３）　もう秋田は<u>寒かったかい</u>。
（４）　このケーキ、<u>おいしいね</u>。
（５）　たぶん明日は<u>晴れるだろう</u>。
（６）　やっぱり僕が<u>間違っていたのかな</u>。
　　　　　　　　　　(用例番号は土岐により変更してある。以下同様。)

を例にとれば、1の文に観察される依頼や、2が表している誘いかけ、3の問いかけ、4の同意要求が、発話・伝達のモダリティの例であり、5に出現する推量や、6の疑いが、命題めあてのモダリティである(<u>もっとも、こう述べたからと言って、5、6が発話・伝達のモダリティを帯びていないというわけではない</u>)。
　　　　　　　　　　(pp.81–82、アンダーラインは土岐による。以下同様。)

　また、森山(2000)でも、「主観性」という規定ではなく、以下のように「述べ方」という説明をとっており、この点に限って言えば、後述する尾上(2001)にも通じる。[注1]

モダリティは、文の発話行為的な意味を規定するものであるから、基本的に、「話し手」の「発話時」における「<u>述べ方</u>」を表す。(p.4)

やはり、仁田氏の「発話・伝達のモダリティ」「命題めあてのモダリティ」に相当すると思われる「聞き手めあてのモダリティ」と「内容めあてのモダ

リティ」の二種を認め、「僕は帰る。」などの例では、両者の分別が非常に難しいことを述べている。しかし、益岡氏とは異なり、「です・ます」のような丁寧形については、聞き手めあて性は認められるものの、文体選択の問題としてモダリティとは区別すべきであるとしている。更に、聞き手めあてのモダリティの代表格とされてきた終助詞についても、「今日はいい天気だなあ。」のように終助詞が聞き手めあてではない例が存在することから、

> 「聞き手めあて」という機能上の特性と終助詞という形式の位置づけについて、単純な対応関係は仮定出来ない。形態とその意味機能には重要な相関はあるが、文の構造を考える上で絶対的なものではない。(p.11)

と述べている点は注目すべきである。

また、工藤浩(2000)でもイギリスのM. A. K. Halliday(1970)の説などを紹介しつつ、以下のようにモダリティの定義には聞き手の要素が含まれるという考えをとっている。

> 本章では〈叙法性 modality〉を
> 　話し手の立場から定められる、文の叙述内容と現実および聞き手との 関係づけの文法的表現
> と規定しておくことにする。(中略)この定義のポイントは、<u>話し手、聞き手、現実(状況)、それに文の叙述内容という、言語活動の場における必須の4契機(cf. K. Bühler(1965²)のオルガノン・モデル)の間の関係表示(関連づけ)が叙法性である</u>、と見なす点にある。(p.184)

2.1.2. 聞き手の要素をモダリティの概念に含めない立場

「対聞き手めあて性」といったものはモダリティとは区別して扱うべきだとする立場に尾上(2001)、野村(2003)、ハイコ・ナロック(2002)などがある。これらはモダリティの中に、益岡氏らの言う「表現系モダリティ」に相当する下位区分を設けず、「判断系モダリティ」にあたるもののみを対象と

している。また、現代日本語のみならず、古代日本語についても包括的に考察を行っている。高山（2002）も直接的には益岡氏らのモダリティの枠組みをうけているが、表現系モダリティにあたるものを考察対象から除外することによって、結果的にはこの立場から記述されたものであると言えよう。

　例えば尾上（2001）では、終助詞をモダリティから除外し、更にテンス・アスペクトとモダリティとの間にも階層的関係を認めないなど、益岡氏らの説とは大きく異なっている。尾上氏は、日本語のモダリティは叙法（事態の描き方＝述べ方）のタイプに対応する述定形式が場合によって様々な意味を文にもたらすものとして把握すべきであると述べ、益岡氏らのモダリティ論に対して次のような批判を行っている。

　　日本語以外の言語を対象にしたモダリティ論において、話し手の発話の姿勢、対聞き手の気持ちや、疑問、命令など文の種類というようなものが「モダリティ」に数えられたことは、ない。モダリティとは叙法（ムード）の持つ意味、内実のことであって、モーダル・オーグジリアリ（法助動詞）の表す意味のことである。発話をめぐる主観性一般がモダリティであるとする議論は、言語学上の「モダリティ」概念とは隔絶した、日本だけで主張される特異な"モダリティ"論であると言えそうである。（pp.302-3）

この点については、田野村（2004）などで、

　　筆者の理解するところでは欧米の言語研究においてもモダリティという概念は必ずしも尾上氏の言うような意味にのみ限定されているわけではなく、実際、様々な品詞・構文にわたる広範囲な表現をモダリティ要素として認定している英語の研究もある。（p.4）

という指摘があり、必ずしも尾上氏の批判がそのまま認められるものではないが、聞き手の要素をモダリティから明確に排除した上で、日本語の述定形

式の全体像について次のように述べている。

> 日本語の述定形式は、その事態の成立、存在を積極的に承認するか、ただ単に事態表象を言語的に組み立てるだけ（事態構成）であるかという第一の観点と、それが話し手にとっての現実世界（過去のことで今はそこにないという場合も含めて）に属する事態を語るか、非現実界の事態を語るかという第二の観点と、この2つによって4つの象限に区分される。（p. 460）

	古代語	現代語
未然形＋ム 未然形＋ウ・ヨウ	非現実事態仮構の叙法	意志・推量の意味の表示形式 （非終止法の場合のみ 非現実事態仮構の叙法）
動詞基本形	現実事態構成の叙法	事態構成の叙法 ［非現実事態仮構 ＋現実事態構成］

(p. 458)

しかし、この分析の枠組みは古代語の場合にはよくあてはまるが、現代語についてはあまり整然としていない面があることは否めない。尾上（2001）自身も注で次のように言及している。

> ただし現代語の助動詞に限って言えば、1つの述べ方に対応する叙法形式という意味合いは薄れ、むしろ（推量なり意志なり否定なり過去なりの）ある特定の表面的な意味を専門に表示する形式に相当程度変化してしまっていると見るのが妥当である。古代語「ム」と現代語「（ヨ）ウ」のあいだにも、そのような変質がある。（「（ヨ）ウ」の非終止法の現象を見よ。）（pp. 487–488）

また、野村（2003）では、モダリティを「文内容の現実性・可能性・蓋然性・必然性・当為性など文内容と現実との関わり（これは勿論話し手によって認

定されたものである）として把握する。(p.17)」と述べ、「射映性、超越性」という概念を文法論に適用し、尾上(2001)同様、古代語と現代語の両者を対象としてモダリティ形式の分類を行っている。しかし、野村(2003)では「具体的なモダリティ形式は現実外であることを表す形式である(p.23)」として対象を限定している点で、尾上(2001)とは異なり、動詞基本形を考察対象に含めていない。

　また、ハイコ・ナロック(2002)でも、Palmer(1998)やGivón(1995)を挙げつつ、近年の一般言語学で最も有力となっており、また、研究の実用的定義として有効であることを理由に、「文内容の事実性を未決定とする」表現をモダリティとして定義する立場をとっている。

2.2. 意志表現の位置づけ

　次に、以上見てきたようにそれぞれ立場を異にする日本語モダリティ論において、本書で扱う意志表現がどのような位置づけをなされているかを見ていく。

2.2.1. 聞き手の要素をモダリティの概念に含める立場

　まず、聞き手の要素をモダリティの概念に含める立場の代表として、具体的に意志表現の位置づけが示されている仁田(1991)と森山(1988)の分類を比較する。

A　仁田(1991)
　　発話・伝達のモダリティ
　　　　①働きかけ　　①'命令
　　　　　　　　　　　①"誘いかけ
　　　　②表出　　　　②'意志・希望
　　　　　　　　　　　②"願望
　　　　③述べ立て　　③'現象描写文
　　　　　　　　　　　③"判断文
　　　　④問いかけ　　④'判断の問いかけ

　　　　　　　④"情意・意向の問いかけ
B　　森山(1988)
　　　述定（事実報告／疑／蓋然性）
　　　表出
　　　広義命令
　　　意志

　現代語のみを念頭においた森山氏、仁田氏の分類では、意志と推量は別扱いとなる。森山(1988)では典型的形式として意志の類型に「う（よう）」を、述定の疑の類型に「だろう」を挙げている。また、仁田(1991)では働きかけと表出の下位分類である誘いかけと意志・希望に「う（よう）」が、述べ立ての下位分類としての判断文に「だろう」がそれぞれ挙げられている。しかし、必ずしも一形式一機能の対応を設定しているわけではなく、同一の表現形式が異なる発話・伝達のモダリティに現れるという解釈をとっている。

　仁田(1991)では表出の中の下位分類として願望と並べて意志・希望を位置づけているのに対し、森山(1988)では意志を願望（〜たい）などの表出とは別の独立したカテゴリーとして、述定や広義命令等と並列的に位置づけられている。このように、モダリティの定義において極めて近い立場をとる両者の間でも、意志表現の位置づけについては見解が異なっている。

2.2.2.　聞き手の要素をモダリティの概念に含めない立場
　次に、聞き手めあて性をモダリティの要素として認めない立場の代表として、尾上(2001)と野村(2003)の分類を比較する。
　尾上(2001)では、現代語のウ・ヨウについては叙法形式としての性格は薄れ、古代語とは相当程度変化してしまっていると述べられており、その叙法としての位置づけも曖昧にならざるを得ない。しかし、ウとダロウはともに乙に分類されている。また、古代語のムは丁に分類されており、現代語のウやダロウとは扱いが異なっている。
　一方、野村(2003)では、ムもウもダロウも射映的形式に分類されている。そしてその中で、ダロウは真偽判断に関わる形式、ウは価値判断に関わる形

式と分類されており、扱いが異なる。そしてムは真偽判断、価値判断の両方にまたがる形式とされている。

このように、聞き手めあて性をモダリティのカテゴリーから除外するという点で共通する二者について見ても、やはり意志表現の位置づけは一致していない。

C　尾上（2001）

	現実事態	非現実事態
事態承認	甲	乙
事態構成	丙	丁

（p.460）

甲：古代語　ツ・ヌ・タリ・リ・キ・ケリ、終止形接続のナリ・メリ
　　現代語　タ・テイル、存在詞・形容詞の終止形、ヨウダ・ソウダ・ナイ
乙：古代語　終止形接続のベシ・ラシ
　　現代語　(叙法的性格としてでなく、結果的に非現実事態をめぐってある主張をなしているというだけの意味で)ウ(ヨウ)の終止形、ハズダ・ベキダ・ラシイ・ダロウ、(一面では)ヨウダ・ソウダ
丙：古代語　動詞終止形
　　現代語　動詞終止形
丁：古代語　未然形接続のム・ズ・マシの全体
　　現代語　現代語のウ(ヨウ)の非終止法、動詞終止形

D　野村（2003）

		超越的	射映的
真偽判断	古代	ベシ、マシジム、ラ	ム、ケム、ジ、マシ
	現代	ウル、カネナイ、ハズダ	ダロウ
価値判断	古代	ベシ	ム、命令形、ナ（禁止）
	現代	ベキダ、テモヨイ	ウ・ヨウ、命令形、ナ（禁止）

（p.24）

3. 言語形式と文脈的意味

　日本語の歴史を古代と近代とに二大別する考えに沿って意志表現形式の変遷を概観すると、近世以前の古代日本語においては、
　　①いわゆる意志・推量の助動詞「む」によるもの
　　②動詞の基本形によるもの
の二種類の表現方法がある。一方、近代語においては、
　　①意志の助動詞「う(よう)」によるもの
　　②動詞の基本形によるもの
　　③形式名詞「つもり」を用いた「〜するつもりだ」によるもの
の三種類の表現方法がある。(注2)　古代語において、意志表現の中心となっているのは①の助動詞「む」であり、②の動詞基本形による表現はごく少数派である。一方、近代語では中心となるのはやはり「む」の後身である①の助動詞「う」であり、次に使用頻度が高いのが②の動詞基本形によるもので、最も頻度が低いのが③の「つもり」によるものである。古代語、近代語を通して見ると、意志表現の主な担い手は助動詞「む(う)」と動詞基本形であると言える。

　最も歴史の新しい③の「つもり」による表現方法は、古代語、近代語通して日本語の意志表現を担う形式の内で、唯一、意志表現専用形式と言える。しかし、他の主要な二種、つまり助動詞「む(う)」による表現方法と動詞基本形による表現方法とは、それぞれの形式が実際の表現上で表す意味は意志だけではない。助動詞「む」を例にとると、「む」の表す文脈的意味はおおよそ次のように様々なものがある。

〈助動詞「む」の文脈的意味〉
　　　意志、希望、勧誘、期待、命令、推量、婉曲、仮定、可能性など
近代語においては、「む」はその役割に応じて意志の「う(よう)」と推量の「だろう」とに二分されるが、「う(よう)」で推量や婉曲を表す用法はかなり後まで残り、現代語でも慣用的表現や文語的文体の書き言葉においては残っているので、(注3)「う」イコール意志専用形式ときれいに割り切れるも

のではなく、多義的な性格を残している。また、動詞基本形については無標形であるゆえに文脈により多義的であることは言うまでもなく、動詞基本形が意志表現となりうるのは、次のような諸条件がすべて整った場合に限られる。

〈動詞基本形が意志を表すための条件〉
  1. 会話文中であること
  2. 主節の文末に位置すること
  3. 助動詞類がつかないこと
  4. 意志動詞であること
  5. 主体が一人称の平叙文であるか、同じく二人称の疑問文であること

また、意志専用形式形式であるとした「つもり」にも、「私はそのとき言ったつもりだった。（しかし、実際に言い忘れてしまっていた）」のように、「つもり」に前接する連体修飾句の述部が過去形である場合には、一人称主体にとってコントロール可能な未来の行為を指向する通常の意味での「意志」表現とは言えない場合がある。この場合は、過去のある時点での話者の判断（思い込み）の内容を示すものとなる。

すなわち、意志表現は古代語においても現代語においても多分に文脈依存的な表現カテゴリーであり、形態と意味との対応関係が比較的明確である推量系表現形式に対して分析対象になりにくい。そのため、典型的なモダリティ表現である推量系表現形式と比較して研究が進まず、モダリティの中での位置づけも曖昧なものとならざるを得なかったと考えられる。

本書では「意志表現」を意味的カテゴリーとして設定し、それに関与する「う」「〜するつもりだ」「動詞基本形終止文」などの諸形式を包括的に取り扱う。典型的モダリティの周辺に位置する関連諸形式の歴史的変遷を、文脈と形態との関係を考察しつつ記述することを目的とする。これらの諸形式は、場合によってはモダリティの範疇に入れるべきかどうかが問題となるが、(注4)結果的にモダリティの範疇に含めるかどうかは別として、形態的、意味的に、明らかなモダリティである判断系（推量系）表現との何らかのつながりを感じさせ、日本語のモダリティを論じる上で、やはり何らかの分析と

整理が必要であると考えられる。

注

1 また発話機能論への展開を指向した、文機能論としてのモダリティ論の必要性を提唱している山岡(2000)も注目すべき論である。田野村(2004)ではこのような方向について「モダリティが確かに意味の次元の存在物であるとしても、文法におけるモダリティの論はやはり言語形式に重点を置く従来の方法に意識的に踏みとどまるのが無難であろうと思われる。(p.232)」という否定的見解が述べられているが、モダリティに関する現象を考える上では、山岡(2000)などで提唱されているような、文機能としてのレベルを視野に入れなければ解決出来ない問題があるように思われる。
　　山岡(1992)では、
　　　通常、モダリティと呼ばれているものは、発話全体の表現意図が、主に文末に位置し、固定された形式の意義となっている場合に限られている。つまり、表現意図が文法化したものがモダリティと言えるだろう。(p.84)
　　と述べている。
2 現代語における助動詞「う」「〜するつもりだ」「動詞基本形」の三形式の使い分けについては、森山(1990)の分析が詳しいが、中でも聞き手の存在の有無という観点で論じられていることが注目される。
3 「う」で推量を表すものとしては、一昔前の天気予報で「明日は晴れましょう」「雨が降りましょう」のような表現が使用されていたことが中村(1948)で述べられている。また現代語でも、連体法の名残として「あろうことか、あるまいことか」のような慣用表現には「う」が意志以外の意味で現れる。また、論文などでは「〜と言えるだろう」「〜だろう」などの代わりに「〜と言えよう」「〜であろう」などの表現を用いることも多い。
4 管見によると、意志用法の「う・よう」を、明確にモダリティ形式から排除しているものは大鹿(2004)のみであった。

第 1 部

助動詞「う」と「だろう」

第1章　江戸時代における
　　　　助動詞「う」の変遷

1．はじめに

　助動詞「う」についての国語史的研究は、意味用法の類似した「うず」との比較で、室町時代の口語資料においては数多くなされている。しかし、「うず」消滅後の「う」について、その意味用法を、具体的な用例調査に基づいて詳しく研究したものは、あまり見られないようである。[注1]

　今、江戸時代の「う」の意味用法について、湯澤幸吉郎『徳川時代言語の研究　上方篇』と、『江戸言葉の研究』の記述を見ると、前者では、

　　［甲］　動作主の決意を表す
　　［乙］　話手が推量する意を表す
　　［丙］　当然・適当の意を表す
　　［丁］　命令する意を表す
　　［戊］　反語に用いられる

とある。一方、後者では、

　　（A）　意志（決意）を表す。
　　（B）　推量する意を表す。
　　（C）　当然・適当などの意を表す。
　　（D）　相手の動作を要求する（命令）に用いる。

（E）反語に用いる。

となっている。このような記述を見ると、江戸前期と後期で特に相違は認められないようである。しかし実際の使用においては、やはり何らかの時代的変遷があったのではないだろうか。

　本章では、口語資料を対象として、江戸時代の3種の資料を選び、意味用法の使用状況と、どのようなニュアンスを伴って用いられていたのかを中心に、現代語の「う」に至るまでの、江戸時代の「う」の変遷を追ってみようと思う。

【分析資料及びテキスト】
　　対象とした資料を次に示す。(注2)
江戸前期

　　大蔵虎明本　狂言集（脇狂言之類）〈1642（寛永19）年　大蔵虎明書写〉
　　「夷大黒」「連歌毘沙門」「福の神」「大黒連歌」「毘沙門」「餅酒」「かくすい」「昆布柿」「雁鴻金」「三人夫」「筑紫の奥」「松楪」「末広がり」「鎧」「張蛸」「隠笠（宝の笠）」「宝の槌」「目近籠骨」「三本の柱」「松脂」「薬水」「財宝」「煎じ物」「牛馬」「鍋八撥」「唐相撲」「老武者」「鉢叩」「連歌十徳」「祇園」「三国の百姓」「三人の長者」

江戸中期

　　近松門左衛門　浄瑠璃〈1703（元禄16）年〜1720（享保5）年〉
　　「曾根崎心中」（曾）
　　「堀川波皷」（堀）
　　「五十年忌歌念仏」（五）
　　「丹波与作待夜の小室節」（丹）
　　「冥途の飛脚」（冥）
　　「夕霧阿波鳴渡」（夕）
　　「大経師昔暦」（大）
　　「鑓の権三重帷子」（三）

「博多小女郎波枕」(小)

「心中天の網島」(天)

江戸後期

式亭三馬　「浮世床」〈1813(文化10)年〉

以下それぞれ、『狂言』『近松』『浮世床』と呼ぶことにする。また、近松の作品名はカッコ内のように省略して記載した。

使用テキスト

池田廣司・北原保雄 1972『大蔵虎明本狂言集の研究　本文篇上』表現社

日本古典文学全集　1972『近松門左衛門集』(一)小学館

　　　　　　　　　1975『近松門左衛門集』(二)小学館

　　　　　　　　　1971『洒落本・滑稽本・人情本』小学館

索引(索引で誤りと思われるものは適宜訂正して用いた)

北原保雄・村上昭子編 1984『大蔵虎明本狂言集　総索引一　脇狂言之類』武蔵野書院

近世文学総索引編纂委員会編 1986『近世文学総索引　近松門左衛門』第一巻〜第五巻　教育社

稲垣正幸・山口豊編 1983『柳髪新話　浮世床総索引』武蔵野書院

2. 全体の傾向

　まず、用例を下接語の種類によって分類し、それぞれの枠組みの中で考察していくことにする。[注3]　そこで終止する用例と、体言にかかるものとでは、表される意味にかなり傾向の差があるためである。表1は、終止法、引用の格助詞「と」、文末に用いられていた助詞・助動詞類、文中に用いられていた助詞・助動詞類、体言の順に整理して並べたものである。そして最後に、扱いに問題があると思われる、接続助詞「ば」下接の用例を挙げた。

　また、本章では詳しい考察はしないが、『狂言』に少数残っている「うず・うずる」の用例を参考として表2に示す。

　表1を基に、本章では、各用法を次のように分類する。

表1 「う」下接語分類一覧

	狂言	近松	浮世床 う	浮世床 だろう
(1)言い切り	205	124	61	58
(2)格助詞「と」	104	116	38	5
(3)終助詞「な」	1	1	1	3
※(4)終助詞「の」	0	2	2	4
(5)終助詞「す」	0	0	3	3
(6)終助詞「よ」	5	0	2	1
※(7)終助詞「ぜ」	0	0	8	0
(8)終助詞「さ」	0	0	1	0
(9)終助詞「ね」	0	0	2	2
(10)終助詞「て」	0	0	1	0
※(11)終助詞「ばい」	0	1	0	0
(12)終助詞「か」	14	59	11	0
（「かい」）	0	1	4	0
(13)終助詞「ぞ(い)」	42	18	1	0
	0	1	3	0
(14)終助詞「や」	0	3	0	0
(15)終助詞「やれ」	1	0	0	0
(16)副助詞「やら」	0	3	1	0
(17)副助詞「し」	0	3	1	0
(18)助動詞「ぢゃ」	0	0	4	0
※(19)促音「っ」	0	0	2	4
※(20)助動詞「なり」	1	4	2	0
(21)接続助詞「とも」	2	1	0	0
(22)接続助詞「と」	1	4	1	0
(23)接続助詞「が」	14	13	14	8
(24)接続助詞「に」	4	0	0	0
(25)係助詞「も」	0	3	0	0
(26)係助詞「は」	1	0	0	0
(27)格助詞「が」	2	1	0	0
(28)格助詞「より」	3	6	3	0
(29)格助詞「から」	0	0	1	1
(30)格助詞「で」	1	3	1	0
(31)体言	31	20	3	0
(32)接続助詞「ば」	0	1	0	0
計	432	388	171	89

表2 『狂言』における「うず・うずる」

	うず	うずる	うずれ
言い切り	2	3	※1
格助詞「と」	1	10	0
終助詞「か」	0	1	0
終助詞「ぞ」	0	5	0
接続助詞「が」	0	1	0
係助詞「は」	0	1	0
体言（総て「間」）	0	4	0
計	3	25	1

※係助詞「こそ」の結び。

終止形	16
連体形	12
已然形	1
総計	29 例

※(4)「のう」1例、(7)「ぜえ」1例含む。(11)九州方言。(19)語気を強める終止用法。(20)総て「〜なら」。

1. 終止法
2. 準終止法
3. 準連体法
4. 連体法

用法1は、言い切りと引用の格助詞「と」が下接する場合を合わせたもので、表1の(1)と(2)にあたる。

用法2は、助詞・助動詞が下接する用例の内、文末に現れているものである。そこで終止するニュアンスが濃い。表1の(3)から(19)までがこれに含まれる。

用法3は、助詞・助動詞が下接する用例の内、用法2に含めなかったものがすべて入る。文中に現れ、文脈上、次へ続いていくと考えられる用例である。表1の(20)から(30)までで、いわゆる準体法もこれに含まれる。

用法4は、慣用句的に形式名詞にかかる場合も含めて、体言が下接する場合である。(=表1(31))

なお、表1(32)の接続助詞「ば」については本章では特に言及しないことにする。(注4)

以上の分類に従ってまとめたものが表3である。

表3によると、終止法は全作品を通じて、用例全体の6〜7割を占めているが、「う」のみを取り上げた場合、狂言、近松、浮世床と時代が下るに従って少しづつ割合が減少していく。一方、連体法は、近松あたりまでは、終止法に比べて約1割程度の用例がある。しかし江戸中期を過ぎると急激に

表3　用法別分布

	狂言	近松	浮世床 う	浮世床 だろう
1. 終止法	309(71.5)	240(61.9)	99(57.9)	63(74.1)
2. 準終止法	63(14.6)	92(23.7)	47(27.5)	13(15.3)
3. 準連体法	29(6.7)	35(9.0)	22(12.9)	9(10.6)
4. 連体法	31(7.2)	20(5.2)	3(1.8)	0(0.0)
計	432(100.0)	388(99.8)	171(100.1)	85(100.0)

※カッコ内は百分率

衰え、浮世床ではほとんど見られなくなる。このように終止法・連体法の割合がともに減少していく中で、その分助詞・助動詞が下接するものは増えており、1つの特徴であると言えよう。　以下、それぞれの用法について、具体的に考察していく。

3. 分析

3.1. 終止法

次の表4は終止法における意味の内訳を、作品群ごとに比較したものである。

表4　終止法における意味の内訳

	狂言	近松	浮世床 う	浮世床 だろう
1. 意志	235(94)	150(85)	69(33)	0
2. 勧誘・命令・依頼	37(3)	30(19)	11(2)	0
3. 未来(予定)	0	1(1)	1(1)	0
4. 推量	37(7)	41(9)	11(2)	42(5)
5. 確認要求	0	0	7(0)	20(0)
6. 反語	0	18(2)	0	1(0)
計	309(104)	240(116)	99(38)	63(5)

※カッコ内は、そのうち格助詞「と」に下接する用例数

この表から読み取れる、注目すべき点は2つある。

まず「意志」の用例数を見ると、狂言では言い切りが「と」下接例を上回っているが、近松と浮世床では両者はほぼ半々となっている。格助詞「と」下接の用例は、そのほとんどが「意志」を表すものであるが、自己や第三者の心情について、「〜と思ふ」「〜といふ」「〜とする」などと説明的に述べる場合が多くなり、逆に言い切りの形でストレートに自己の決意表明を行うことは減る傾向にある。

次に浮世床の「確認要求」の用法は、狂言や近松では見られなかったもの

である。これは推量から派生したもので、本来の意味は薄れ、かなり確信のある、当然のそのはずだと思っているような事についても、断定を避けて語気を和らげ、相手の同意の返事を期待して話しかける場合に用いられる。不確実な内省表現を用いることによって、自分はこう思うのだがどうだろう、と相手の判断を受け入れる余地を残すもので、重点は相手との判断の共有に置かれている。用例の中には、本来の推量か確認要求か、区別し難いものもあるが、具体的には次のような例を確認要求とした。カッコ内はテキスト本文での頁と行数である。以下同様。

「う」
（１）（でん）其氷の上ヘ夜鷹を連行て小便をさせはどうだ。ソレ其温りで氷が解の、ナソレ鯉がぴよくりス。どうだ。此知恵はおそろしからう。
（浮世床 275-8）
（２）（銭）ドレドレトろじ口をのぞき違ねへ違ねへ　（びん）違なからう。どつちへ這入た　（銭）おめへの内の地尻へ這入た　（浮世床 312-5）

「だろう」
（３）（でん）香は鼻で嗅ぐだろう　（びん）さうさ。耳で匂ふはずがねへ
（浮世床 270-11）
（４）（でん）ネヱ隠居さん。憚ながらわつちがいふのが実だろう。此亭子が情を張ても山高きが大学だネ　（浮世床 272-17）

この「確認要求」用法の派生は、推量系の用法が分化・多様化し、また量的にも増加していることを意味する。現代語では意志は「う」、推量は「だろう」という明確な役割分担があるが、江戸語において「だろう」の派生は、直ちに「う」の推量用法の減少には結びつかない。多く「〜かろう」「〜たろう」という形で、かなりの用例数があり、終止法全体の中での、その「う」の割合は決して減っていない。それに更に「う」・「だろう」両者から「確認要求」用法が出て来たわけで、推量系全体がずっと増加し、また多様化しているのである。

以上、終止法における変化をまとめてみると、意志系から推量系へ、更に対人関係への配慮を示すあいまい表現へ、と大きな流れがあることがわかる。依然として、「意志」は終止法の「う」において、圧倒的多数であるが、意志の中でも明確に言い切りの形で決意表明を行うことは減りつつあり、聞き手に対して説明的にワンクッション置いた言い方が好まれつつある。「う」に確固たる決意を託すよりも、むしろ、断定的な事実ではなく、自分の判断によるものに過ぎない、という不確実性を強調するための表現として用いることが増えているのである。

3.2. 準終止法

　狂言では、準終止法に分類される下接語は「な」「よ」「か」「ぞ」「やれ」の5種類である。用例の分布は「か」と「ぞ」に片寄っており、63例中、56例をこの2形式が占めている。

　近松になると、下接語の種類は10種類と増え、「の」「や」「やら」「し」などが加わる。また、各々1例のみであるが、「か」と「ぞ」から派生したと見られる「かい」や「ぞい」、それに九州方言の「ばい」も見られる。しかし、用例の分布は依然「か」と「ぞ」が中心であり、この2形式で準終止法全体の92例中、78例を占めている。

　ところが浮世床では下接語の種類はずっと増えて16種類となる。近松で見られた下接語の内、浮世床では見られなくなっているものは「や」と九州方言の「ばい」であるが、「や」については、上方語と江戸語の違いという点から、浮世床で見られないのは当然であろう。

　下接語の多様化と並行して、その分布状況にも変化が生じ、狂言・近松と下接語の中で圧倒的な比重をなしていた「か」・「ぞ」の2語が、浮世床では著しく割合が低下している。浮世床の準終止法60例中、「か」・「ぞ」下接のものは12例に過ぎず、「かい」・「ぞい」を合わせても19例である。狂言や近松では8～9割をこの2形式で占めていたことを考えると、「か」・「ぞ」はそれまでの中心的存在から外れてしまったと言えよう。そしてその分比重を増しているのが、新たに豊富になった終助詞類である。近松では見られ

ず、浮世床で新しく加わったものに「す」「よ」「ぜ」「さ」「ね」「て」それに助動詞の「ぢゃ」がある。これらを合わせた用例数は 27 となり、浮世床の準終止法用例の約半数を占めるのである。

さて、「か」と「ぞ」は他の終助詞類と比べてどのような特徴があるだろうか。狂言を例にとって見ると、「う」下接の「か」は 14 例あるが、その内訳は疑問文 11 例、反語 3 例となっている。また「ぞ」は 42 例中、平叙文 15 例、疑問文 26 例、反語 1 例となっている。「か」と「ぞ」を合わせると、全用例中、疑問文は 45 例の内 37 例を、反語は 4 例すべてを占める。

このように「か」と「ぞ」は、疑問文や反語文と密接な関わりを持っている。そしてそこに現れる「う」は、意志や推量といった本来の意義を明確に打ち出しているものが多い。

それに対して、その他の終助詞は、聞き手へ働きかける性格が強い。念を押す、確認するなど、相手の返事を促して会話をスムーズに進める働きがある。そのような文中に現れる「う」は、あまり自己主張が強くない。もちろん、明らかに意志や推量と見られる用例も多いが、そのような例でも、聞き手との関係を配慮し、あいまいな表現をとりつつ相手の返事を促すというニュアンスが濃くなっている。つまり、下接語「か」・「ぞ」が減り、その他の終助詞が増えるにつれて、準終止法の「う」は、構文的にはっきりとした文脈で用いられることが少なくなり、意味を和らげて対話の相手に配慮する働きを担うことが多くなっているのである。

3.3. 準連体法

準連体法は、時代が下るに従って、量的には準終止法と並んで増えている。狂言と浮世床とを比較すると、浮世床ではその割合は二倍になっている。しかしその内訳を見ると、準終止法が多様化していったのとは逆に単純化・一本化していく。

表 1 によると、狂言で見られる下接語の種類は九種類であるが、浮世床では六種類である。浮世床では、接続助詞「に」や、係助詞「も」・「は」、格助詞「が」などが見られなくなり、準連体法全体の 31 例中 22 例が接続助

詞「が」に下接している。狂言では、同「が」は 29 例中 14 例であり、近松では 35 例中 13 例であるから、浮世床では、準連体法の中で接続助詞「が」への一極集中化が進んでいると見られる。

さて、この接続助詞「が」下接の用例と、消えていった「に」「も」「は」「が」の用例では、どのような特徴が見られるだろうか。

準連体法の用例は、未来の予定や、仮定の事柄の可能性という意味を基本として持っているが、その上にどのようなニュアンスが最も強く感じられるかという点から、確信の度合いの高い順に、用例を意志、推量、仮定と 3 つに分類してみる。接続助詞「が」下接の用例をこれに従って分類し、傾向を見てみよう。具体的には次のような例をそれぞれの用法とした。

「意志」

（5）（太郎冠者）ちとまけさせられゝ事はなりまらせぬか　（売手）こしやくな事をいふ人ぢや、それならはこちへおかへしやれ　（太郎冠者）いや〰とりまらせうが、代物はとて渡しまらせうぞ　（狂言・目近籠骨 94-9）

（6）（たこ）江戸の者は不残の文句をしらずに、所どころ切抜てうたってゐるのだ。（中略）教てやらうがいくらよこす　　　　（浮世床 358-9）

「推量」

（7）（太郎冠者）いざはやし物をしてもとるまひか　（次郎冠者）一段よからふ、ことにたのふだ人は、ゑびすぎな人じや程に、御満足なされうが、何とはやひてよからうぞ　　　　　　　　　　（狂言・三本の柱 101-16）

（8）これ茂兵、こゝへおぢやと呼ぶ声は、おさん様、はつと居直り、たつた今帰り、ちと酒気もござれども、もし急な御用もやと言ひければ、さぞ草臥れではあらうが、急に話すことがある、ここへここへと膝元近く、小声になり、　　　　　　　　　　（近松・大 213-16）

（9）（短）修行がねへといひなさるけれど、今までの仏は六十七十になって死だから、本山へも往つたり功もあつたりしたらうが、今度のは高で十六になる娘だから、そこ所ぢや ア ごぜへやしねへ。

（浮世床 350-7）

「仮定」
(10) （太郎冠者）是は都人ともおほへぬ事をおほせらるゝ、それをぞんじたらは、是をかはふと申さうが、存せぬにてよばゝりまらする
（狂言・するゐひろがり 70-6）
(11) 道具さへ下らねば、祝言は延引。その内には清十郎、暇を取らうが、走らうが、気遣ひなことはなし、勘十郎に任されよ。
（近松・五 285-6、7）
(12) （銭）平人が戒名に、代だい院号、代だい居士、代だい大姉など騒ぐは、やつぱり驕の沙汰さ。おいらは縁応信女と二字だらうが、何院大禅定門だらうが、貧惜なしだ。　　　　（浮世床 350-17）

　狂言では、14 例中、意志が 8 例、推量が 4 例、仮定が 2 例である。比較的、積極的に未来を予定する「う」が多いと言える。それが近松になると、13 例中、意志が 0 例、推量 2 例、仮定 11 例となる。そして浮世床では、22 例中、意志 2 例、推量 11 例、仮定 9 例となっている。つまり意志が後退し、推量や仮定が増えている。
　準連体法が全体として増加しているのは、接続助詞「が」下接の用例が増えているためであった。そして更に、それらの用例をその意味の内訳で見ると、実際に増えているのは推量・仮定の意の「う」と結びついているものなのである。
　では消滅していった「に」「も」「は」「が」についてはどうだろうか。
　接続助詞「に」下接の用例は、狂言に 4 例見られるが、いずれも次の例のように、冒頭部分で連れを見付けようと述べる場面である。

(13) （津の国の百姓）路次すがら雑談いたみて参らふに、先爰もとにつれをまたふと存る　　　　　　　　　　　　　（狂言・かくすい 49-4）

　これらは、意味的に意志のニュアンスがかなりはっきり感じられる用例である。

係助詞「も」下接のものは、近松に 3 例見られる。すべて「〜も＋「知る」の否定形」の形で現れる。現代語ではこのような表現で単独の「も」を使うことはなく、「〜かも知れない」となる。

(14)　旦那これ御覧なされ、お前の印判盗み出し、白紙におす曲者、大経師の家をくつがへし、主を売ら<u>う</u>も知れぬやつ、　　　（近松・大 217-5）
(15)　色里で僭上言ふことは治兵衛めには叶わねども、銀持つたばかりは太兵衛が勝つた、銀の力で押したらば、なう連衆、何に勝た<u>う</u>もしれまい、　　　　　　　　　　　　　　　　　　　　　（近松・天 467-17）

　上にあげた 2 例は、話者が仮定の動作・状況に対してかなり確信を持っていると思われる例である。(14)では、現に目の前で主人の印を無断借用している仲間を目撃しており、それに基づいて事柄を仮定している。(15)では、具体的な仮定の根拠が示されているわけではないが、貨幣経済の都市で、貨幣の威力の絶大さは一般町人の常識であったことは想像に難くない。このセリフの裏にもそのような認識が根拠としてあったものと考えられる。
　いずれにせよ、「も」下接の用例は、3 例中 2 例が根拠・確信のある仮定を表すものである点が 1 つの特徴と言える。
　格助詞「が」下接の用例は、狂言に 2 例、近松に 1 例見られる。その内、狂言と近松の各々 1 例は連体修飾語を作る用法である。現代語の「が」にはそのような表現自体がなくなっているので、その中に現れる「う」が消えていくのは当然でもある。
　格助詞「が」の残りの 1 例と、係助詞「は」の用例は、ともに準体法である。次にその 2 例を挙げる。

(16)　(孫一)今までは年よつてどろをふみやつたが、今からはじやくはいにならしまつた程に、又どろをふましまさ<u>う</u>がせうしじや
　　　　　　　　　　　　　　　　　　　　　（狂言・やくすい 111-4）
(17)　(太郎冠者)隠囊かくれ笠うちでのこづち、諸行無常じやう、ぐわつしこ

くにくわつたり、とうちいださ<u>う</u>は一定でござるが、此馬には耳を付まらせうか （狂言・財のつち 88-6）

　これらの「う」は、今、目の前で祖父がどろを踏むのを見たり、自分が信じて馬を打ち出そうとしたりする場面で使われていることから、あいまいな不確実性はほとんどない。現代語では、このような場合「う」を用いずに、それぞれ「どろを踏ましますことが」、「打ち出すことは」と表現する。
　以上述べてきたように、準連体法の消えていく用例は、意味的には意志や確信のある予定など、確実性の高い積極的な用例であるという点で共通している。それらは現代語では、多くの場合、「う」のつかない動詞そのものによって表される。

3.4. 連体法

　狂言では、連体法 31 例中、「〜ほどに」19 例、「〜よう（やう）」6 例、「〜ものを」3 例、その他「事」、「かた」、「御ずいさう」が 1 例づつである。

(18) （売手）それならは身どもがうつてやら<u>う</u>程に、それにおまちやれ、
　　　　　　　　　　　　　　　　　　　　　　　（狂言・はりだこ 81-1）
(19) （太郎冠者）さすが都の者とて、やさしひ、ぬかばた<u>ど</u>もぬかひで、さだめてこのことく御きげんがわるから<u>ふ</u>程にと思ふて、御きげんのなをる、はやし物をおしへた、　　　　　（狂言・目近籠骨 97-10）
(20) さいわいやがて皆々的をあそばされ<u>う</u>ほどに、さらはくすねにねつてねりとめておきまらせう　　　　　　　　　（狂言・松やに 104-15）

　狂言の連体法の用例の内、およそ三分の二を占める「〜ほどに」の用例を見てみると、上に挙げた (18) のように意志に分類出来るものと、(19) のように推量に分類出来るものに、およそ二大別出来る。(20) のように、どちらにもあてはまらないものは例外であり、この 1 例（未来の予定）しか見られない。その他の「〜ほどに」下接の 18 例は、意志 8 例、推量 10 例である。

これらの用例はどれも、意志や推量のはっきりした意味合いを持っている点が特徴である。

　ところが近松になると、20例中、「〜もの」6例、「〜こと」3例、「〜やう」1例、「〜はづ」3例、「〜ため」2例、「〜まで」1例、「よしみ」1例、「覚え」2例、「饅頭形の中剃」1例となる。下接語の種類は多様で、どれかに片寄ることがない。意味の内訳も、ほとんどが可能性や適当・当然などで、意志や推量のニュアンスが感じられるものでも、狂言の例ほどはっきりした意味合いを持っているものは少ない。敢えて、次に挙げる(21)や(22)のような例を、それぞれ意志、推量として分類してみると、意志6例、推量3例、その他11例となる。

(21)　女房お家に置かれぬ時には、大事のお姫様の乳離れ、御病気も出ればいかゞとて、母をそのまま残さうため、父様の命助り、奉公構ひの御改易。　　　　　　　　　　　　　　　　　　　　（近松・丹 450-1）
(22)　身の憂き時は、いろいろの怖い知恵も出るものと、語りもあへぬに伊左衛門、ムヽウ、さもあらうこと、さりながら、（近松・夕 130-13）

　浮世床では、連体法の用例は3例しか見られない。すべて「〜ものなら」という仮定の条件節の中で慣用句的に用いられている。

(23)　(でん)耳できくものなら香をきくといふが能けれど、鼻だからかぐ方がよからうぜ　(びん)さうよ。鼻がきいて耳で嗅う物なら、目が言て口で見物だの　　　　　　　　　　　　　　　（浮世床 270-13）
(24)　(熊)そうしたら親分も音頭を取て呉れようから、友子友達が手木前で輿榊をやらかして呉れよう物なら、おらアうかむぜ。（浮世床 279-2）
(25)　(女房)全体が、お奈幾さんは嫉妬深かつたから、自分から気で気を病で、ああ為たのさ。(中略)一晩泊ッてでも帰らうものなら、それこそ大騒動、　　　　　　　　　　　　　　　　　（浮世床 333-12）

以上、連体法について述べてきたことをまとめると、意志・推量などの、話者の判断が強く感じられる用例が減り、可能性・適当・当然といった、主観性の薄い用法が増えている。狂言の頃には、連体法の中でも意志や推量の意味合いを持つものが多かったのである。しかし、現代語ではごく文語的な表現として、わずかに可能性・適当・当然などの意味を持つものが残っているに過ぎない。

4. おわりに

　以上、「う」の意味について、終止法、準終止法、準連体法、連体法と4つに分けて述べてきたが、全体を通して言えることは、意志系から推量系へ、そして聞き手への配慮へという大きな流れがあることである。自己の決意表明から、不確実な状況に対する判断、そして相手の確認を求めるためのものへと、いわば自己中心的・積極的な「う」から他人志向的・消極的な「う」へと、用法の多様化が進んできたのである。

　また、連体法・準連体法において、可能性・適当・当然などの用法が現れてくることも大きな特徴である。意志や推量は、背後にその判断をしている主体がいることが強く意識される。早くは、そのような意味用法がほとんどすべてであった。それが次第にそのような用法は消え、主体性の薄い、より広義な意味へと拡大し、意志・推量両者をカバーするような「可能性」の意で用いられる例が現れてくる。この用法では、判断主体の存在はほとんど意識されない。いわば自己主張の薄い「う」になっているのである。これも積極的「う」から消極的「う」へという同じ流れの上に位置づけられる変化である。

　このように、一見変化がないかのように見える江戸時代の「う」も、実はその意味用法は少しづつ変化し、変質してきているのである。

注

1 原口（1973）などがある。
2 大蔵虎明本狂言は、中世語の名残をとどめてはいるが、近世初期の頃の要素も強くなっており、室町から江戸への入り口に位置するものとして、前期の資料とした。本章で調査した脇狂言之類は、比較的改まった類型的な用例が多く、資料としては、もっと多様な曲を対象に入れる必要がある。また、前・中期と後期では、上方と江戸の地域差もあり、単純には一本化出来ない。今後、もっと幅広く資料を調査することを課題としたい。
3 本章では下接語の調査のみを行ったが、上接語による分類を行えば、意志動詞、無意志動詞の別が、ほぼ意志用法、推量用法の別と一致し、より客観的な意味分類のデータとなると思われる。
4 橋本（1969）では次のように述べている。

> 又江戸時代には
>   死なうば死に次第　（近松歌舞伎、下）
> のやうな形があり、これは「死なむには」の転であるとの説がある。或は又、「死なう」に仮定の「ば」をつけた形かも知れない。これは後には用いられなくなった。(p.397)

本章での分類基準に従えば、準連体法に入れることになるかと思うが、少々問題がありそうである。たまたま本章での対象作品中には1例しかない。全体の傾向を捉える上ではあまり影響はないと思われるので、本章では別枠として除くことにする。

第2章　江戸語における
　　　　連語「そうにする」の機能

1. はじめに

　近世後期江戸語は、現代東京語につながる各種の表現形式が現れてきた時期である。しかし現代東京語と江戸語では、形態が同じでも用法が異なる場合がしばしばあり、そのような形式の1つに「そうにする」という連語がある。
　本章では江戸語の「そうにする」を取り上げ、江戸語と現代語では用法が異なっていることを指摘し、その理由について述べる。

2. 現代語の「そうにする」

　現代語の連語「そうにする」は、次のように主として感覚や感情を表す形容詞の語幹に接続するのが一般的である。

（1）　寒そうにする／痛そうにする／嬉しそうにする

　但し、述部を「している」にしたり、表情であれば「顔を」のように具体的な部分を提示した方が表現として落ちつく場合が多い。

（2）　寒そうにしている／嬉しそうな顔をする

一方、動作動詞句に接続させると、よほど特殊な文脈を想定しない限り表現としては不自然であり、このような場合、現代語では助動詞「う」を用いた「うとする」で表現されるのが普通である。

（３）？お弁当を食べそうにする／？あちらへ行きそうにする
（４）　お弁当を食べようとする／あちらへ行こうとする

また、内容は等価ではないが、近似の場面を表すものとして「する」と「なる」を交替させた「そうになる」を用いることも出来、特に無意識的な行為の場合は、通常「そうになる」で表現される。

（５）　お弁当を食べそうになる／あちらへ行きそうになる　　（意志的行為）
（６）　うっかり間違えそうになる／氷の上で危うく転びそうになる
　　　　　　　　　　　　　　　　　　　　　　　　　　　　（無意志的行為）
（７）＊うっかり間違えそうにする／＊氷の上で危うく転びそうにする
　　　　　　　　　　　　　　　　　　　　　　　　　　　　（無意志的行為）
（８）？うっかり間違えようとする／？氷の上で危うく転ぼうとする
　　　　　　　　　　　　　　　　　　　　　　　　　　　　（無意志的行為）

以上のように、現代語では「そうにする」と「うとする」「そうになる」の用法が重なる場面はほとんどなく、両者はその構造の違いを反映して異なった上接語句をうけ、意味的にも異なった表現として用いられるのが普通である。
　　①　感覚や感情を表す形容詞　　　　…「そうにする」
　　②　動作動詞句　　　　　　　　　　…「うとする」
　　②'　②の内、無意識的行為を表すもの　…「そうになる」

3. 江戸語の「そうにする」

　ところが、江戸語の「そうにする」は次に示すように専ら②や②'、つまり現代語では「うとする」や「そうになる」で表現される場合に現れる。

②　意識的動作動詞句の場合
（9）（地）トだんばしごの小引きだしから、うら付を出し、（喜の）こいつもはかなくなつたす。（地）トはいて出る。豸(ちん)が跡について出そうにする。少女はだきながら、ゑん二郎としあんがぞうりをなをす。

(総籬 368-15)

（10）（地）弥次郎はそつと手をはなし、北八にもたせて、わきへはづしたるに、きた八おどろき（北八）コリヤ〰〰弥次さん。どふするのだ（地）と手をはなしそふにすると、上のたながおちかゝるゆへ

(膝栗毛五編上 245-2)

②'　無意識的動作動詞句の場合
（11）（新ぞう）あ、も、せはしのうおざんすは。（地）といふて、こしを椽に半分かけて、おちそふにしてゐて、　　(遊子方言 285-13)

（12）（ひ）おみのさんそれ馬が来たはやくこつちへよんな（み）どうしやう（地）とあわてゝすべりそうにすれば（三人）アハヽヽ

(二蒲団 213- 上 5)

　現代語ではそれぞれ、(9)豸(ちん)が後について出ようとする、(10)手を離そうとする、(11)落ちそうになる、(12)滑りそうになる、となるところであり、通常「そうにする」で表現されることはない。このように広く動作動詞句に下接するのが江戸語の「そうにする」の特徴である。

　「そうにする」と「うとする」は、本来異なった構成要素と表現内容を持つ連語であるが、動作動詞句に接続する場合には、それぞれ「今にも〜しそうな様子である」「今にも〜しようとしているところである」という意味になり、近未来を予測する表現となる点で意味が近接してくる。そこで、このような意味的に近未来を予測する用法を「そうにする」の「将然態用法」と

呼ぶことにする。以下、なぜこのような用法が江戸語には見られ、現代語には見られないのかについて考察する。

4. 構成要素の意味と連語全体の意味との関係

　現代語の連語「そうにする」は動作動詞句には普通はつかないことを指摘したが、現代語で様態助動詞「そうだ」が単独で用いられる場合には、動作動詞句をうけて将然態に近似した意味を表すことが出来る。

(13)　（今にも）起き上がりそうだ／駆け出しそうだ

つまり、助動詞単独の場合と連語の場合とで上接可能な語句が異なるのである。
　ここで、上接する動詞述語の種類と連語の個々の構成要素形式の意味、及び連語全体として表す意味との関係を考えてみると、それらの間で最も一致度が高い組み合わせは次のようなものである。
　　　A「意志的動詞」＋「う」＋「する」（動作）　　例：行こうとする
　　　B「無意志的動詞」＋「そうだ」＋「なる」（変化）　例：落ちそうになる
連語全体の意味を決定づける上で最も重要であると思われるのが、最後尾につく動詞「する」と「なる」であるが、その中核の意味として「する」は動作的、「なる」は変化的と位置づけられる性質を有している。そのため、「する」は意志を表す助動詞「う」と組み合わせやすく、「なる」は様態描写の「そうだ」となじみやすい。江戸語の動作動詞につく「そうにする」は、動作動詞と動作的な「する」という、意志行動的な意味の構成要素の間に、一見異質な様態描写の「そうな（だ）」が入り込む形になっている点が特異なのである。このように江戸語と現代語とで異なっている要因として、「そうだ」と「する」及び「なる」との意味関係が注目される。江戸語では「そうだ」と「する」との組み合わせが、広く動作動詞句をうける表現形式として用いられていたのにも関わらず、現代語では限定された用法しか持ち得ないとい

うことは、「そうだ」の持つ性質に何らかの違いがあるのではないかと推測される。

5. 江戸語の「そうな（だ）」と現代語の「そうだ」

　動詞の連用形や形容詞の語幹、体言等をうけて、いわゆる様態を表す「さうな」は室町期に見え始める。ロドリゲス『大文典』には「習ひさうな・賢さうな・深さうな・苦しさうな・明らかさうな」等が挙げられている。この時期にはまだ接尾辞の段階であり、動詞につく場合には連用形接続のみで、意味も様態によって推量するものだけであったが、江戸期に入って終止連体形接続が生まれ、意味も江戸後期には現代語と同じ様な伝聞用法が発生し、助動詞として確立した。様態、推量、伝聞と用法を拡大した「そうな」は、古くからの「げな」及び用法が未発達の「らしい」を抑えて、江戸語の最も有力な推定表現であった。(注1)

　江戸語の「そうな（だ）」は伝聞用法を派生させてから日が浅く、まだ様態と伝聞は、大きく推定の意味範疇で多分に連続性を有していた。江戸語の連用「そうな」には、連体「そうな」でも表現可能な文脈で用いられているものがある。次の例は、遊女が逃げ出す約束をしたのを真にうけた友人に頼まれて、約束通りその手助けをする為に尋ねてきた男が遊女に言う発話である。

(14)　(綱)アノ佐七が事たかの兼て何かの手はづ迄おめへに咄して有リさうだか。其心懸がしてあるかへ　　　　　　　　　　（南門鼠63-下2）

　また、次のように必ずしも眼前の様態を根拠としない、常識的に考えて導き出される推測といった意味を表す例も多い。

(15)　(燕十)なんでもかでも手めへの手で書てほつてくれたら。心いきのしれねへ事は有りさうもねへもんだ。　　　　　　（居続借金239-上9）

(16) （びん）あまざけを売ても、渡世は出来さうなもんだ　　（浮世床 310-1）

調査した江戸語の資料中「そうな（だ）」は全271例あるが、そのうち半数以上の154例が、このような根拠となる様態が不明確な推定の例である。
　更に、現代語では「ようだ」や動詞の言い切り等、他の形式で表現される次のような例も見られる。

(17) （ユキヒラ）女郎のいふには。そんなら。きゝな。おらかとけへ。このごろ。くるばかアがの。（中略）エイこけぶつだ。などゝいゝます。こふいふあつこふは。おんなのくちから。でそふな事か。
　　　　　　　　　　　　　　　　　　　　　　　　　　（裸百貫 66-上 14）
(18) （遊糸）友達と色事され。おれがかほが立そふなものか。
　　　　　　　　　　　　　　　　　　　　　　　（後編吉原談語 118-下 4）

　「そうな（だ）」は江戸語の推定表現として最も有力な助動詞であっただけに、意味用法は現代語より広く、そのような幅広い推定表現としての性質から連語「そうにする」の将然態用法が生み出されたと考えられる。
　対して現代語では、様態の「そうだ」と伝聞の「そうだ」は、その接続する活用により明確に二分されて意識され、別語として論じられることも多い。また、現代語では推定表現として「らしい」「みたいだ」「ようだ」等、他に多くの表現があり、「そうだ」はその中の1つとして、担う意味・用法の範囲も相対的に限定されている。先に現代語の「そうにする」は、動詞部分を「している」形にしたり、「（嬉しそうな）顔」などの具体的な部分を補って様態を明示する文脈にすると表現の落ち付きがよくなることを指摘したが、このことも連用「そうだ」の様態としての意味から導き出される特徴である。現代語の「そうだ」は、江戸語のような幅広い推定表現形式ではなく、様態と伝聞推定という意味的特色の明確な2つの用法に特化しており、現代語で「そうにする」がごく狭い用法しか持たないのは、このように連用「そうだ」が様態として狭い意味に限定されるようになったことが大きな要因で

あると考えられる。

6. 江戸語の「そうにする」と「うとする」「んとす（る）」

　江戸語の「そうにする」と、意味用法の近似している同時期の「うとする」「んとす（る）」について、各々の使用状況について以下述べる。

　調査資料、及び使用テキストを表1に示す。江戸前期上方語から江戸語へ各ジャンルをあたり、おおよそ洒落本から用例が現れるという目安を得た上で、後に、用法分析のために必要な用例数を得るため洒落本を中心に調査量を増やしたため、結果的に洒落本の調査資料数が他のジャンルより多くなっている。

　三形式の出現状況を表2に示す。[注2]

　江戸語資料に限って言えば「んとす（る）」「うとする」「そうにする」は各々159例、165例、75例となっている。「そうにする」は江戸語の将然態表現のおよそ五分の一を占めており、かなり頻繁に現れている。

①出現時期及び使用地域について

　「そうにする」は近世前期上方の近松の浄瑠璃集や、初期江戸語の資料とされる雑兵物語では見られず、江戸語における会話体の洒落本の出現と共に現れ始める。調査範囲では、最初の出自は『遊子方言』(1770年)である。

　また次の『色深狭睡夢』の1例を除き、すべて江戸の作品に現れる。

(19)　（大角）私のことからお粂はんと。かれこれいふてじやさかい。わざと二階から下りそうにして。心にもないあいそづかしをいふて。かわいゝおまはんをてらしたゆへに。　　　　（色深狭睡夢 323-上3）

　この『色深狭睡夢』は、作品の舞台は上方であるが、板元としては江戸、名古屋、京都、大坂の四書肆が記されている。著述者の葦廼屋高振については未詳であるが、校訂、編次として名が記されている柳亭種春は、江戸、大坂

表1　調査対象資料一覧

雑兵物語（岩）

浄瑠璃　曾根崎心中、堀川波鼓、五十年忌歌念仏、丹波与作待夜の小室節、冥途の飛脚、夕霧阿波鳴渡、大経師昔暦、鑓の権三帷子、博多小女郎波枕、心中天の網島、女殺油地獄、心中宵庚申(以上全て『索引』)

洒落本　吉原源氏六十帖評判、k阿房枕言葉、当世花街談義、交代盤栄記、談楽諠論談、魂胆惣勘定、花菖蒲待乳問答、k穿当珍話、風俗八色談、k西郭燈籠記、k聖遊郭、k陽台遺編(秘戯扁)妣閣秘言、物はなし、k迷処邪正按内拾穂抄、k月花余情、k弥味草紙、k正夢後悔玉、kこのてかしわ、k開学小筌、k拾遺枕、草紙花街抄、k玄々経、k夢中生楽、優劣論、n色道三略巻、n永代蔵、k旧変段、k遊郭擲銭考、k色里つれつれ草、当世座持話、古今吉原大全、惣己先生夜話、k間似合早粋、江戸評判娘揃、郭中奇譚、k郭中奇譚異本、あづまの花、蕩子筌枉解、南江駅話、遊婦多数寄、擲銭青楼占、k恋道双陸占、艶占奥儀抄、侠者方言、両国栞、遊里の花、南閨雑話、当世風俗通、越里気思案、きつねのも、婦美車紫鯑、青楼楽美種、寸南破良意、選怪興、愛かしこ、契国作、郭中掃除雑編、妓者呼子鳥、浄瑠璃古風流、穴知ませ、傾城買指南所、契情買虎之巻、淫女皮肉論、大通秘密論、一事千金、深川新話、美地の蠣殻、家暮長命四委物語、呼子鳥、能似画伊、賀越増補合羽之竜、客者評判記、多佳余字辞、真似山気登里、初葉南志、芳深交話、遊婦里会談、隣壁夜話、k虚辞先生穴賢、弁蒙通人講釈、風俗砂払伝、娼註銚子戯語序、雲井双紙、契情極秘巻、真女意題、通仁枕言葉、公大無多言、にやんの事だ、三都仮名話、大劇場世界の幕なし、登美賀遠佳、根津見子楼茂、山下珍作、こんたん手引くさ、富賀川拝見、歌舞伎の華、三教色、古今無三人連、金錦三調伝、居続借金、二日酔卮觶、角鶏卵、浮世の四時、契情懐はなし、深川手習草紙、k短華蕊葉、福神粋語録、田舎芝居、替理善運、女郎買之糠味噌汁、曽我糠袋、一目土堤、青楼五雁金、夜半の茶漬、自惚鏡、志羅川夜船、通気粋語伝、中州の花美、駅路雀、まわし枕、廓大帳、格子戯語、染抜五所紋、学通三客、田舎談儀、美止女南話、文選臥座、面美多通身、南品あやつり、仕懸文庫、娼妓絹、西遊記、取組手鑑、睟のすじ書、北廓鶏卵方、k北華通情、n老子興、仮根草、名所拝見、見通三世相、n廓の池好、kうかれ草紙、郭通遊子、k阿蘭陀鏡、k十ександ和尚話、津国毛及、廓節要、契情買猫之巻、客物語、品川楊枝、仲街艶談、猫謝羅子、廓の癖、契情買言告鳥、青楼真廓誌、大通契語、白狐通、松登妓話、廓数可佳妓、疇昔の茶唐、虚実情の夜桜、n囲多好髷、南門鼠、n女楽巻、n軽世界四十八手、風俗通、遊僊窟烟之花、二筋道宵之程、意妓口、恵比良濃梅、色講釈、喜和美多里、甲子夜話、廓胆鏡、廓之桜、n千客万奇、k善玉先生大通論、匂ひ袋、比翼紫、二蒲団、n儁意抄、夢之盗汗、埜良玉子、n備語手多美、古物尋日扇香記、雨夜噺、三千之紙屑、後編姪意妃、商内神、穴可至子、狐寶這入、起承転合、遊冶郎、妓情返夢解、後編にほひ袋、五大刀、吉原談語、廓意気地、三躰誌、皺学問、青楼娠言解、青楼小鍋立、青楼日記、松の内、八幡鐘、素見数子、婦足駒、南門鼠帰、挑燈蔵、仇手本、通神蔵、魂胆胡椒枕、梅になく鳥、夜の錦、甲駅雪折笹、n指南車、酒徒雅、真寸鏡、三人酩酊、傾城買杓子木、契情実之巻、k嘘之川、螺の世界、傾城買花角力、n逢駅妓談、n野圃の玉子、n駅客娼せん、nうかれ鳥、両面手、kこころの外、n遊戯嶋、面和倶噺、裸百貫、

退屈晒落、船頭深話、通言東至船、k一文塊、通客一盃記言、k竊潜妻、n南駅夜光珠、船頭部屋、後編甲駅新語・三篇甲駅新語、通俗雲談、愛敬鶏子、四季の花、n南楼丸一之巻、くるわの茶番、eふたもと松、eふたもと松二篇、eふたもと松三篇、青楼籠の花、吉原帽子、後編吉原談語、n傾城仙家壺、廓宇久為寿、居士談、夢の艣拍子、いろは雛形、婦身嘘、遊子娯言、k粋の曙、楼上三之友、東海探語、斯農鄙古聞、青楼胸の吹矢、花街鑑、k箱まくら、青楼女庭訓、青楼曙草、花街寿々女、k田舎あふむ、k色深狭睡夢、k北川蜆殻、新宿晒落梅ノ帰咲、ゆめあわせ、楠下埜夢、初夢草紙、青楼色唐紙、潮来婦志、潮来婦志後編、傾城懐中鏡、妓娼子、k老楼志、青楼夜話、k興斗月、さかもり弐編、志家居名美、k思増山海の習草紙、跖婦人伝(全)、遊子方言(大)、辰巳之園(大)、甲駅新話(全)、道中粋語録(大)、卯地臭意(大)、総籬(大)、古契三娼(全)、繁千話(全)、傾城買四十八手(大)、錦之裏(大)、傾城買二筋道(大)

歌舞伎脚本 名歌徳三舛玉垣(大)、お染久松色読販(大)、東海道四谷怪談(岩)、小袖曾我薊色縫(大)

黄表紙 金々先生栄花夢(大)、高漫斉行脚日記(大)、見徳一炊夢(大)、御存商売物(大)、大悲千禄本(大)、莫切自根金生木(大)、江戸生艶気樺焼(大)、文武二道万石通(大)、孔子縞干時藍染(大)、心学早染艸(大)、敵討義女英(大)

滑稽本 東海道中膝栗毛(大)、浮世風呂(大)、浮世床(全)

人情本 春色梅児譽美(大)、春色辰巳園(大)、春告鳥(全)

落語口演速記 怪談牡丹燈籠(明)

小説 安愚樂鍋(明)、浮雲(新)、金色夜叉(近大)、吾輩は猫である(岩)、腕くらべ(近全)

版元 k＝上方、n＝名古屋、e＝越後
出典 岩＝岩波文庫、索引＝近世文学総索引、無印＝中央公論社洒落本大成、大＝岩波日本古典文学大系、全＝小学館日本古典文学全集、明＝明治文学全集、近大＝日本近代文学大系、近全＝日本近代文学全集、新＝新潮文庫
※雑兵物語及び浄瑠璃資料については「そうにする」形式のみを調査した。

42　第1部　助動詞「う」と「だろう」

表2　「んとす(る)」「うとする」「そうにする」三形式出現状況

	N U S		N U S		N U S		N U S
吉原源 1737	1	総籠　　1787	1	色講釈 1801	1	k一文塊 1807	1
跖婦人 1753	2	古契三 1787	1	廓胆競 1801	1	通客一 1807	1 1 3
当世花 1754	1	曽我糠 1788	1	k善玉先 1801	12	k竊潜妻 1807	4 2
詼楽詤 1754	1	青楼五 1788	1	比翼紫 1801	2	n南駅夜 1807	6
魂胆惣 1754	2	自惚鏡 1789	1	二蒲団 1801	3 5	浮世風 1809	1 7 1
花菖蒲 1755	1	志羅川 1789	1	n儸意鈔 1801	1	浮世床 1812	11
風俗八 1756	1	通気粋 1789	1	埜良玉 1801	1 1 1	お染久 1813	17
当世座 1766	3	駅路雀 1789	1	n備語手 1801	1	四季の 1814	1
古今吉 1768	1	廓大帳 1789	1 1	古物尋 1801	1	eふたも 1816	5
惣已先 1768	1	心学早 1790	5	三千之 1801	1	eふた二 1817	1
k間似合 1769	1	繁千話 1790	1 1	膝栗毛 1802	18 15 1	eふた三 1817	1
遊方子 1770	3	傾城四 1790	3	商内神 1802	1	吉原帽 1803	2
辰巳之 1770	1	格子戯 1970	2 1	穴可至 1802	1 4	n傾城仙 1818	2 1
蕩子筌 1770	7	染抜五 1790	1	狐寳這 1802	1	廓宇久 1818	1
遊婦多 1771	1	学通三 1790	2	起承転 1802	1 1	居士談 1818	1
攬銭青 1771	1	錦之裏 1791	1	後匂ひ 1802	2	婦身嘘 1820	3 1
k恋道双 1771	1	敵討義 1795	2	五大刀 1802	1 3	遊子娯 1820	1 2 1
侠者方 1771	1	傾城二 1798	2 1	鄽意気 1802	3 1	楼上三 1809	1
南閨雑 1773	1	仕懸文 1791	1	三躰誌 1802	3 4	東海探 1821	4
甲駅新 1775	1	取組手 1793	1	竅学問 1802	2 1	青楼胸 1821	1
妓者呼 1777	3	北廓鶏 1794	1	青楼姨 1802	4	k箱まく 1822	1 2
傾城指 1778	1	仮根草 1795	1	松の内 1802	4	東海四 1825	10 28 4
淫女皮 1778	1	名所拝 1796	1	素見数 1802	1	青楼曙 1825	2
大通秘 1778	1	見通三 1796	1	婦足鞴 1802	1	花街寿 1826	1 1
一事千 1778	4	n廓の池 1796	2 1	南門鼠 1802	2	k色深狭 1826	5 2 1
深川新 1779	1	k阿蘭陀 1798	2	挑燈蔵 1802	3	新宿哂 1827	1 1
家暮長 1779	1	k十界和 1797	1	仇手本 1801	1	楠下埜 1827	4 1
伊賀超 1779	2	契情買 1799	1	魂胆胡 1802	3	初夢草 1828	3
客者評 1780	2	客物語 1799	1	夜の錦 1802	1	青楼色 1828	3 1
真似山 1780	1	品川楊 1799	2	甲駅雪 1803	1 3	傾城懐 1817	1
隣壁夜 1780	3	仲街艶 1799	1	酒徒雅 1803	2	妓娼　　1818	3
雲井双 1781	1	猫謝扇 1799	1 1 1	真寸鏡 1803	1	k老楼志 1831	2 5
契情極 1781	3	廓の癖 1799	4 1	契情実 1804	6	春色梅 1832	5
通仁枕 1781	1	契情買 1800	2 2	k嘘之川 1804	1 2	春色辰 1832	1
御存商 1782	2	青楼真 1800	1	傾城花 1804	2	青楼夜 1832	3 2
大劇場 1782	1	大通契 1800	2 2	n逢駅妓 1805	3 6	春告鳥 1836	9 3 1
根津見 1782	1	白狐通 1800	1	n野圃の 1805	4	小袖曾 1859	29
三教色 1783	1	曀昔の 1800	1 1	両面手 1804	1	安愚樂 1871	2 2
古今無 1783	1	虚実情 1800	1	n遊戯嶋 1804	1	怪談牡 1884	3 12
金錦三 1783	2	南門鼠 1800	1	面和倶 1806	2	浮雲　　1887	6 31
居続借 1783	1 1	n女楽巻 1800	2	裸百貫 1806	1 1	金色夜 1897	189 7
二日酔 1784	1 2	風俗通 1800	1	退屈哂 1806	1	吾輩は 1905	7 44
角鶏卵 1784	1	名歌徳 1801	5 23	船頭深 1806	3 4 2	腕くら 1916	1 18
福神粋 1786	1	恵比良 1801	1 1	通言東 1804	1	計	430 304 76

※　N=「んとす(る)」、U=「うとする」、S=「そうにする」
※　k=上方版、n=名古屋版、e=越後版
※　作品名の頭から3文字を略称として記したが、複数作品が動文字列となる場合はこの限りではない。
※　刊行年が明らかな場合には刊行年を、刊行年が不明で成立年が明らかなものは成立年を示す。
　　成立年が特定出来ない作品については、推定される最も早い年を目安として示す。
※　『洒落本大成』に拠ったものは『洒落本大成』の掲載順とし、他は刊行年(成立年)順。

に住み、著述活動に携わっていた摂津の人であることが、長友（1984）によって明らかにされている。このような背景事情に鑑みると、江戸語の影響の可能性も考えられる。このような問題例はあるものの、地域に偏りなく現れる「んとす（る）」「うとする」に対し、「そうにする」は基本的に江戸語に特徴的な形式である。

②資料ジャンル及び著述者について

「そうにする」が見られたのは洒落本 41 篇、滑稽本 2 篇、人情本 3 篇、歌舞伎脚本 1 篇である。黄表紙や、洒落本とほぼ同時期の噺本には見られないようである。これらの資料はすべてト書きの体裁を持つものである。つまり、会話を中心として筋が展開され、その間に事態の生起を同時進行的に描写する文が挿入される。しかし、「うとする」「んとす（る）」のようにあらゆるジャンルに万遍なく現れるわけではなく、調査対象とした資料の量的な偏りを考慮しても、洒落本に現れる頻度がやや高いようである。洒落本に始まり、次第に他のジャンルにも用いられるようになっていったものかと推測される。

「そうにする」を使用している 46 作品の著述者については、伝未詳の者も少なくないが、ほぼ素性が特定出来る 15 名を次に示す。

> 田舎老人多田爺、山手馬鹿人、本膳坪平、蓬莱山人帰橋（河野氏）、山東京伝、梅暮里谷峨、塩屋艶二、十返舎一九、小金あつ丸、富久亭、式亭三馬、岳亭岳山、鼻山人、為永春水、四世鶴屋南北

士族や町人等多岐にわたっており、特定の個人の書き癖的な用語ではなく、江戸語においてある程度の社会的広がりを持っていた形式であると推定される。

③文体的特徴

文体的には「そうにする」と「うとする」は口語体、「んとす（る）」は文語体と位置づけられるが、江戸語においては必ずしも厳密に使い分けられているわけではない。同一資料中に三形式が現れることもしばしばあり（表 2

下線部)、同一文中に「うとする」「んとする」が現れる次のような例もある。

(20) (ト書き)客はきせるをとう<u>そうとして</u>なかよりきれかんくひをぬか<u>ん</u><u>とする</u>　　　　　　　　　　　　　　　　　　　（青楼胸の吹矢 51-下 6）

　使用される文の種類については、三形式とも圧倒的に地の文が多い。「そうにする」は 76 例中地の文 73 例、会話文 3 例であり、「うとする」は 304 例中地の文 232 例、会話文 67 例、「んとす(る)」は 430 例中地の文 399 例、会話文 9 例である。「うとする」は会話文での比率が他より若干高いが、「んとする」も会話文に少数ながら現れるため、地の文対会話文としても明確に割り切ることは出来ない。但し地の文の内、序や凡例や手紙文等、改まった文章語としては「んとする」のみが用いられる傾向がある。

④主体
　「そうにする」は有情物しか主体に現れないが、「うとする」「んとす(る)」は、非情物であっても主体にとることが出来る。但し次の(22)、(23)のように「うとする」は擬人的な用法に限られ、「夜が更ける」「花が咲く」等の自然現象に用いられるのは専ら「んとす(る)」である。「んとす(る)」が最も適用範囲が広く、「うとする」「そうにする」の順に制限が強くなる。

(21) (地)既に<u>春の夜の明な</u>んとする頃。仲の町の門松に横雲の簾かゝり。
　　　　　　　　　　　　　　　　　　　　　　（狐寳這入 59-上 12）
(22) (子守女)鼻が仰向て二階がきな<u>つ臭いといふ。歯</u>は返歯で椽の下を覗<u>うとする</u>。　　　　　　　　　　　　　　　　（浮世風呂二編巻之下 163-7）
(23) (勇斎)<u>日輪</u>(おひさま)の御上りになろ<u>うとする</u>所で見るのがよいので、　　　　　　　　　　　　　　　　　　　　（怪談牡丹燈籠 24-上 21）

⑤上接句
　三形式とも動作動詞句に広くつく。現代語の「そうにする」と「うとする」

のような上接句の種類による違いは見られないが、「そうにする」には④に述べた主体の制約があるので、非情物の動きを表すような語彙が現れない点で「んとす（る）」よりやや範囲が狭い。「そうにする」76例の上接語句一覧を出現頻度の高い順に次に示す。「うとする」にも現れるものには＊を付す。

　　＊立つ、＊行く、＊出る、＊帰る、＊言う、＊叩く、＊抱きつく、＊起きる、＊とる、＊あがる、＊つめる、食いつく、＊駆け出す、＊出す、立ち出る、持っていく、＊飲む、離す、＊切る、来る、＊見る、あげる、＊解く、ぶつ、＊下りる、＊開ける、抜ける（注3）、落ちる、滑る

上に示すように「そうにする」上接の動詞句は、ほとんどが「うとする」の場合にも共通して現れるものであり、上接句による使い分けはなされていない。

⑥動詞「する」の語形

　「そうにする」76例の動詞「する」の活用は、そこで言い切るもの34例、「すると」「して」がそれぞれ8例と9例、準体法「するを」10例、連体法「する所へ」「する手を」等が7例である。（注4）他に「すれば」「するゆへ」などの助詞下接のものや「したが」などの助動詞下接のものが少数ある。言い切りの場合には全例ル形で現れているが、これは「そうにする」の文法的性質というより、ト書きに多く現れるという文体的特徴からくる傾向のようである。「うとする」についても、明治期以降の小説類を除けば、193例中、言い切り「する」形81例、「すると」「して」がそれぞれ9例と17例、準体法「するを」33例、「する所」等の連体法22例となっており、「そうにする」とほぼ同様の傾向である。但し「うとする」の場合は「した」「したよ」「したっけ」等、過去のタ形が少数（7例）ある点が「そうにする」と異なる。この点で「うとする」の方が若干バリエーションが豊富である。

⑦共起副詞

　「んとす（る）」「うとする」は、次のように副詞「すでに」「まさに」等を伴う場合があるが、「そうにする」はそのような副詞を伴わない。

(24) （ト書き）そのまゝおさけはいく丸かかみ入のさすがをとつて小ゆひにおしあて<u>すでにきらんとする</u>　　　　　（猫謝羅子 355-下 13）
(25) （地）是時<u>東方正に明なんとす</u>八声鶏トケツカウ〜　　　　　（遊子娯言 273-上 14）

多くの副詞の中から将然の意味を表すものとしてこの2種類に絞って共起関係を見ると、「んとす（る）」は430例中「すでに」17例「まさに」11例であり、「うとする」は304例中「すでに」4例、「すでの事」1例、「まさに」1例である。また「うとする」は他にも「つい」「うっかり」「あやうく」など、その動作に移る上で明確な意志を持たないことを示す副詞や、「今にも」など将然態の文脈であることを明示する副詞を伴う場合がしばしばある。

(26) （長七）小便所のあかりが。いつそくらく。なつていたから。<u>ついころぼうと。した。</u>　　　　　（南閨雑話 53-下 1）
(27) （地）此間から病気にて中の丁をひきおや分の所にゐたりしがこよひか うしやくを聞にきたり<u>いまかへらふとする所</u>　　　　　（妓娼子 267-上 6）

「将に〜せんとす」「既に〜せんとす」という表現は漢文訓読の名残をとどめているものであり、将然態を表す表現として、形式的にも意味的にも安定している。しかし「んとす」のいわばくずれた形である「うとする」は、このような強い結びつきで呼応する特定の副詞を持たないため、様々な他の副詞類で文脈上将然の意味を補強していると考えられる。

⑧文脈上の特徴

「そうにする」の表現価値として、次の例のように単なる見せかけの行動であることを強調する場合に用いられる点が注目される。

(28) （地）風次がぐちのかず〜をきゝあき（中略）<u>つまらねへおとことこゝろのうちでおもへども</u>　（琴）サア〜めしでもくつて酒のげんきでけ

へろふ　トおきそふにする（中略）へぼ山もおきあがろふとするを琴好しつかりだきしめてはなさず　（琴）おらァおきよふゝとおもつても寐かして置たがるにはこまる（中略）　トしつかりへぼ山をつかまへている　　　　　　　　　　　　　　　　　（遊子娛言 280-上 2）

(29)　（ト書き）盃をほんとふに受ケあとをよく台の上へのせて。用もなき連れに何かいゝそふにする　　　　　　　　（青楼胸の吹矢 43-下 11）

(28)は、不満を言う相手に歩調を合わせるために起きるふりをする場面である。本気で起きるつもりはないので、実際には言い訳をして起き上がらない。また(29)は、ものを言う素振りだけをする場面である。「用もなき」という表現から明らかなように、実際には何も言うべきことはないのである。このような場面的特徴は「そうにする」が見られる唯一の上方系作品である、前掲の『色深狹睡夢』の例にも認められる。

(30)　（大角）私のことからお灸はんと。かれこれいふてじやさかい。わざと二階から下りそうにして。心にもないあいそづかしをいふて。かわいゝおまはんをてらしたゆへに（=(19)）

波線部「わざと」「心にもない」という言葉から、「二階から下りようとした」「愛想づかしを言った」という一連の行動が、見せかけの素振りに過ぎないことを強調している場面である。先に上方での孤例となるこの例について、版元や校訂者の地域的問題が背景にあることを指摘したが、このような文脈上の特徴も例外的な「そうにする」使用の要因の1つとして考慮すべき点である。

7.「そうにする」の将然態用法の発生及び衰退の背景

　江戸語の「そうにする」は基本的な用法において「うとする」「んとす(る)」よりも適用範囲が狭く、その意味では将然態形式としての価値は高く

ない。唯一注目されるのは、前節⑧で述べた見せかけの行動の叙述に用いられる点である。「そうにする」の将然態用法の発生には、文体的に共通性を持つ「うとする」の重要な構成要素である助動詞「う」の意味変化が関与していたのではないかと思われる。助動詞「う」は、江戸語では推量専用形式の「だろう」を分化させ、また連体用法の衰えと共に可能性や婉曲等の用法も慣用的な限られたものになり、意志専用形式としての意味の単一化を進めていた。そのため、主体がある行動を起こすふりをしている場合に意志形式「う」を用いた「うとする」で表現すると、意志の意味合いが強く出てしまい、内容にそぐわないという状況を生み出したのではないだろうか。様態推量の「そうだ」を用いた「そうにする」は、外面的に観察される状態の描写に適しており、その隙間を埋めるものであった。つまり「そうにする」の将然態用法は、助動詞「う」の意志用法への傾きを背景に、「うとする」と近似の場面を表現出来る、より中立的な叙述形式として機能していたのではないかと考えられる。「うとする」がしばしば将然の意味や非意図的であることを明示する副詞を必要とするのも、単独では意志表現として解釈されてしまうことの裏返しと考えられ、また「そうにする」の現れる資料がト書きの体裁を持つものに集中している点も、この形式が持つ外面的に観察される状態の描写に適した表現価値を示唆している。

　しかし、動作動詞＋「そうにする」は、第4節で述べたように、個々の構成要素の意味関係からは不安定な形式であり、将然態として長い歴史を持つ「んとす（る）」と「うとする」の勢力を覆す程の広い用法は持ち得なかった。そのため「そうにする」の将然態用法は現代語では衰退したと考えられる。

8. おわりに

　以上、江戸語の「そうにする」が、現代語とは異なる用法を持っていたことを指摘し、用法変化の要因やその背景について考察した。今後の課題として、将然態用法の「そうにする」が上方に現れない理由について、「行きかける」「飲みかける」などの「かける」「かかる」形式の存在との関係がある。

現代語の「かける」形式は、京阪方言では予兆的な動きも含めた始動態を表すことが沖（1996）で指摘されているが、上方語において、このような近似する表現内容を持つ形式の存在が、江戸語の「そうにする」に対応するような役割を果たしていた可能性がある。今回の調査でも、上方語における「かける」系形式が11例確認された。現代京阪方言と江戸時代上方語との関係もあり、今後更に調査が必要である。

注

1　此島（1973）、原口（1981）、仙波（1976）など。
2　ちなみに「そうになる」は、調査対象中、6資料、計8例しかなく、江戸語においては圧倒的に「そうにする」が優勢である。連語「そうになる」の成立過程と消長の実態も興味深い問題であるが、この点については今後の課題としたい。
3　　　（くら）おまへのはらをたちなんすは少しもむりとはおもひやせんがこれにはふかいやうすもござりやす（地）とぬけそうにすれどもなか〳〵吉五郎はりやうけんする所へはゆかず　　　　　　　　　　　（二蒲団221-下12）
　　この例は「言い訳を言ってその場をうまくやり過ごす」という、派生的なものであり、一般的な意味での「抜ける」ではない。
4　否定形の「そうにしない」が『金色夜叉』の芸者お静の発話に2例見られたが、「動きさうにも為ない」「酔いさうにも為やしない」という助詞「も」が挿入された形であり、意味的にも肯定形「そうにする」と全く同等に考えてよいか注意を要するため、ここでは対象外とする。

第3章　江戸語と現代語における「だろう」の比較—推量から確認要求へ—

1. はじめに

　推量の助動詞「だろう」は、単純推量用法の外に、いわゆる確認要求の用法を持つ。それぞれ、次のようなものである。

〈単純推量〉
（１）　（独白で、または、明日の天気はどうなるだろうと聞かれて）明日は雨が降るだろう。
〈確認要求〉
（２）　（明日のハイキングには）君も来るだろう？
（３）　（時計を持っている相手に）そろそろ、六時だろう？
（４）　（機械の取扱いを実演して見せながら）ほら、こうやってレバーを引くだろう。そうすると赤いランプが点滅するから…。
（５）　（車道に飛び出してきた相手に）危ないだろう！気をつけろ！

　現代語の「だろう」については、この確認要求を視野に入れた形で、多くの考察がなされている。
　また「だろう」形式が生み出された江戸時代においても、その当初から確認要求と思われる用例が存在することは、鶴橋（1992）等によって既に指摘されている。土岐（1992）でも、やや時代が下り、活用語につく「だろう」

が一般的になった後の、文化文政期の確認要求の例について言及した。しかし現代語に対して、江戸時代の「だろう」の確認要求について詳細な分析を行っているものは、管見によると中野(1996)以外にはないようである。

　本章では、江戸時代後期と現代語の資料を対象に、確認要求を中心に両者に見られる「だろう」の様相を比較考察する。そして江戸時代から現代へと確認要求の用法が増大していることを指摘し、更にその推移の背景について考察を試みる。確認要求用法の発生を、推量表現の通時的変遷の流れの中に位置づけて捉えようとするものである。

2. 考察対象範囲及び分析資料

【考察対象範囲】

　考察対象とした形式は、助動詞「う」の推量用法と「だろう(でしょう)」とし、いわゆる二次的モダリティや疑似モダリティなどと言われる「かもしれない」「にちがいない」などの諸形式については、今回の考察対象には含めない。これらの形式は、確認要求の用法を持たず、狭義の推量表現とは性質が異なることが先行研究等によって指摘されている。

　また、確認要求の「だろう」は、その性質上、主文末にしか現れない。本章では、談話の中での推量と確認要求との関わりに焦点をあてるため、確認要求が現れない次の場合は除く。

　　A　地の文や狂歌中の例
　　B　文末用法以外の例
　　　　連体用法(〜ものなら、〜ことは等)、格助詞(〜より、〜から、〜と等)後接例、接続助詞(〜が、〜けど等)後接例、等[注1]
　　C　反語の例

ただしBの内、後述するが、推量との関係の考察上、重要であると思われた引用の格助詞「と」が後接する例については、対象に含める。

　また、時代的考察を行う際、文字に残された言語に頼らざるを得ないため、イントネーションについては本章では触れない。

なお、推量の定義については、種々議論のあるところであるが、本章では「推量」という用語を、ごく一般的に「だろう」の基本的な推し量りの用法を指すものとして用いる。また、確認要求についても現代語の分析では様々な下位区分が示されているが、本章では一括して扱い、用例の分類を行うこととする。

【分析資料】
　今回、分析した資料は以下の通りである。用いたテキスト、及び本章での略称を次に示す。
江戸語
　　『東海道中膝栗毛』(1802)十返舎一九、岩波大系　　　　　　　　（栗）
　　『浮世風呂』(1809)式亭三馬、岩波大系　　　　　　　　　　　　（風）
　　『浮世床』(1812)式亭三馬、古典全集　　　　　　　　　　　　　（床）
現代語
　　『前略おふくろ様 PART Ⅰ』(1975)倉本聰、倉本聰コレクション1、2、
　　　理論社　　　　　　　　　　　　　　　　　　　　　　　　（おⅠ）
　　『前略おふくろ様 PART Ⅱ』(1976)倉本聰、倉本聰コレクション3、4、
　　　理論社　　　　　　　　　　　　　　　　　　　　　　　　（おⅡ）
　　『幸福の黄色いハンカチ』(1977)山田洋次・浅間義隆、日本シナリオ大
　　　系6、映人社　　　　　　　　　　　　　　　　　　　　　　（ハ）
　　『帰らざる日々』(1978)藤田敏八・中岡京平、日本シナリオ大系6、映
　　　人社　　　　　　　　　　　　　　　　　　　　　　　　　　（日）
参考
　　『怪談牡丹燈籠』(1884)三遊亭圓朝、明治全集　　　　　　　　　（牡）

　後期江戸語の資料として滑稽本を、現代語の資料としてシナリオを選んだ。確認要求の「だろう」は親しい人間関係を前提としたものであり、会話を形成する際の「談話の場」とでもいうべきものに、その出現状況は大きく左右される。先に挙げたような、読み物対映画脚本というジャンルの異なる

資料を敢えて選んだ理由は、これらに観察される人間関係の近さや談話の状況が、他の同ジャンルの言語資料と比較するより類似点が多いと思われたからである。(注2) 具体的には、親しい人間同士による会話体が豊富に見られ、また作品の体裁についても、地の文による語りがほとんどなく、会話のやりとりを軸として筋が展開していく等である。しかし調査した資料の種類と量に関しては、時代的推移を言うためには当然これだけでは不十分であり、現段階では、最も談話の様相に類似点が見いだせる可能性の高いものを、時代的推移を探るための手がかりとして点的に取り上げたに過ぎない。

なお、落語口演速記はやや類似性が下がるが、会話体を生き生きと写し出している点、また主に会話と会話のやりとりによって筋を展開していく体裁をとっている点等に注目して、やはり確認要求が現れやすい状況にあるのではないかと予想し、滑稽本やシナリオとの内容のつりあいを考え、比較的物語性の豊かな作品を選んで年代的に両者の中間のものを調査してみた。しかし、滑稽本、シナリオの両者と比較しても、更に調査量が不十分なため、参考資料という扱いにとどめることにする。

また十返舎一九の作品の資料性については従来議論のあるところであるが、本章では江戸者以外の話者の用例、また江戸者であっても方言を口真似している場面での用例は対象外とし、三馬の作品からのデータとも見比べながら考察対象に使うこととする。同様に三馬の作品についても上方者の例は除く。

3. 集計結果及び考察

3.1. 全体の傾向

前章で述べた分類によって、対象資料から用例を集計したものが表1である。

『東海道中膝栗毛』から『浮世床』までの江戸時代後期の資料で総例382例、『前略おふくろ様Ⅰ』から『帰らざる日々』までの現代語資料で総例568例である。各時代ごとの小計によると、後期江戸語では約77％が推量

表1 作品別用法内訳

		S	K	計
江戸語	栗	101	22	123
	風	111	43	154
	床	81	24	105
	計	293	89	382
牡		56	62	118
現代語	おⅠ	40	166	206
	おⅡ	50	251	301
	ハ	5	36	41
	日	1	19	20
	計	96	472	568

※ S = 推量　K = 確認要求。表2以下同様。

用法であり、確認要求が約23％である。一方、現代語では、約17％が推量であり、残り約83％が確認要求である。中間の「怪談牡丹燈籠」については、やや確認要求の方が多いが、推量と、確認要求がほぼ半々であり、ちょうど、後期江戸語と現代語との中間段階の様相を示していると解釈出来そうである。後期戸語、現代語とも、使用頻度を問わずに分類だけを行うならば、ほとんど差は見られないが、用法別の実際に現れる用例数は、170年あまりの間に大きく変化している。

3.2.「う」と「だろう」及び上接語について

「だろう」は、江戸時代になって新しく生み出された形式である。従来、意志も推量もともに「う」で表現していたものが、意志は「う」推量は「だろう」と機能分担が進むのであるが、このような推量表現の「う」から「だろう」への移行と、確認要求用法の増大には何らかの関連があるのだろうか。

また、「だろう」発生当時は、非活用語につくものが先行して現れていたこと、活用語につく形が一般的になったのは、天明より寛政にかけての時期と考えられることが、既に原口（1973）等によって指摘されているが、「だろう」の上接形式による違いも、推量か確認要求かといった用法上の問題に関

表2　上接形式内訳

		江戸語			牡丹燈籠			現代語		
		S	K	計	S	K	計	S	K	計
う系	動詞	22	2	24	2	1	3	0	0	0
	動詞ます	5	4	9	8	6	14	0	0	0
	形容詞	50	18	68	7	3	10	0	0	0
	形容詞ございます	3	1	4	2	0	2	0	0	0
	助動詞「た」	16	13	29	5	12	17	0	24	24
	である	9	2	11	1	3	4	0	0	0
	であります	0	1	1	0	1	1	0	0	0
	でござる	1	1	2	1	0	1	0	0	0
	でございます	25	14	39	6	3	9	2	1	3
	じゃある	0	0	0	1	0	1	0	0	0
	小計	133	56	189	33	29	62	2	25	27
だろう系	活用語	70	15	85	7	12	19	30(6)	208(146)	238(152)
	非活用語	86	17	103	10(2)	10(4)	20(6)	34(16)	101(69)	135(85)
	のだ	6	1	7	6(3)	11	17	30(18)	138(81)	168(99)
	小計	162	33	195	23(5)	33(4)	56(6)	94(40)	447(296)	541(336)
	合計	293	89	382	56(5)	62(4)	118(6)	96(40)	472(296)	568(336)

※カッコ内は「でしょう」内数。表3以下同様。

連しているのだろうか。

　以上の2点について見たのが表2である。今回扱った資料は、享和期、及び化政期以降のものであり、既に活用語につく「だろう」が一般的になった後のものであるが、確認のため上接語についても分類を行った。

　後期江戸語資料では、推量用法の「う」と「だろう」が総数としてほぼ拮抗する形で現れている。用法別の分布を見ると、「う」では、189例中、推量133例、確認要求56例であり、「だろう」では195例中、推量162例、確認要求33例となっている。すなわち、むしろ、新しい形式である「だろう」の方が、「う」と比べて若干、確認要求の割合が小さくなっている。しかし「怪談牡丹燈籠」では、江戸語と同様に、「う」と「だろう」が総数としてほぼ拮抗する中で、それぞれの推量及び確認要求の内訳は、「だろう」の方が若干、確認要求の割合が高いようである。

　しかし、際だった違いと言えるほどではない。次に、現代語資料では、「う」はほとんど確認要求の例として現れている。また、「だろう」も8割

以上が確認要求の例である。現代語では、推量用法の「う」そのものが非常に少なくなっており、「だろう」と比較して、推量用法か確認要求用法かという割合を認定することが難しいが、両者ともに確認要求が圧倒的に多いという点では、ひとまず形式の違いによる用法差は見られないと言ってよいであろう。以上、対象資料における「う」及び「だろう」の両形式の間で、用法別に際だった偏りは見られないようである。確認要求の現れ方については「う」と「だろう」は同様の傾向を示している。

次に、「だろう」の中での上接語の分布であるが、活用語対非活用語の他に、「のだ」を別に分類してある。これは、「〜のだろう」というもので、他と同様に上接語を取り出すならば、助詞「の」が分出され、非活用語接続ということになるが、「の」の上に、句相当の単位をうけ、助詞「の」の本来の意味が薄れて、「のだ」の形で文末辞的に機能しているものであるので別扱いとした。現代語では、しばしば「んだ」の形で現れる。

後期江戸語では、総数では、活用語につく「だろう」に対して、やや非活用語につく「だろう」が多い。しかし、推量対確認要求という用法別には、特に分布の偏りは見られない。「牡丹燈籠」についてもほぼ同様である。ところが、現代語については、やや様相が異なる。推量用法については、活用語につく例と非活用語につく例がほぼ同数であるが、確認要求については、活用語につく例が非活用語の二倍程度に多い。これは、会話に現れる「だろう」の質的変容と何らかの関わりがあるのではないかと考えているが、更に考察が必要である。

江戸滑稽本と現代シナリオの各用法の例を次に挙げる。

【江戸滑稽本】

「う」

〔推量〕

（６）（与九）（奉公先から暇を出された北八に）また折を見て訴訟のしかたも<u>あろう</u>。　　　　　　　　　　　　　　　　　　　　（栗41-15）

〔確認要求〕

（７）（たくあん）御隠居どうでごつすナ。相かわらず碁で<u>ござらう</u>。

(風 65-10)
(8) (北八)(弥次に)今のやつを風呂場で、ちよびと契つておきは、<u>はやかろふ</u>
(栗 240-15)

「だろう」

〔推量〕

(9) (隠居)ドリヤそろ〳〵支度して参ませう。跡月参らねへから色が待て居<u>るだろう</u>　　　　　　　　　　　　　　　　　　　　　　　　　　（床 277-12）

〔確認要求〕

(10) (弥次)あんなごまのはいに、やどをかすからにやアこなたもうはまへを取<u>だろふ</u>。なぜおいらにさたなしに、さきへたゝせた　　（栗 99-1）

(11) (とび)ソコデ其晩は一夜、雪の底で握飯を食てゐると、降立の雪は風が通らねへから、がうてきと暖い。爰にて寝る<u>だろう</u>。ソリヤ翌朝、宿から迎の人が来ると、彼長竿がツイと出てゐるから、夫を目印にして
(風 252-2)

【現代シナリオ】

「う」

〔推量〕

(12) (ぎん)いやじつはさつき―八時頃かなア、あんたのお母さんわざわざ挨拶に見えてくだすつて。（中略）サブロウはほんとうのところどうなンで<u>ございましょうか</u>、カイヨウですみそう<u>でございましょうか</u>！　それとも実際はガンの疑いがって―イヤ、おどろいちゃってさア。　　　　　　　　　　　　　　　　　　（お I 178 上 -7、8）

〔確認要求〕

(13) (政吉)昨日お前クシャミ出<u>たろ</u>。エ？　噂してたんだ。フフッ。ネッ
(お II 240 上 -11)

(14) (修)物置の右奥の棚の上段に花ゴザがあるって書いてあっ<u>たろう</u>
(サブ)―ウン　(修)あの物置は今のとはちがうよ　（お II 290 上 -18）

「だろう」

〔推量〕

(15) （農夫）あすの朝十時頃、俺の知り合いがトラクター持ってそこ通るから、そん時ついでに引っ張ってもらいなさい。いまんとこそれしか方法がない<u>でしょう</u>　　　　　　　　　　　　　　（ハ 472 下 -24）

〔確認要求〕

(16) （真紀子）はいるわよ。母さんがこれたべなさいって。おはぎよ　（中略）（真紀子）（入って来て）すぐ食べる？　（隆三）（答えず）嘘<u>だろう</u>？　（真紀子）何が？　（隆三）おばさんがこの俺にそんなやさしい筈はない

　　　　　　　　　　　　　　　　　　　　　　　　（日 658 下 -21）

(17) （やえ）このところからめ手から来てるンだよ　（ちょう子）からめ手？（やえ）例の立退き問題さ。ホラ、うちはおかみさん交渉に出ないで、若奥さんと秀さんがでる<u>だろう</u>　　　　　　　　　（おⅠ 167 上 -13）

3.3. 推量を表す指標

　推量と確認要求とを区別する特徴として、推量の「だろう」は、推量を表す副詞（「おそらく」「たぶん」「きっと」等）と共起可能であることや、「〜だろうと思う」と言い換え可能であること、独白であることを表す終助詞「〜なあ」がついていることもあること、連体修飾語内に入ることもあること等が、森山(1989b)、金水(1991)等によって指摘されている。(注3)　次の表3は、それらの特徴が、実例の上にどのように現れているかを示したものである。

　これらの特徴の内、連体修飾内にある場合は本章では対象外としているが、ほとんど「〜ものなら」等の慣用句中に限られ、全体の用例の中ではごくわずかであった。

　確認要求ではないことを表すと考えられる特徴として、疑問詞以下、引用の「〜と(述語)」までを挙げた。それぞれの欄に挙げてある数値は、用例数ではなく、各々の特徴の見られた数である。例えば、「どうして〜だろうかと思った」のような例は、疑問詞、終助詞「か」、「〜と思う」のそれぞれに1と数えた。そのため、特徴数の合計は、表1などで示した用例数の合計と

表3 共起状況内訳

		江戸語									牡丹燈籠									現代語							
		S			K			合計		S			K			合計		S			K			合計
		U	D	計	U	D	計			U	D	計	U	D	計			U	D	計	U	D	計	
無標		57	47	104	44	28	72	176		12	4	16	17	25(4)	42(4)	58(4)		0	34(18)	34(18)	0	436(286)	436(286)	465(286)	499(304)
疑問詞		18	42	60	0	0	0	60		17	9(3)	26(3)	0	0	0	26(3)		1	20(13)	21(13)	0	0	0	0	21(13)
助詞「か」		15	4	19	0	0	0	19		11	1	12	0	0	0	12		2	31(20)	33(20)	0	0	0	0	33(20)
仮定条件		13	19	32	0	0	0	32		4	5(1)	9(1)	0	0	0	9(1)		0	3(3)	3(3)	0	7(6)	7(6)	7(6)	10(9)
～と思う		3	7	10	0	0	0	10		5	2	7	0	0	0	7		0	0	0	0	0	0	0	0
～と(述語)		1	3	4	0	0	0	4		4	1	5	0	0	0	5		3	0	3	0	0	0	0	3
小計		107	122	229	44	28	72	301		53	22(4)	75(4)	17	25(4)	42(4)	117(8)		3	91(54)	94(54)	29	443(292)	443(292)	472(292)	566(346)
もしや		1	0	1	0	0	0	1		0	0	0	0	0	0	0		0	0	0	0	0	0	0	0
おおかた		6	21	27	3	0	3	30		0	1	1	0	2	2	3		0	0	0	0	0	0	0	0
おそらく		1	1	2	0	0	0	2		0	0	0	0	0	0	0		0	0	0	0	0	0	0	0
さぞ		2	4	6	4	0	4	10		0	0	0	7	2	9	10(1)		0	0	0	0	0	0	0	0
さだかし		0	0	0	0	0	0	0		0	1(1)	1(1)	0	0	0	1		0	0	0	0	0	0	0	0
さだめて		1	0	1	0	1	1	2		0	1	1	0	1	1	2		0	0	0	0	0	0	0	0
さだめし		0	0	0	0	0	0	0		0	0	0	1	0	1	1		0	0	0	0	0	0	0	0
たぶん		0	0	0	0	0	0	0		0	0	0	0	0	0	0		0	2	2	0	0	0	0	2
きっと		0	0	0	0	0	0	0		0	0	0	0	0	0	0		0	1(1)	1(1)	0	0	0	0	1(1)
たしか		0	0	0	0	0	0	0		0	0	0	1	0	1	1		0	0	0	0	0	0	0	0
たしかに		0	1	1	0	0	0	1		0	0	0	0	0	0	0		0	0	0	0	0	0	0	0
いまに		0	3	3	0	0	0	3		0	0	0	0	0	0	0		0	0	0	0	0	0	0	0
いつか		0	1	1	0	0	0	1		0	0	0	0	0	0	0		0	0	0	0	0	0	0	0
おっつけ		0	3	3	0	0	0	3		0	0	0	0	0	0	0		0	3(1)	3(1)	0	0	0	0	3(1)
小計		11	34	45	8	0	8	53		2	2(1)	4(1)	9	5	14	18(1)		0	3(1)	3(1)	0	0	0	0	3(1)
合計		118	156	274	52	28	80	354		55	24(5)	79(5)	26	30(4)	56(4)	135(9)		3	94(55)	97(55)	29	443(292)	443(292)	472(292)	569(347)

※ U＝「う」、D＝「だろう」

は一致していない。「〜思う」の欄には、「想像する」「考える」などの他の思考動詞のケースも含んでいる。「〜と(述語)」は、「〜と言う／思う」などの発話動詞や思考動詞以外のものが、後接している場合である。具体的には

(18) (弥次)側で手めへが気をわるくして、なをの事ふさぐ<u>だろふと</u>、それがどふもきのどくだ　　　　　　　　　　　　　　　（膝栗毛 75-5）

のような例である。このように、文脈的には「思う」を補って解釈可能なケースが多い。また、仮定条件主文末という特徴は取り上げてはみたが、表にも示してあるように、少なくとも現代語では、必ず推量であるとまでは言えないようである。以下に仮定条件の主文末でありながら意味的には確認要求と判断される例を挙げる。

〔推量確認〕
(19) (かや)(真剣に)ねえねえ(小声)だけど、おさきさんやおふささん<u>なら</u>、やっぱりあなた放っといて逃げる<u>でしょ</u>？　(サブ)ア、アヤアー
　　　　　　　　　　　　　　　　　　　　　　　　　（おⅡ 119 上 -2）

〔事実確認〕
(20) (サブ)やっぱり、くにに連絡してやったほうがいいンでしょうか　(中略)(秀次)しかしキチンとつとめようと思っ<u>たら</u>、身もとをしっかりしとかなくちゃダメ<u>だろう</u>　(サブ)ハア　(秀次)親もとにちゃんと話を通してだな　　　　　　　　　　　　　　　　　（おⅠ 65 上 -15）

　これらの推量用法であることを表す何らかの特徴の現れる用例数は、先に述べたように、特徴ごとにカウントした表の数値の合計より更に少ない。用法判断に有用な特徴の現れている有標例数と、何も特徴の現れない無標例数とを比較すると、各時期を通して、一貫して推量用法の中で無標の例が大きな比重を占めていることがわかる。[注4]　推量を表す特徴として指摘されているものは、たまたま現れている場合には1つの目安にはなる、という程度

のものであって、特に内省による言い換えなどの操作が不可能な、現代以外の時代の資料を扱う場合には、分類の際の判断基準としては不十分なものである。

　また、共起副詞については、表3の点線より上のものが推量に関わるものであるが、表から2つのことが指摘出来る。まず1点は、江戸語の方が現代語よりも、共起副詞の種類と量が豊富であること、2点めは、江戸語や「牡丹燈籠」において、推量に関わると思われる副詞が、確認要求の例にも共起する場合があることである。次に、推量の副詞が共起している確認要求の例を挙げる。

(21)　（六部）こゝで箱屋商売のウおつ初めたらうれべいこたアちがいはないと、あにがハア身上ありぎり、箱どものウ仕入たとおもはつしやい　（弥次）コリヤアいゝおもひつきだ。大かたうれやしたろふ　（六部）イヤひとつもうれましない。　　　　　　　　　　（膝栗毛 113-7）

(22)　（伴蔵）そんな譯じやネーヨ。己もいふ〳〵と思て居るんだが、いふとお前が怖がるから云ハねへんだ。（お峰）なんだへ怖がると、大方先きの悪魔女が何かお前に怖もてでいやアがつたんだろう。
　　　　　　　　　　　　　　　　　　　　　　（牡丹燈籠 31下-24）

　1点めについて、もう少し詳しく述べると、江戸語では、「だろう」と共起する副詞の種類は、9種類であり、内、5種類が推量に関わると思われるものである。同様に、『牡丹燈籠』では、6種類の共起副詞の内、5種類が推量に関わるものである。ところが、現代語では2種類（ともに推量に関わる副詞）しか見られず、総数も3例と非常に少ない。

　2点めについては、確認要求の中にも推量の意味が含まれる場合があるために起こる現象であると考えられる。確認要求と推量との連続性をうかがわせるものである。

　この2つの特徴を、どのように解釈するかであるが、まず、最初の特徴については、推量の方が確認要求より出現頻度が高かった江戸語において、

それに付随して現れる副詞の量と種類が豊富なのは、ある意味では当然である、という捉え方が、まず出来るだろう。しかし、2点めの特徴とも考え合わせて、一歩踏み込んで、「だろう」が、推量という広い意味範疇を、様々な文脈に沿って担うことの出来る表現形式から、確認要求という対人指向の、比較的狭い用法を主とするように変容していく過程で、様々なニュアンスを付加する副詞類とは共起しにくくなっていったと解釈出来ないだろうか。このように解釈するならば、次の表4についても、統一的に説明出来ると思われる。

3.4. 終助詞との共起状況

表4は、終助詞との共起状況を示したものである。

表4　下接終助詞

| | 江戸語 || 牡丹燈籠 || 現代語 ||
| | S | K | S | K | S | K |
	U D	U D	U D	U D	U D	U D
とも	1					
ぞ	2					
ぜ	1					
さ	1					
す	2 1	1				
かす	1					
て	3 1	1				
よ	5 5		1 1		1	
よのう	2	1 1				
な	1 2	1 1	1	3 0	1	
がな				1		
わな	1					
の	1 3	1		1		
のう	1		1			
のさ	1					
ね	1	1 1	1	2	5	1
ねえ			1	1	1	
計	17 19	5 4	4 1	6 3	0 8	0 1
小計	36	9	5	9	8	1
合計	45		14		9	

U =「う」　D =「だろう(でしょう)」

終助詞が2つ以上連続したケースについては、そのままの形で示した。表4に挙げてある終助詞は、江戸時代後期においても、現代語においても、ほぼ同様の意味で用いられているものである。表4から、推量用法には確認要求より様々な終助詞がつきやすいと言える。更に、「推量」及び「確認要求」の枠ごとに、時代的に見た場合、江戸時代後期から現代に移行するに従って、共起する終助詞の種類と量が減少している。このことを言うためには、正確には、対象資料全体の終助詞の統計をとり、その結果との比較を行う必要があるが、大まかな傾向として指摘することは出来るだろう。これも、単に終助詞のつきやすい推量用法が減少した結果、それに付随して現れている現象として解釈するのではなく、様々な終助詞の持つニュアンスを許容し得るものから、特定の文脈の中で現れるものへ、という推量形式の質的な変化を示唆しているものとして解釈出来る。しかし、個々の終助詞自身の持つそれぞれの意味と、ここで扱った推量形式の持つ意味とが、互いにどのように関わって、全体としての意味にどのように反映しているのかは、今後の課題である。中でも、確認の機能を持つとされる「ね」と、「だろう」とが併せて現れる場合の考察については、中野(1996)、宮崎(1996b)に詳しいが、(注5)本章ではこの問題に関しては立ち入った議論はしない。

4. おわりに

　以上、江戸時代後期滑稽本と現代シナリオを比較して、推量から確認要求へ、用法の比重が推移してきたことを指摘し、推量と確認要求とを区分する指標の分布や、共起終助詞の様相について述べてきた。このような確認要求に関わる現象は、どのような意味を持つものであろうか。以上観察してきた問題点についての考察も含めて、確認要求増大の背景について、以下に見通しを述べる。
　まず、確認しておきたいのは、考察対象のところでも述べたように、確認要求は、ある一定の条件が揃わないと現れない点である。今回考察対象から除いた、接続助詞下接などの文末以外の場合や地の文では、推量のみが現れ

る。また、会話文でも、聞き手に働きかけて当該の事柄に関する聞き手の認識を話し手の認識と同一化しようとする確認要求の機能としての性格から、親しい仲間内の談話の場でないと現れにくいという特徴がある。

　ところが、一旦これらの条件を揃えると、既に述べてきたように、現代語では確認要求の方が推量より遥かに実例が多く現れる。このことは、森山や宮崎により、会話中の「だろう」が推量を表すためには、「その情報を有する聞き手が存在しないこと」が必要であると指摘されていることからも、示唆されている。つまり、推量の方の条件を記述し、それ以外は、すべて確認要求であるということである。

　今回対象にした江戸後期滑稽本と現代シナリオは、一応これらの条件は揃えてあり、両者に見られる差は直接このことに起因するものではない。しかし、もっと大きな時代的背景を視野に入れる場合、「だろう」の確認要求がなぜこれほど増大してきたのかという疑問に対する考察として、既に述べた確認要求が現れる条件に注目することが必要である。

　このことは、1つには、資料の側の表現態度の問題とからんでくる。複数の人間による談話を、切り取られた個々の言葉として描写するのではなく、会話のつながりも含めた有り様までを再現しようと試みるかどうか、という表現態度の違いが、残された資料に確認要求の「だろう」が現れるか否かという点を左右する。

　もう1つには、その時代の社会構造に関係している。確認要求の現れやすい、身分差のない親しい人間同士の日常会話が活字にのぼるような社会であるかどうかという点である。例えば、貴族社会のしかも身分差の厳格な宮中という公の場を舞台とする文学作品等には、確認要求の現れる余地は非常に少ないと言えよう。

　以上の2点が、時代的背景として、確認要求の「だろう」の現れ方の根底にはある。社会的に、横の人間関係が取り結べる場が、どれだけの広がりと厚みを持っているか、それに伴って対人関係指向の言語形式の需要がどれほど高まっているか、更には、そのような談話の有り様を写し取る作品が生み出される下地があるかどうかということが、確認要求の出現頻度に投影され

るのである。
　このような点を踏まえた上で、今回の調査での江戸後期滑稽本と現代シナリオにおける用法別出現頻度の差を考えると、本来、質的なものではなく、量的な変化であったものが、時代の流れと共に大きな偏りを見せてきたため、質的とも思える程に現れ方が異なってきたと位置づけられる。江戸後期滑稽本と現代シナリオでは、各用法の個々の用例の観察においては、ほとんど違いがない。ところが統計的には、推量を主としていた江戸語から、確認要求を主とする現代語へと、用法の使用頻度が逆転しているのである。近代以降の、対人指向の機能を担う言語形式の需要の増大が、会話での「だろう」の用法を、推量から確認要求へと変容させてきたと考えられる。
　今回考察した「だろう」の変容の背景には、推量に関わる他のモダリティ表現形式の動向も関与している。近代以降、「かもしれない」「にちがいない」などの複合辞的表現が発達し、それらの形式によって様々な推定の仕方が分析的に表現されるようになる一方、「じゃないか」や「と思う」などの、その他の文末表現形式でも推量・推定に類似した意味を代行させることも頻繁に行われるようになった。そのことが、助動詞「む」から「う」、そして「だろう」へと、古くから推量用法を担ってきた、非分析的系統の言語形式を、より新しい必要性に応じた対人関係指向の機能を果たすものへと押しやったと思われる。推量・推定という意味範疇の体系の中に、新たな表現形式が参入してくれば、従来からの「だろう」の占めるべき位置も自ずから変わってくる。確認要求の「だろう」の増加は、このような事情の下に起こったものと言えよう。

注
1　接続助詞「が」「けど」等が下接する例には、そこで終止しているものも見られる。後続節が文脈により省略されたらしいもの、相手の前言をうけて、倒置的に発言されたらしいもの等、接続詞的に解釈出来るものも多いが、中にはそのような前後のつながりの薄い、終助詞的に用いられているような例もある。判断に迷うものも多く、今回は対象外とした。このような、接続助詞が後接する例は、滑稽本に比較的多く見られ、現代シナリオではごくわずかである。終助詞的に用いられていると思われる例を次に示す。

(23) (とび)マア聞かっし。今朝六ツがボンと鳴る。ソレ起きるス。よしか。直に焚付て茶漬を食せたり、の、よしか、食たりよ、夫から雑司谷から堀の内へ廻つて、今帰つたぜ、今。ホンニヨ早かろ<u>うが</u>。最う何時だ。まだ九ツぢやアあんめへ。 (床309-2)

(24) (かや)そっちはキチンとなってるのネ、入江さんがああいうちゃんとした方だから (地)冬子入って、ミカンを食べつつ聞いている。 (しのぶ)(電話に)そうです。三号室の北村さん (秀次)マア、アレでしょう、増田建設が不渡り出したからっていきなり影響は出ない<u>でしょうけど</u>

(おⅡ(2)8 上 -11)

2　確認要求のような談話機能に関する文法的問題を扱う際には、資料に観察される「談話の場」が重要な意味を持つ。ジャンルが同じであっても、資料に観察される場面設定や人物設定にかなりの開きがある場合、両者を通時的考察の対象として比較することは、問題がある場合が多い。実際、上演される際の音声言語が意識されやすい点で、シナリオにより近いのではないかと予想される歌舞伎脚本などは、談話の質としてはかなり遠いものであり、むしろ読み物としての滑稽本の方が、現代シナリオに近い様相を呈している。

3　他に、鶴橋(1990)等で、確認要求に関して「「聞き手に対する呼びかけのことば」「聞き手の判断を含む応答」の何れかがみられるもの」という項目が挙げられているが、これらも、推量の特徴として挙げられている他の項目と同様、やはり、これらの特徴を有しない確認要求の例も見られることから、用法判断の決定的な基準とはなり難い。

4　疑問の「か」以外の終助詞がついている場合を集計した、表4に挙げてある数の中にも、ここで言う「無標」に相当するものが、かなり含まれているため、「無標」の例は、実際には表3の数値よりも多い。

5　中野(1996)では、「〜だろうね」が現代語では事実確認(中野の用語ではⅡ型)のには用いることが出来ないのに対し、江戸時代には事実確認にも用いる場合があったことを、『春色梅美婦祢』の例を挙げて指摘している。

第4章　後期江戸語を中心とした「だろう」の用法分類

1. はじめに

　推量の助動詞「だろう」の意味については従来から多くの考察がなされている。特に現代語を対象とした研究では、推量用法だけでなく確認要求用法についての研究も盛んである。ごく一部例を挙げると、確認要求を視野に入れた形で新たな「推量」概念の規定を考察するもの（金水（1992）、森山（1992a）、三宅（1995）等）や、「じゃないか」や終助詞「ね」等の確認の機能を持つ他の形式との比較考察を通して、談話における確認要求の機能を詳細に解明するもの（蓮沼（1993）（1995）、鄭（1993）（1995）、宮崎（1996a,b）、三宅（1996）等）、また確認要求の機能に絞って、「だろう」が英語の関係節及び原因・理由節を導く指標に類似した機能を日本語の中で果たすようになるのではないかという予測をするもの（Szatrowski（1994））等、数多くの考察が出されている。

　一方、時代を遡って「だろう」という形式が一般に定着した後期江戸語において、その用法の実態を調査、考察したものがあまり多くないことは、土岐（1998）でも指摘した通りである。後期江戸語は文法的な体系という側面で見ればほぼ現代語と一致しており、個々の言語事象についても現代語の源流と見られるような類似点が数多く見いだせるのであるが、土岐（1998）で「だろう」の用法実態の変化を数量的推移から読み取るために、採集された実例を現代語の研究成果を基に用法別に分類し分ける作業は非常に困難であった。もとより、現代語日本語における意味分析その他の研究成果から得

られる分析枠組みが、いかにそれほど隔たっていないとは言え時代的に異なる日本語の分析の際にそのまま適用出来るわけではないことは言うまでもないが、用例分類作業の困難さは現代語の資料についても同様であったのである。

　従来の現代語についての研究成果による分析枠組みが実例分類の際に利用しにくいという問題は、江戸語か現代語かという、扱う言語自体の時代的差異によるものではなく、内省による作例や非文との比較、また語句の言い換え、入れ替えなどの操作を自由に行うことが出来る研究方法と、採集された実例をすべてとして帰納的に分析する資料に基づく研究との研究方法の違いに根ざす問題ではないかと思われる。現代語についてはこの2つの研究方法のどちらをもとることが出来るが、現代以外の言語の研究を行うには後者の方法によるしかない。その際、現代語研究で得られた成果を活用するためには、今一度分析枠組みを手直しをする必要がある。そのような作業を通して得られた用法分類は、内省を駆使した考察の結果として提示された精緻な分析枠組みより、よりシンプルなものになるだろうが、現代以外の日本語の歴史的考察に適用出来るだけでなく、他言語の類似の言語現象の分析にも応用しやすいという利点があると考えられる。

　本章では、後期江戸語の用例を資料として、従来の現代語についての先行研究の成果をうけて「だろう」の用法の分類枠組みを捉え直す一試案を提示する。

2．分析資料

　本章で取り上げるのは、対話の中での「だろう」である。実例を採集した資料、及び使用テキストは以下の通りである。第3章で扱ったものと同一であり、これらの資料を選んだ理由等は前章を参照されたい。

江戸語
　　『東海道中膝栗毛』（1802・十返舎一九、岩波大系）　　　　　　　　（栗）
　　『浮世風呂』（1809・式亭三馬、岩波大系）　　　　　　　　　　　　（風）

『浮世床』(1812・式亭三馬、古典全集)　　　　　　　　　　（床）
現代語
　『前略おふくろ様 PART Ⅰ』(1975・倉本聰・倉本聰コレクション 1、2、
　　理論社)　　　　　　　　　　　　　　　　　　　　　　（おⅠ）
　『前略おふくろ様 PART Ⅱ』(1976・倉本聰、倉本聰コレクション 3、4、
　　理論社)　　　　　　　　　　　　　　　　　　　　　　（おⅡ）
　『幸福の黄色いハンカチ』(1977・山田洋次・浅間義隆・日本シナリオ大
　　系 6、映人社)　　　　　　　　　　　　　　　　　　　　（ハ）
　『帰らざる日々』(1978・藤田敏八・中岡京平・日本シナリオ大系 6、映
　　人社)　　　　　　　　　　　　　　　　　　　　　　　　（日）

3．先行研究における分析枠組み

　先行研究では、「だろう」の確認要求用法を二分し、推量用法と併せて大きく三分類とするものがほとんどである。定義の仕方や用語については様々であるが、基本的には田野村(1990a)の「推量」「推量確認」「事実確認」の分類から大きく外れるものではない。「推量確認」と「事実確認」にほぼ相当するものとして、例えば鄭(1995)では、それぞれ「確認要求」と「認識要求」という用語を用いて説明し、三宅(1996)では「命題確認の要求」と「知識確認の要求」と呼んでいるごとくである。また、蓮沼(1993)(1995)のように、事実確認の中に更に下位分類を設けているものも多い。本章では便宜上、田野村の分類用語である「推量確認」「事実確認」を用いて、以下説明することにする。
　さて、確認要求に二種を認めて三分類とするのがほとんどであることを述べたが、確認要求の内部を分類しないものもある。Szatrowski(1994)はその1つである。他に宮崎(1993)等もあるが、これらについてはまた後に触れる。Szatrowski(1994)は、現代語の談話資料を考察対象とし、実例分析の手法をとっているものである。現存の「だろう」[注1]の諸用法の位置づけを、Hopper(1991)の「階層化(layering)」の概念を取り入れて説明し、それらを

歴史的変遷の視点と結びつけて捉えている。これらの点で本章でめざす論に最も類似の方向性を見いだせるものである。Szatrowski (1994) では将来の日本語の談話における確認要求の「だろう」の機能は、英語における関係節を導くような機能や原因・理由節を示す機能に変化していくのではないかという大胆な予測をしている。しかし、Szatrowski (1994) では過去の例については全く触れておらず、このような将来予測を裏付けるには、過去の歴史的な実態を統計的に調査することが必要であることを、Szatrowski 自身も最後に述べている。

　以下、多少長くなるが、多くの論の原型とも言える田野村 (1990a)、次に蓮沼 (1993) (1995) における分類と用法間の関係についての見解を示し、更に Szatrowski (1994) で示されている用法分類について検証し、その問題点を述べた上で、本章で提示する分析枠組みについて、江戸語の例を踏まえて述べることにする。

3.1. 田野村 (1990a)

　「だろう」の3種類の用法である「単純推量」「推量確認要求」「事実確認要求」の関係については、「もっとも、これらは厳密に区別し得るものではなく、相互に連続するものであろう。(p.70)」と述べている。推量確認要求、及び事実確認要求についての田野村の説明は次の通りである。

　　・「推量確認要求」
　　推量の当否が聞き手にとって明らかであるような場合には、「だろう」は、話し手の推量を表明しながらも、その推量が正しいことの確認を聞き手に求める働きが加わる。(p.71)
　　・「事実確認要求」
　　これは、
　　（1）駅や地下街によくいるだろう、ああいう男が。
　　のような「だろう」の用法を言う。「ああいう男」が駅や地下街によくいることは、推量によるものではなく、話し手が事実だと信じているこ

とがらである。ここでの「だろう」の働きは、聞き手にその事実の確認を求めたり、聞き手の注意をその事実に向けさせることにあると言ってよかろう。(p.71)

3.2. 蓮沼(1993)、(1995)

　蓮沼(1993)では、基本的に田野村(1990a)の「だろう」の三分類を踏襲した上で、「だろう」と「じゃないか」とを比較考察し、それぞれに固有の互換性が認められない用法と、互換性が認められる用法とに分けて詳細に記述している。単純推量と推量確認要求を「だろう」に固有の用法とし、事実確認要求に相当するものを互換性が認められる場合として次の5つに下位分類している。④の想定世界の共有喚起のように、事実でない事柄についても用いられることから「事実」確認要求という呼称は用いていない。

①現場の対象についての認識喚起
（2）　［タクシーの運転手に］あそこに郵便局が見えるでしょう。あの角で曲がってちょうだい。
②既有の共有知識の喚起
（3）　圭一郎：アパートの近くにカレーのうまい店があっただろう。
　　　　桐子：東洋軒。圭一郎：よく覚えてるな。　　　　（恋：190）
③共有判断の喚起
（4）　茂：仕様がねえだろ。現実がそうなら仕様がねえじゃねえか。
　　　　　　　　　　　　　　　　　　　　　　　　　　（時：26）
④想定世界の共有喚起
（5）　先生が仮に3人来るとするでしょ、そしたら全部で20人になる。
⑤談話世界の共有喚起
（6）　［先行文脈で、晴江に出版社を紹介してくれる人物が現れたという事実が既に導入されており、それについて再び語る場面で］
　　　　晴江：そしたら今朝、出版社紹介してくれるていうでしょう　おどろいちゃった。　　　　　　　　　　（林檎Ⅱ：134）[注2]

また、「推量確認」についての説明及び例文は次の通りである。

> 内的感覚・感情・判断など、本来的にその持ち主である相手に帰属する情報や、聞き手に近い情報（神尾の「聞き手のなわ張りの情報」に相当する）について、話し手の推測が正しいことを確認する用法である。「私はあなたの認知の状態や、行動などについて〜のように推測するがそれは正しいですね」といった意味のものである。
> 　（7）　桐子：［私の料理］手際よくなったでしょ？　圭一郎：うん。
> 　　　　　　　　　　　　　　　　　　　　　　　　　　　　（恋：241）
> （中略）興味深いのは、ここでの聞き手の判断や評価は、話し手自身に関するものであってもよいということである。例えば(7)は自分の料理の手際についての聞き手の評価を予測して話し手が確認しているものである。また、お酒を飲んで自分の顔が見えない状態で「私の顔、赤いでしょう？」などという場合も、これと同様である。(p.44)

　蓮沼(1995)では、事実確認にあたるものを「よね」の使用の可否という観点から「共通認識の喚起」と「認識形成の要請」の二種に規定しているが、これらは文脈状況の違いを反映しているだけで、「だろう」の機能としては大きな違いはないと述べる。また、推量確認が推量と同質のものを含んでいる点が指摘されており(p.395)、田野村(1990a)と同様に、推量と推量確認用法の連続性が示唆されている。更に、「共通認識の喚起」及び「認識形成の要請」の用法も推量確認からの発展として考えることが可能であるとして(p.399)、各用法の相互の連続性が述べられている。

3.3. Szatrowski(1994)

　Szatrowski(1994)では、田野村(1990a)と、蓮沼(1993)をうけ、談話の「でしょう」について以下のように分析している。

FIGURE 1

DESYOO1（simple inference）

DESYOO2
PRAGMATIC　　＋／→　　TEXTUAL　　　　→？ CLAUSAL MORPHOLOGY
evotion of　　　　　　1. retrieval/predication　　relativizing clause
shared knowledge　　2. focus/theme
（solidarity）　　　　 3. basis
　　　　　　　　　　　　　　　　　　　　　causal clause

（p.543）

以下、論をまとめて引用する。

　「でしょう」の用法は、単純推量かそれ以外かで、まず2つに分けられる。そのうち、「でしょう2」の機能として現段階では二種類の階層を設定している。その1つがPRAGMATICなものであり、もう1つがTEXTUALなものである。「でしょう2」は、PRAGMATICには共通認識を喚起する機能を持ち、それは「でしょう2」の用法の基底として現在でも生きている。「でしょう2」が目上の聞き手に対して用いられにくいのはそのためである。ところが、親しみのある、共感を喚起することが当たり前の状況で「でしょう2」が多用されると、それは単なる共通認識の喚起ではなく、次第にTEXTUALな機能をも果たすようになる。すなわち、「1 情報を検索し、提示する、2 次に続く談話の主題や焦点を示す、3 次に予定している談話のための認識の基盤を形成する」の三種類である。この、PRAGMATICな機能とTEXTUALな機能は、排他的なものではなく、もともとあった前者の上に、新しく形成された後者が重って、階層を形作っている。ところが、この1の、情報の検索と提示の用法は、関係節の機能と類似している。つまり、知識の中からあるものを選び出して提示し、それに関する情報を、次に続ける談話で述べていくのである。また、3の、次に続く談話のための認識の基盤を提示する用法は、原因・理由節の機能と類似している。3の用法の「でしょう」の後には、多くの場合「だから」に導かれた、

断りなどの内容の叙述が現れる。そこで、「でしょう2」が今後更に文法化の傾向を進めていくと、将来的には節を表示する形態（CLAUSAL MORPHOLOGY）として、更に新たな階層の機能を持つようになることが予測される。

　以上が、Szatrowski（1994）での論である。ところが、この分析には問題点がある。以下、次の二点について述べる。
　1. 主話者交代による推量確認と事実確認の位置づけの妥当性
　2. テクスト上の機能による分類の実例との対応
　まず問題点1について、Szatrowski（1994）では他の先行研究と大きく異なり、推量確認と事実確認をテクスト上の機能としては類似のものであるとして1つにまとめ、両者の違いは談話の参加者の相互の役割の観点から説明出来るものだとしている。すなわち、推量確認要求は、副話者（supportspeaker）が、次に述べられるべき主話者（mainspeaker）の話題の焦点を提供している場合であり、「だろう」を用いた発話の後には、中心的に談話を進めていく主話者が交替する現象が見られるのに対して、事実確認要求は、主話者が自分自身の、後に続く語りの主題（焦点）を提供している場合であると説明し、機能としては、両者とも焦点や主題（focus／theme）を提示する同じ用法のバリエーションであると位置づけている。しかし、次に示す例は、田野村（1990a）で推量確認要求の例として挙げられているもので、Szatrowski（1994）でも引用されているのであるが、主話者交代の点ではSzatrowski（1994）の説明にあてはまらないと思われるものである。

（8）　疲れているんでしょう。（もう寝なさい。）

　この例を主話者（mainspeaker）と副話者（supportspeaker）の観点から見ると、発話者は聞き手の情報に対する確認を求める形をとってはいるものの、それ以上の聞き手側の情報を求めているわけではない。この例はカッコ内に示された後続の発話から推察すると、母親が子供に対して言う場面であると

思われるが、仮に聞き手である子供が答えない、あるいは、否定的な返答をした場合でも、母親は子供に、寝るように指示する方向で談話を進めるであろうことが予想される。このような場面では、むしろ主話者は、「でしょう」の発話者である母親の方であると判断され、必ずしも「だろう」の後に主話者交代が起きるわけではない。Szatrowski(1994)の説明に従えば、この例は事実確認として分類されてしまう可能性が高い。談話の参加者の相互役割といった観点だけでは、確認要求の二種の別は説明しきれない。

　次に、問題点2についてであるが、(8)について、テクスト上の機能の観点から今一度検討してみると、Szatrowski(1994)で分類されているように、次に続く談話の主題や焦点を示す2のケースというより、むしろ、次にくる談話の基盤(basis)を提供するとされている3のケースにあてはまるようである。すなわち、聞き手が疲れている（と思われる）状況を会話の中で提示し、それを基盤として、話し手は、聞き手にもう寝るようにと勧める談話（＝話し手の言わんとすること）を次に展開するのである。このような場合、文脈的には、Szatrowski(1994)でTEXTUAL3の説明に述べられているように、「でしょう」と、次の談話との間に「だから」を挿入することも可能である。このように、テクスト上の機能で分類されたものが、明確な分析基準に基づいているとは言い難く、そのため解釈により用法の分類の認定に揺れが生じる。

　以上、Szatrowski(1994)の分析枠組みには不十分な点があることを述べた。推量対確認要求という二分法は基本的で最もシンプルな分類枠組みであり、土岐(1998)でもこの二分法で論を進めた。これら2つの用法には対立的な特徴がいくつか見いだせることは事実であり、宮崎(1993)でも「対話モード（宮崎(1993)による）」における「だろう」は、視点が融合型か対立型か、また聞き手の知識のあり方に関する語用論的条件として、情報の所属領域が聞き手領域外か聞き手領域内かという点で、推量用法と確認要求用法を整理している。このような観点は「だろう」の用法説明の上で非常に有効であると思われ、学ぶべき観点であるが、多くの実例を前に分類作業を進める段階になると、推量対確認要求という二分法では、確認要求の中に非常に

推量に近いもの(何時間も食事をしていない相手に対して「お腹がすいたでしょう?」など)と全く推量の意味を含まないもの(急に車道に飛び出してきた相手に対して「危ないだろう。気をつけろ」など)と、意味の異なる例が同一のものとしてくくられてしまい、分類枠組みとしては不十分であることを感ぜざるを得ない。

　そのような事情から、現代語についての諸先行研究では確認要求の中での下位分類が様々に試みられているのであり、下位分類の必要性は実例分析の点からも明らかである。先行研究の成果を取り入れた上で、江戸語にも適用可能な新たな分析枠組みを設定することが必要となる。

4. 江戸語を中心とした「だろう」の用法の再検討

4.1. 本章での分析枠組み

　主な先行研究における各用法の考察を参考に、本章では「だろう」の機能を「情報領域」と「談話機能」という２つの異なった観点に分けて考えることを提案する。「情報領域」とは、「だろう」でうける事柄の内容に関わる規定であり、内容判断のレベルに関わる視点である。また「談話機能」とは、「だろう」によって示される文の伝達機能についての規定であり、表出か問いかけかあるいは疑問かといった対人指向の伝達のレベルについての視点である。

　「情報領域」については、推量確認の規定に関して多くの先行研究が採用しており、用法の判定基準の主たるものになっている。「情報領域」の視点によると、推量と推量確認は次のように規定される。

　　「推量」　　(聞き手が居ない場合)当該の情報が話し手の領域外のものであることを表す。

　　　　　　　(聞き手が居る場合)当該の情報が話し手、聞き手双方の領域外であることを表す。

　　「推量確認」(聞き手が居ることが必須)当該の情報が話し手の領域外、かつ聞き手の領域内であることを表す。

この情報領域の視点で、事実確認(以下、仮定の事態をも含めて、本章では「事実確認」という田野村の用語を用いて表す)を説明するとおおよそ次のようになる。

　　「事実確認」　当該の情報が話し手、聞き手双方の領域内であることを表す。

　次に「談話機能」については、事実確認の規定に特に重要であり、これまた多くの先行研究によって支持されている。「談話機能」の視点によると事実確認は次のように規定される。

　　「事実確認」　話し手が、話し手、聞き手双方にとって確定的であると判断した事柄について、聞き手に想起、同意による再確定を求める。
　　　〈想起〉　例：ほら、あそこにポストがあっただろう。その前で…。
　　　〈同意〉　例：お前、男だろう。男なら男の味方をしろ。
同様に、談話機能の視点で先の推量と推量確認を規定すると次のようになる。

　　「推量」話し手が自分の不確定な判断を表明する。
　　「推量確認」話し手が聞き手に不確定な判断の確定を求める。

　以上のことを対話の場合に絞って表にまとめると次のようになる。情報領域をJ、談話機能をDと記号化し、規定する各条件にJ1、D1(推量)、J2、D2(推量確認)、J3、D3(事実確認)という記号を付す。

表　対話における「だろう」の用法

	情報領域(事柄に関する)	談話機能(伝達に関する)
推量	J1　話し手、聞き手双方の領域外	D1　話し手が不確定な判断を表明する
推量確認	J2　話し手の領域外かつ聞き手の領域内	D2　話し手が不確定な判断の確定を聞き手に求める
事実確認	J3　話し手、聞き手双方の領域内	D3　話し手が話し手、聞き手双方にとって確定的であると判断した事柄について聞き手に想起、同意を求める

ところが、上にまとめた特徴は、用法ごとにすべて同じ重みを持つわけではない。よって用法の中での情報領域と談話機能の関係の密接さにも差がある。まず、推量用法の談話機能である判断の表明機能(D1)は、「だろう」の性質から導き出される特徴ではなく、「かもしれない」「にちがいない」等、他の判断辞を伴う文においても共通に言えることである。表明という点に限ればもっと広く動詞文についても同様である場合が多い。「だろう」だけに限らない、ある程度一般的な性質である点で、「だろう」の中での用法分類のための規定として取り上げる利点は薄く、そのために先行研究でも言及されることは少なかったと思われる。(注3)

次に、事実確認用法の情報領域(J3)であるが、表では「話し手、聞き手双方の領域内」としたものの、推量や推量確認の場合と比較して、かなり判断が難しい。鄭(1995)では、推量系副詞が事実確認にはつかないことの説明として次のように述べている。

> これは確認要求のものが、事柄を推し量る判断のレベルと、それを問いかける伝達のレベルの両方に関わるのに対して、認識要求のものはもっぱら伝達のレベルだけに関わっていることを示唆するものである。(p.268)

鄭(1995)の「確認要求」「認識要求」は、それぞれ本章での推量確認と事実確認に相当すると思われるもので、上の引用文は事実確認に事柄に関する判断作用が認められないことを指摘したものである。確かに事実確認には事柄自身についての不確定な要素はないので、それについての判断いかんは関わってこない。情報領域の視点で見ると、事柄的には既に自明なことであるから、話し手、聞き手双方の領域内と解釈することも出来る。しかし、その事柄を自明のこととして認めるか否かの再確定権が聞き手にあるという点では、聞き手の領域内にあるとも言えるし、また発話時点では聞き手がまだその事柄を想起あるいは同意していないという点では、聞き手の領域外(話し手の領域内)であるとも解釈出来る。このようにJ3の解釈が曖昧になるの

は、事実確認にとって情報領域は本質的には問題にならないからであろう。例えば

（９）（急に叩かれて）何するんだ。痛い<u>だろう</u>が。やめろ。
（10）（喧嘩の場に居合わせた第三者に）お前、男<u>だろう</u>。男なら男の味方をしろ。
（11）（急に車道に飛び出してきた相手に）危ない<u>だろう</u>。気をつけろ。

のような３つの例文について、第１の例は話し手領域、第２の例は聞き手領域、第３の例は情報の領域がどちらだか判然としないと解釈することが出来るが、その違いによって、これら３つの例文中の「だろう」の意味用法に差が出ることはない。

　以上のことからD1とJ3をカッコつき規定とすると、情報領域と談話機能がともに意味用法記述の上で対応する関係で現れるのは推量確認のみである。以上のことを踏まえて、記号を用いて先の表を簡略に図式化すると次のようになる。

図　対話における「だろう」の用法

	情報領域	談話機能
推量	J1	（　）
推量確認	J2	D2
事実確認	（　）	D3

情報領域（事柄レベル）と談話機能（伝達レベル）は階層的に存在するものと考え、情報領域の層に推量を、談話機能の層に事実確認を位置づけ、その中間に、両方の層にまたがるものとして推量確認を位置づける。J2とD2は同一の用法を別の視点から見たものであるから表裏の関係にあり、J1とJ2、D2とD3はそれぞれ類似点を持ち、連続的なものであると考える。このように「だろう」の用法をモデル化することによって、共時態としての用法記述と通時態としての用法変遷のどちらにも適用可能な分析枠組みが提供

出来る。

　共時的な各用法の関係としては、「推し量り」の意味から、事柄に関してJ1の「話し手領域外」であることが基本条件であり、これを原型としてそのうち聞き手が情報に関与している場合（J2）には、語用論的な働きとしてD2の判断確定要求機能が付随することになる。このD2を更に拡大し、Jのレベルの条件を問わない形で談話機能のみに焦点をあてたのがD3であると説明出来る。

　また、通時的には土岐（1998）で、後期江戸語では推量用法が約8割、推量確認と事実確認を併せた確認要求が約2割であり、現代語では逆に推量2割、確認要求8割であることを指摘した。土岐（1998）では、このような用法ごとの数量的変化を、事柄についての不確定表示機能[注4]から、対人指向の談話機能へと「だろう」の言語形式としての役割の比重が移ってきたと解釈したのであるが、上の図で上段から下段へと時代の流れを重ね合わせて見ると、推量から確認要求への比重の変化がスムーズに把握出来る。

　以上のように、事柄レベルと伝達レベルを切り離して階層的に捉える考え方は、共時態、通時態両方の分析枠組みとして有効であると考えるが、このモデルの最大の利点は、従来の分析ではいまひとつ扱いが不明確であった実例を処理出来ることにある。以下、そのような例について、本章のモデルでどのように解釈出来るか、江戸後期滑稽本及び現代シナリオの用例を引き、具体的に述べる。

4.2. 江戸語及び現代語の用例の分析

　従来の析枠組みでは用法分類の判定が困難であると思われたのは、次のような場合である。

【J2、D1の構造を持つ場合】

〈a〉　仮定条件主文末

(12)　（亀）おめへン所のかゝさんは縫ちやア呉めへ　（松）ずいぶん縫ふのさ。サア、出しなせへ　（亀）なんの口巧者な。其時<u>にやア</u>、あかすか<u>べエだらう</u>。

（風78-6）

(13)　（女房）ナニサわたしは倚やアしやせん　（びん）ヘンおれが居ずは一ばんがけによせる<u>だろう</u>。　　　　　　　　　　（床 317-17）

(14)　（おゑご）ハイ、御免なさい、田舎ものと江戸者と等分でござい。ハイ、冷物〳〵滅多にむぐり込ん<u>だら</u>角兵衛獅子が舞込だといふ<u>だろう</u>。アハヽヽ　　　　　　　　　　　　　　　　　　　　　（風 204-7）

　（12）と（13）は、相手が既に述べた事柄をうけて、それと異なる、相手の行動に関する自分の予測を述べている。「情報領域」の観点から見ると、聞き手に確定権のある事柄であり、J2にあたるが、「談話機能」としては、聞き手に判断の確定を求めているわけではなく、話し手の判断を述べ立てている点でD1にあたるものである。

　（14）も同様に、聞き手に確定権のある事柄について発話しているが、聞き手が目前に居るにもかかわらず、聞き手の返答を意図していない。単に自分の推量を表出しているものである。これも情報領域としてはJ2、談話機能としてはD1の例である。

　江戸語で仮定条件主文末に推量の助動詞「う」が現れる場合には、上のような例以外はJとDが対応した明らかな推量（J1D1）と解釈出来るものが普通である。

(15)　（なまゑい）とても事に筧を貸せ。湯の中を探して見<u>たら</u>、最う二三人はあ<u>らう</u>。サア〳〵、皆覚悟しろ。今の二人迯るな。　（風 101-16）

(16)　（けり子）先生などのお耳に入<u>たら</u>お叱り遊す<u>でござりませう</u>よ　　　　　　　　　　　　　　　　　　　　　　　　　（風 222-1）

　しかし、現代シナリオでは次のように推量確認（J2、D2）や事実確認（J3、D3）と見られる例も多い。
〔推量確認 J2、D2〕
(17)　（かや）（真剣に）ねえねえ（小声）だけど、おさきさんやおふささん<u>なら</u>、やっぱりあなた放っといて逃げる<u>でしょ</u>？　（おⅡ 119上 -2）

〔事実確認 J3、D3〕
(18) （サブ）やっぱり、くにに連絡してやったほうがいいンでしょうか（中略）（秀次）しかしキチンとつとめようと思ったら、身もとをしっかりしとかなくちゃダメ<u>だろう</u>　（サブ）ハア　（秀次）親もとにちゃんと話を通してだな
　　　　　　　　　　　　　　　　　　　　　　　　（おⅠ 65 上 -15）

　これらの例と先の(12)、(13)、(14)とを比較してみると、文脈の中での機能としては推し量りの表出であるから(15)、(16)のような推量に近いものであるが、情報領域としては明らかに聞き手側に確定権のある事柄であるから推量確認と分類せざるを得ず、情報領域と談話機能のどちらの基準をとるかによって分類が異なってくるものである。

【J2、D3 の構造を持つ場合】
〈b〉　聞き手の発話内容について、話し手の判断に基づいて聞き手の間違いを正そうとする。
(19) （上方）それでも、京の小室やあらし山には、年中さくらが、ちんとあるがな　（弥次）そりやア木ばかり<u>だろふ</u>。花はねんぢうありやアしめへ
　　　　　　　　　　　　　　　　　　　　　　　　　　　　（栗 278-13）
(20) （田舎道者）あんでもあのふとの足のさきさを切割つせへて、山椒粒のう、はさまつせへたら、ふとりでにつんぬけべいのし　（北）ハヽヽヽ、そりや蛇が女に見こんだ時のこと<u>だろふ</u>。　（栗 348-8）
(21) （銭）ム、おらが伯母御の子息が、泊客に来てゐた娘と出来て、懐胎したもんだから、すぐに親許から貰つて夫婦にした　（びん）それも恋かの　（銭）まづ恋さ　（土龍）鮒<u>だろう</u>。イヤおれも帰う同穴の契り浅からずとせう。
　　　　　　　　　　　　　　　　　　　　　　　　　　　　（床 353-8）

　これらは、聞き手の発話内容についての確認であり、情報領域的には J2 である。しかし、話し手は確信のある判断を持っており、聞き手にも同意を要求している点で、談話機能的には D3 である。〈a〉と異なるのは、単に自分の判断を表明するか（〈a〉）、自分の判断が当然正しいとして聞き手に訂

第4章　後期江戸語を中心とした「だろう」の用法分類　85

正(同意)を求めるか(〈b〉)、という点である。中には、例(21)のように、正しいかどうかとは関係なく、相手のあげ足をとってからかうような場合もある。現代語で類似の例としては、次のように相手の過去の行動に関して相手の前言をうけて訂正を求めるような場合がこれにあたる。

(22) (政吉)それでお前お巡りに抵抗したって、具体的にどういう抵抗したンだ　(サブ)——(政吉)え?　(サブ)抵抗なんてしないスよオレ　(政吉)抵抗したからこじれたン<u>だろ</u>?　かくすなバカこの　(おⅡ7上-6)

〈c〉　相手の発話をそのままうけて繰り返す。

(23) (銭)ドレ〳〵とろじ口をのぞき違ねへ違ねへ　(びん)<u>違なからう</u>。どつちへ這入た　(銭)おめへの内の地尻へ這入た　(床312-5)

(24) (きぢ)その上今までの衣類は段〳〵ちいさくなりますし、何も角も只今からは大人並に拵へ直しますから、イヤハヤ、大頭痛でございます　(いぬ)さやう<u>でございませう</u>。しかし、段〳〵順送りになすつて、あのお子さまの着古しはお妹子さまのになりますから、むだはございません。　(風130-4)

これらは、一見して推量とも確認要求とも異なるように思われるが、情報領域的には聞き手の発話内容をうけている点で、J2と共通性を持つ。また談話機能としては、既に発せられた聞き手の発話をもう一度提示して自己の同意を表し、話し手と聞き手との間に共通認識が確定されていることを示すもので、D3と類似性を持つ。現代語の同様の例を次に示す。

(25) (さき)今度の日曜、例の松の字のお座敷が急に入ったンだって。それで日曜臨時出勤　(政吉)冗談じゃねえよ!　(さき)冗談じゃない<u>だろう</u>?　(おⅡ146下-6)

(26) (サブ)(非常にのって)アアそれ!オレもひっかかったンス!　(半妻)<u>だろう</u>?オレたち頭にきちゃって——絶対アノバカのいうこときくの止そうって、みんなで酒のんで誓い合って——　(おⅡ211上-15)

よく似ているが次のようなものは相手の発話の内容をうけて判断を表す推量である。

(27) （やえ）するとアレかね。半妻さんがかすみちゃんもらって渡辺家へ養子に入るってことで　（政吉）まアそう<u>だろう</u>　（正）そう<u>でしょう</u>ねえ
(おⅠ 139 下 -6)

〈d〉 評価や判断の同意を求める。

(28) （芋七）ヤレ〳〵重荷をおろした。ナント弥次さん、わしが仕打は妙<u>でありませう</u>　（弥次）駿河もの〻詞おそれ入た。　　　　(栗 33-9)

(29) （自分が小ぞうの故郷の事を次々と言い当ててみせた後で）（弥次）なんと小ぞう、よくしつている<u>だろふ</u>　（イセ三）アイ〳〵　　　(栗 58-3)

(30) （北八）（弥次に）今のやつを風呂場で、ちよびと契つておきは、<u>はやかろふ</u>　　　　　　　　　　　　　　　　　　(栗 240-15)

これらは、一見して推量確認の例のようであるが、「妙だ」「よく知っている」「早い」などの当該の情報に対する判断の確定権がどこにあるかを考えると、非常に微妙な例である。蓮沼(1993)で挙げられている「私の顔、赤い<u>でしょう</u>？」のように、鏡などがなくて自分の顔の状態が話し手自身に全くわからない場合と異なり、これらの判断は、話し手にも可能なものだからである。表面的には聞き手の判断を仰ぐ形をとっているが、話し手は自分で評価や判断を下した上で、聞き手も当然自分に同意するであろうという確信的な予想の下に発話しており、情報領域的にはJ2であるが、談話機能的にはD3に近接している場合である。現代語の類例を次に示す。

(31) （由美）今夜だって一緒に下呂温泉に行ったのよ、土、日と私一人に店押しつけてさ。ひどい<u>でしょう</u>？　　　　(日 662 上 -27)

(32) （自分が紹介した新しい店長に引き合わせた後で）（政吉）いい人<u>だろ</u>？ エ？ なかなかいい<u>だろう</u>？　　　(おⅡ 129 下 -11)

(33) （料理が遅いと文句を言う客を調理場までひっぱってきて）（海）ホ

ラッ。すごいでしょッ。やってンだよちゃんと！　(幹事)いや、だからできるだけ
　　　　　　　　　　　　　　　　　　　　　　（おⅡ 223 上 -14）

　以上、〈a〉〈b〉〈c〉〈d〉と、便宜的に説明的な文脈区分により示したが、情報領域と談話機能との間にいわばズレが見られるようなケースは、より多くの資料にあたれば更に多くの種類が見つかる可能性がある。右に挙げたものはどれも情報領域ではJ2、つまり従来の分析によれば推量確認に分類されるものであるが、その談話機能は必ずしも聞き手に判断の確定を求めるものではなく、自己の推量判断の表出（D1）や自己の確信ある事柄についての同意要求（D3）の場合が有り得るのである。このような例を扱うためには情報領域と談話機能を一体のものとしてみるのではなく、それぞれ別個の階層に属するものとして切り離して記述する必要がある。一体の分析枠組みをとっている限り、右のような例はどのように解釈するか判断が難しく、中間的な例として分類に納まりきらない恐れがある。情報領域と談話機能を分けて記述すれば、実例記述のレベルでは判断の揺れの少ない統一的な分析記述が得られ、それを基に、めざす研究目的に応じて扱いを決めることが出来る応用範囲の広いものとなる。例えば、確認要求が比較的少なく、推量用法がほとんどであった江戸語については、〈a〉のような例は現代語の推量確認用法につながる推量用法の一種として扱うことが可能であるし、確認要求が圧倒的多数派である現代語については、談話機能を重視して〈b〉〈c〉〈d〉のようなものは事実確認の一種として扱うことが可能である。情報領域と談話機能について、このような見方をとることにより、実例に基づいた分析・考察が比較的明瞭に行える利点がある。

5．おわりに

　以上、後期江戸語を中心として、「だろう」の意味用法記述のための分析枠組みを提案した。本章で示した分析モデルは、「だろう」の意味用法の骨格にあたる部分を明示的に捉えるための試みである。よって、このモデルだ

けで「だろう」の多用な意味用法の個々の様相をすべて説明出来るというものではない。「はじめに」でも述べたように、現代語における「だろう」の分析はそのままでは江戸語の分析に成果を利用することが難しかったため、今一度整理し直し、よりシンプルな形にする必要があったのである。

　本章で提案した分析モデルにより、資料研究における「だろう」の考察が、共時的観点からも通時的観点からも有益に進めることが出来ると思われる。特に江戸語から現代にかけての「だろう」の通時的変化としては、推量という情報把握のあり方に関する１つの態度表明であったものが、聞き手の領域内の情報に言及する場合、問いかけ性を帯びるようになり、そのような対話性を持つ実例が増えることによって更に談話機能として発展し、その結果、聞き手に自己と共通の認識を要請するという本来の推量の意味を全く持たない用法が生み出されたと考えられる。

　このことは、「だろう」の情報把握のあり方（意味）と談話機能とが、本来は異なる視点のものではあるが排他的なものではなく、階層的な関係でシフトしていると捉えることによって理解出来る。「だろう」の推量用法と確認要求用法との関係は、確認要求を推量確認と事実確認とに下位分類し、推量確認を推量と事実確認の中間的性質を持つものとして位置づけることによって、このように捉えられる。

注
1　Szatrowski (1994) で対象とされているのは、「でしょう」のみである。「だろう」と「でしょう」との違いについては注意すべきであるが、本章で意図する「だろう」意味用法の分類枠組みに変更を余儀なくされるような問題はないと判断されるため、両者を「だろう」として一括して扱うことにする。
2　引用は蓮沼 (1993) 原文ママ。作品の出典は以下の通り。
　　恋：蒲田敏夫 1987『恋におちて』立風書房
　　時：山田太一 1986『時にはいっしょに』大和書房
　　林檎Ⅱ：山田太一 1985『ふぞろいの林檎たちⅡ』大和書房

3 　安達（1997）で、現代語の「だろう」の持つ判断の表明機能を「表出」という用語を用いて正面から取り上げ、考察している。しかし、そこでの論と従来の先行研究における「だろう」の分析との関係については述べておらず、本章で問題にしているような「だろう」自身の持つ多彩な用法の記述との関係については不明である。
4 　「だろう」の出自は言うまでもなく、断定の助動詞「だ」に意志推量の助動詞「う」のついたものであるが、助動詞「う」は前時代の「ん」や「む」から受け継いだ様々な用法を持っており、推量はその1つに過ぎない。意志、未来、可能性、婉曲などの他の用法もすべてひっくるめた「う」の意味の総称として、本章では「不確定」と呼ぶことにする。

第 2 部

形式名詞を用いた意志表現

第1章　江戸時代における名詞「つもり」の変遷—モダリティ表現としての文末表現形式化と形式名詞化の過程—

1. はじめに—意志表現の中での「つもり」の占める位置—

　「〜するつもりだ」は現代語の意志を表す形式として最も特徴的なものである。これは意志表現の範疇の中では、助動詞「う」が、話者の発話時点での意志表明しか表さない「一次的モダリティ形式」（益岡（1991）p.36）であるのに対し、「彼は行くつもりだ」など第三人称の意志や、「私は行くつもりだった」など過去の意志をも表すことが出来る「二次的モダリティ形式」（益岡（1991）p.36）と位置づけられる。

　しかし、この形式が現代語のように専ら意志を表すものとして定着していったのは、国語史の上ではかなり新しいことである。古くは助動詞「う」の前身である「む」や「べし」などが、推量と共に意志を表す働きを担っていたが、これらは連体法という形で「〜こと」のような客観的な表現の内部にも用いられる性質を持っていた。「う」についても、連体法がかなり一般的に見られた中世末頃までは、現代語の場合と異なり、事柄の叙述の内部に現れることも出来たのである。ところが近世から近代にかけて、「う」の連体用法は慣用句的にごく一部を残して消滅し、「う」はより終助詞に近い、主観性の高い一次的モダリティ形式としての性格を備えるようになる。このように「う」の役割が限定されたものになっていく一方で、従来「う」によってカバーされてきた、もう少し客観性を備えた、事柄叙述的な形式の必要性が生じた。「〜するつもりだ」という表現形式は、その必要性に応じて発達

してきたものである。この形式の発達、定着の時期は、田中（1977）などで指摘されている、いわゆる分析的表現の発達、定着の段階とほぼ同時期に重なる。

2. 研究方法及び分析資料

　「つもり」の歴史的変遷を扱ったものには、佐田（1974）がある。これは、古典語から現代語への移行の過程において、「はず」と「つもり」の、助動詞に近い機能を備えた2つの形式について、その成立・定着が、「べし」「む」などとどのように関連するのかを考察したものである。その中で「つもり」の成立過程について、その意味の変化を取り上げ、意志表現として「つもり」が定着していった過程を、近世前期と近世後期に分けて簡単に記述している。

　本章では、佐田（1974）を踏まえ、意味的な観点だけでなく、「つもり」が現れる際の構文的特徴の変化に注目し、連体修飾語を伴うか否か、また、直後に現れる語がどのようなものかの2点を中心に考察し、その形式名詞化の度合いを測る目安としたい。そして、近世から近代にかけて、「つもり」が意志を表す形式として定着していった変遷の過程を、より詳細に記述する。

　分析の対象としたのは、次に挙げる諸資料である。江戸語・東京語の資料となり得るものを選んだ。時代的にこの時期を選んだのは、1つには、「〜するつもりだ」という形式が意志表現として現れてくるのが江戸語においてであること、もう1つには、助動詞「う」が、一部を除いて専ら意志専用形式となり、推量を表す場合には「だろう」（「だ」＋「う」）という異なった形式を用いるようになるのが、やはりこの時期であるという理由による。こうして、従来曖昧だった推量表現との区別が形態的に分化する形ではっきりつくようになり、また、意志表現の内部でもそのバリエーションが豊かになってくるこの時期は、意志表現の歴史的変遷の過程として注目すべき時期である。

　調査の方法としては、索引のあるものについては索引を利用したが、基本

的に、すべての作品に2度ずつ目を通して用例をひろい出す方法をとった。
歌舞伎脚本
　　『名歌徳三舛玉垣』（1801・桜田治助・岩波大系）
　　『お染久松色讀販』（1813・四世鶴屋南北・岩波大系）
　　『東海道四谷怪談』（1825・四世鶴屋南北・岩波文庫）
　　『小袖曾我薊色縫』（1859・河竹黙阿弥・岩波大系）
黄表紙
　　『金々先生栄花夢』（1775・恋川春町・岩波大系）
　　『高漫斉行脚日記』1775・恋川春町・岩波大系）
　　『見徳一炊夢』（1781・朋誠堂喜三二・岩波大系）
　　『御存商売物』（1782・北尾政演（山東京伝）岩波大系）
　　『大悲千禄本』（1785・芝全交・岩波大系）
　　『莫切自根金生木』（1785・唐来参和・岩波大系）
　　『江戸生艶気樺焼』（1785・山東京伝・岩波大系）
　　『文武二道万石通』（1788・朋誠堂喜三二・岩波大系）
　　『孔子縞干時藍染』（1789・山東京伝・岩波大系）
　　『心学早染艸』（1790・山東京伝・岩波大系）
　　『敵討義女英』（1795・南杣笑楚満人・岩波大系）
洒落本
　　『跖婦人伝』（1753・泥郎子・古典全集）
　　『遊子方言』（1770・田舎老人多田爺・岩波大系）
　　『辰巳之園』（1770・夢中散人寝言先生・岩波大系）
　　『甲駅新話』（1775・馬糞中咲菖蒲・古典全集）
　　『軽井茶話道中粋語録』（1779、80・山手馬鹿人・岩波大系）
　　『卯地臭意』（1783・撞木庵主人・岩波大系）
　　『通言総籬』（1787・山東京伝・岩波大系）
　　『古契三娼』（1787・山東京伝・古典全集）
　　『繁千話』（1790・山東京伝・古典全集）
　　『傾城買四十八手』（1790・山東京伝・岩波大系）

『青楼昼之世界錦之裏』（1791・山東京伝・岩波大系）
　　　『傾城買二筋道』（1798・梅暮里谷峨・岩波大系）
滑稽本
　　　『東海道中膝栗毛』（1802・十返舎一九・岩波大系）
　　　『浮世風呂』（1809・式亭三馬・岩波大系）
　　　『浮世床』（1812・式亭三馬・古典全集）
人情本
　　　『春色梅児誉美』（1832・為永春水・岩波大系）
　　　『春告鳥』（1836・為永春水・古典全集）
落語口演速記
　　　『怪談牡丹燈籠』（1884・三遊亭圓朝・明治全集）
小説
　　　『安愚樂鍋』（1871・仮名垣魯文・明治全集）
　　　『浮雲』（1887・二葉亭四迷・新潮文庫）
　　　『金色夜叉』（1897・尾崎紅葉・日本近代文学大系）
　　　『吾輩は猫である』（1905・夏目漱石・岩波文庫）
　　　『腕くらべ』（1916・永井荷風・日本近代文学全集）

　その他、次のような上方の作品も考察対象とした。
浮世草子
　　　『好色萬金丹』（1694・夜食時分・岩波大系）
　　　『新色五巻書』（1698・西沢一風・岩波大系）
　　　『好色敗毒散』（1702・夜食時分・古典全集）
　　　『傾城禁短気』（1711・江島其磧・岩波大系）
　　　『浮世親仁形気』（1720・江島其磧・古典全集）
歌舞伎脚本
　　　『傾城壬生大念仏』（1702・近松門左衛門・岩波大系）
　　　『金比羅御利生幼稚子敵討』（1753・並木正三・岩波大系）
　　　『韓人漢文手管始』（1789・並木五瓶・岩波大系）

この他に近世文学総索引編纂委員会編1986『近世文学総索引 井原西鶴』、『近世文学総索引 近松門左衛門』を利用して、次のそれぞれの上方の作品についても調査した。
浮世草子（1682～1687・井原西鶴）
　　『好色一代男』『西鶴諸国ばなし』『好色五人女』『好色一代女』『本朝二十不孝』『男色大鑑』
浄瑠璃（1703～1722・近松門左衛門）
　　『曾根崎心中』『堀川波鼓』『五十年忌歌念仏』『丹波与作待夜の小室節』『冥途の飛脚』『夕霧阿波鳴渡』『大経師昔暦』『鑓の権三重帷子』『博多小女郎波枕』『心中天の網島』『女殺油地獄』『心中宵庚申』

　また、近代作家用語研究会・教育技術研究会編1984『作家用語索引 夏目漱石』、1985『作家用語索引 森鷗外』を利用して次のそれぞれの作品も参考にした。
小説（1890～1916・森鷗外）
　　『舞姫』『文づかひ』『半日』『ヰタ・セクスアリス』『青年』『普請中』『妄想』『雁』『かのように』『阿部一族』『安井夫人』『山椒大夫』『最後の一句』『高瀬舟』『渋江抽斎』
小説（1905～1916・夏目漱石）
　　『倫敦塔』『薤露行』『坊ちゃん』『草枕』『虞美人草』『三四郎』『それから』『門』『彼岸過迄』『行人』『こころ』『明暗』

　時期の早い作品については1つの作品そのものが短く、また、意志を表す用法が現れ始めた時期を詳しく見る必要もあり、時期の遅い作品群と比べてやや多めの作品を調査対象とした。そのために、浮世草子類、及び歌舞伎脚本では、時期の早い、上方の資料の3作品も考察対象に組み入れた。それより時期の遅いものは、すべて江戸・東京の資料である。資料の地域差・位相差については、十分考慮しなければならないが、その点については後でもう一度考察する。

98　第 2 部　形式名詞を用いた意志表現

3. 考察

　上方の資料も含めて、調査対象とした資料の中から「つもる」「つもり」が見られた資料のみを取り上げて、成立年順に用法をまとめたものが次の表1である。

　現代語の意志用法につながる用例が現れている作品より後のものから表にしたため、西鶴の浮世草子類は表に含まれていない。同様に、近松の浄瑠璃についても、本来の「積み重なる」意の動詞用法しか見られない作品は、表に入れなかった。また、表中、『夕霧阿波鳴渡』『吾輩は猫である』については、序章の対象作品のところで前述した教育社の索引を、『安愚楽鍋』については国立国語研究所の『安愚楽鍋総索引』を用いて確認した。

　表中、用法の分類で「積重」とあるのは「積み重なる」意の用法である。また、「計算」とは金銭について予算を見積もるもので、「推量」は他人の状況や事柄の実態について推し量るもの、「見下」は相手の力量をこれぐらいと見積もって侮ること、「意志」は自分及び他人がこれから何かを行おうとしているもの、「杯」は酒宴でもうこれでお開きにしようという時の最後の一杯の酒のことである。各々、具体的な用例については後の考察の中で述べる。

　また、表中、カッコつきの数字が2ヶ所ある。『浮世床』の名詞「つもり」の意志用法が4(1)となっているのは、明らかに意志と思われるものが4例、意志かあるいは工面や調達といった意味か、判断に迷うものが1例あるということである。『金色夜叉』の名詞「つもり」の推量用法の(1)は、「御つもらせ」という形で用いられている例である。ともに、後の考察のところで具体例を挙げる。

　また、上方の作品には頭に※印をつけて示してある。

　表1で、「つもり」に意志としての用法が現れ始める『好色萬金丹』から『幼稚子敵討』までを第一期、その後の『跖婦人伝』から『名歌徳三舛玉垣』までを第二期、「つもり」に、推量用法がまだ残っているものの、意志用法が大勢を占めるようになる『東海道中膝栗毛』から『小袖曾我薊色縫』まで

第1章　江戸時代における名詞「つもり」の変遷　99

表1　動詞「つもる」と名詞「つもり」の作品別用法の内訳

資料名＼用法	動詞「つもる」積重	計算	推量	見下	名詞「つもり」積重	計算	推量	意志	杯	計
※好色萬金丹	5	2		1		5				13
※新色五巻書	5				1	1				7
※好色敗毒散	4	1				4		1		8
※傾城禁短気	1	1		6			2	2		12
※夕霧阿波鳴渡				1						1
※幼稚子敵討	1									1
跖婦人伝	1					1				2
遊子方言	1							1		2
道中粋語録			1							1
見徳一炊夢								1		1
莫切自根金生木		2								2
江戸生艶気樺焼								7		7
※韓人漢文手管始	1									1
総籬			1					1		2
古契三娼								1		1
繁千話								2		2
敵討義女英	1									1
名歌徳三舛玉垣						1		1		2
東海道中膝栗毛	1							20	5	26
浮世風呂	8				1			7		16
浮世床	2							4(1)		7
お染久松色読販					1			1		2
東海道四谷怪談	1		1		2			3		7
春色梅児誉美	3		2					13		18
春告鳥	1							10		11
小袖曾我薊色縫								3	1	4
安愚樂鍋								15	6	21
怪談牡丹燈籠								21		21
浮雲	1							14		15
金色夜叉						(1)		22		23
吾輩は猫である	3							68		71
腕くらべ								8		8
総計										316

※は上方作品

を第三期、「つもり」が専ら意志を表す形式として広く定着する『安愚樂鍋』から『腕くらべ』までを第四期とする。考察の便宜上、大まかな目安としてこのように分ける。

　また、名詞「つもり」の形式名詞化と文末モダリティ化を見るために、直前に現れる語（以下、前接語と呼ぶ）及び直後に現れる語（以下、後接語と呼ぶ）について、各時期ごとにその調査結果をまとめたものが次の表2と表3である。

　なお、表2、表3とも第三期については「推量」と「杯」の用法を、第四期については「杯」の用法を除いて数値化してある。

　表2の前接語については、①動詞系から⑥「〜という」系までが直前に何らかの連体修飾語句を伴う場合であり、⑦が連体修飾語句を伴わない場合である。また、④名詞系と⑤指示詞は、連体修飾語句を伴う場合の中でも、その意味的な係りの性質に変化が見られ、注目すべきものである。全体に、時代が下るに従って「つもり」が独立して用いられることはなくなり、修飾節の句末の形式も多様なものが現れるようになる傾向がうかがえる。

　表3の後接語については、①が「つもり」が文末モダリティとして文または節の述部に現れる場合であり、②が、それ以外の場合である。しかし、②の内、破線より上のGの中止法やHの格助詞「と」に続く場合などは、「つもり」が名詞的に用いられているとも文末モダリティ的に用いられているとも解釈出来、また、同様に、格助詞「の」が続いて連体修飾句として次にかかっていく場合なども、やはり中間の性質を持っているものである。破線より下の、Iの副助詞からLのサ変動詞までが、ほぼ、「つもり」が独立した名詞として文中で用いられている場合と見てよい。

　また、表2、表3とも第一期の用例には「中積（も）り」を2例含んでいる。表2の否定の助動詞「ぬ」には「ん」を含んでおり、同じく「ない」には「ねえ」という形も含まれている。表3の第四期の断定の助動詞「だ」には「だろう」「である」「なのだ」が含まれており、同様に、終助詞「か」には「かい」なども含んでいる。

　以下、それぞれの時期について、具体例を挙げながら「つもり」「つもる」

第1章　江戸時代における名詞「つもり」の変遷

表2　名詞「つもり」の前接語の推移

前接語	一期	二期	三期	四期
① 動詞系				
A 動詞	3	7	38	75
B 補助動詞				
―なさる				3
―ている				7
―てやる			1	1
―てもらう				1
―ておく				2
―てしまう				1
C 助動詞				
―せる（使役）		3	3	4
―れる（受身）		2		
―ず（ぬ）	1		1	3
（ざる）				1
―ない			1	6
―たい				1
―た			2	14
―う			1	
―ます（る）			1	1
② 形容動詞				2
③ 形容詞				3
④ 名詞系				
名詞＋「が」	1			
名詞＋「の」	5	4	6	8
⑤ 指示語	1		8	8
⑥「～という」系				
～という				4
どういう				2
そういう				1
⑦ 修飾語句なし	5			
計	16	16	62	148

表3　名詞「つもり」の後接語の推移

後接語	一期	二期	三期	四期
① 文・節の述部の場合				
A 断定の助動詞				
「なり」	2	6	7	3
「じゃ」		1	1	1
「だ」		7	38	106
「です」				4
B 推定の助動詞				
「らしい」				1
C 終助詞				
「か」			4	17
「さ」			2	3
「よ」				1
D 係助詞				
「ぞ」（文末）	1			
E 接続助詞				
「でも」				3
F 名詞				
「ゆえ」			1	
小計	3	14	53	139
② その他				
G 中止法	2	1	3	1
H 格助詞				
「と」	1		3	2
「の」	1		3	4
「に」	4			1
I 副助詞				
「さえ」	1			
J 係助詞				
「は」	1			1
「も」		1		
K 無助詞（文中）	1			
L「～する」	2			
小計	13	2	9	9
計	16	16	62	148

の推移を述べていくことにする。

3.1. 第一期（17世紀末から18世紀初頭、元禄の上方の浮世草子類、及び浄瑠璃類）

　「つもり」、「つもる」という語に、現代語のような意志を表す用法につながる用法が現れ始めるのは、元禄期、上方の浮世草子類（17世紀末〜18世紀初め）においてである。いわゆる計算・見積もりの意味で用いられる用法がこれで、この時代の、本来の積み重なる意味の用例（「雪が積もる」「思いが積もる」「年月が積もる」など）以外のものは、多くが、この計算・見積もりの用例である。そしてそのほとんどは金銭に関わる例である。

【動詞】
（1）　さる宿衆を根挽にする談合、歴都が才覺にて、万事五百七十両に積もり上げて、　　　　　　　　　　　　　　（好色萬金丹 96-3）
（2）　いづれ女郎の貸し借りは、言い合て中間法度にしたきもの。旦那どのは構はれぬ事、こちらが身にして、十年勤むる中の損は、何程か積もり難し。　　　　　　　　　　　　　　　　　（傾城禁短気 215-8）

【名詞】
（3）　和吉が富は、家賃と銀の利ばかり、一日に五百目ならしに取込むつもり、　　　　　　　　　　　　　　　　　（好色萬金丹 120-11）
（4）　男子の生まれし時、それが成人の後悪所の遣ひ銀とて百貫目除けてをいたりとも、それは積りの知れぬ事也。　（好色萬金丹 507-9）
（5）　『茶など買ふて飲めや』といふて。袖の下から二匁も遣る。配り餅が拾匁。中積りにして九百三四十匁。　（新色五巻書 507-9）
（6）　九千貫目は御定、このほかに五千貫目の代物替、追割・願売など、年中何万貫目と積りは、算盤の上にも知れがたし。

　　　　　　　　　　　　　　　　　　　　（好色敗毒散 353-10）

　また、ここから派生した、これぐらいと相手を見積もって侮ること、の意味の動詞の用例もしばしば見られる。

（7）　無駄遣いとて女郎も宿屋も、悦ばぬ金を捨て給ふなといふ事也。付き〳〵の末社、又は遣り手・揚屋の下〳〵迄に積もられて、阿呆にしてそやし立られて取らるゝは、腹の立つ事ぞかし。（傾城禁短気355-6）

同様の用例は、近松の浄瑠璃の中でも次の１例が見られた。

（8）　エヽ偽りおほき遊女のならひおどろくべきにあらね共、是ほど迄よふも〳〵此左近をつもりしな、此子は伊左衛門が忰とは、
　　　　　　　　　　　　　　　　　　　　　　　　（夕霧阿波鳴渡73）

　この用法は、名詞にはなく、また、この時期の浮世草子や浄瑠璃に特徴的な用法で、後の意志を表す用法に直接つながっていくものではない。しかし、金銭や数字による計算を離れたところで用いられる「見積もり」の意味の例である点は注目される。
　この第一期の作品で、右の用法以外に、純然たる計算以上の意味が見られた例は、管見によると次の７例である。表１ではそれぞれ（9）、（10）を計算、（11）、（12）、（13）を意志、（14）、（15）を推量として振り分けてみたが、（11）、（12）、（13）を見ても、後の意志用法のように、はっきりした意志を表すというよりは、見込み、計画、考えといった、「計算」の意をかなり含んでいるようなもので、計算・意志・推量と分けるのには無理がある場合が多い。しかし、大まかに（9）〜（13）までは計画・意志系、（14）、（15）は計算・推量系として、やや性格の違うものとして位置づけることが出来よう。
【計算】
（9）　「どちらへ倒けても宿屋に損のゆかぬ事、當分少しの世話やく分」と、中積もりする所へ、　　　　　　　　　　　　　　　　　（好色萬金丹81-10）
（10）　まづ中勘胸算用してみれば四千七百両の不足。これほどはあかぬ積りと、万遣捨帳の蕪付あらまし拾うてみれば、　　（好色敗毒散434-9）
【意志】
（11）　もはや首尾見合せて、この遊びもやめる積りに工面するうちに、

（好色敗毒散 434-5）

(12)　と、腹立て顔していふが、男に急いた風を見すべき女郎の計略なり。時に男は、扨こそ我等が積もりに違はず、よい口舌になりかゝると、いよいよ気を立てさすやうに、　　　　　　（傾城禁短気 340-5）

(13)　橋なき川に橋を架けるも、心ざしは同じ事、まだ此方が深き慈悲と成りぬべし。大形に聞へて、心の廣き大臣の積もりにしては、又心安き事ぞかし。　　　　　　　　　　　　（傾城禁短気 359-14）

【推量】

(14)　「さすが下品(げぼん)の女郎にお逢いなされぬ大臣様ほどありて、下の事を御存知ない。（中略）局女郎・北向は、一日一夜に幾度か知ず。これはお積もりの外」と申せば、　　　　　　（傾城禁短気 359-8）

(15)　思ひ入れの女郎請出してしまふて、悪所の通ひを止めたが上分別といふ人あれど、それは岡の積もり也。　　（傾城禁短気 378-10）

　この時期には、右のようなものが、後の意志を表す「つもり」に意味的に最も近いものであったと思われる。また、推量の例として挙げた(15)は、『日本国語大辞典』では、「つもり」③の「たぶんそうなるだろうという考え。また、こうしようとする意図。心ぐみ。」の例として、明らかに意志を表す浮世床や浮雲などの例と一緒に挙がっているが、これは、いわゆる「岡目八目」の的外れな憶測ということで、推量としての意味合いが、他の用例に比べてもはっきりしており、現代語に通ずる意志の用法とは、意味的にかなり性格が異なるものである。

　表2より、この時期の名詞「つもり」の用例16例の前接語の内訳は以下の通りである。

・動詞系
　　動詞（助動詞類の付加なし）　　3例（計算2・意志1）
　　―ず（否定）　　　　　　　　　1例（計算1）
・名詞系
　　名詞＋「が」　　　　　　　　　1例（意志1）

名詞＋「の」　　　　　　　5例（計算3・意志1・推量1）
・指示詞
　　　その　　　　　　　　　　　1例（計算1）
・連体修飾節なし　　　　　　　　5例※（計算4・推量1）
　※「中積もり」2例含む

　次の例(16)のように「つもり」が連体修飾節なしで現れる場合が、16例中5例見られる。

(16)　九千貫目は御定、このほかに五千貫目の代物替、追割・願売など、年中何万貫目と積りは、算盤の上にも知れがたし。
　　　　　　　　　　　　　　　　　　　　　　（好色敗毒散 353-10）（＝(6)）

　このように「つもり」は、それだけで意味的に完結した普通名詞として独立的に用いられている。
　この時期の用例の特徴として、意志、推量の別に関わららず、先に挙げた(12)、(13)、(15)のように、「我等が積もり」、「大臣の積もり」、「岡の積もり」など、名詞＋「の(が)」が「つもり」に前接する場合には、それらは意志や推量を行う行為主体を表している。現代語では「Aのつもり」と言えば、Aはその意志の内容を表すのが普通であり、「つもり」の意志する主体となる語がAの位置に立つことはない。
　また、次の(17)のように指示詞がついている場合も、それらは現代語の「そのつもり（だ）」の例のように、計算や意志の内容を補う形で指し示すものではなく、やはり「つもり」は普通名詞として独立的に用いられている。

(17)　この利にて世帯入用五十貫目引いて、百五十貫目延びるなり。このうちにて源次郎が遊び代を引いてみるべし。ついでにその積りして聞かすべし。
　　　　　　　　　　　　　　　　　　　　　　　　（好色敗毒散 415-8）

　動詞やその否定形など、述語につく例のみが、上接の述語を含む叙述内容

が、計算・もくろみの内容に相当し、「内容」+「つもり」の形式をとっており、後の意志を表す「〜するつもりだ」と構文的に同様のものと考えられる。しかし、そのような例は16例中4例と、全体から見ればまだごく少数である。

　このように、構文的にも現代語の「つもり」とは性質を異にするものが見られ、また、意味的にも意志との接点を持たない(14)、(15)のような例がしばしば見られるのが第一期の特徴である。この時期には、(10)や(11)のように述語を直接にうけ、意味的にも構文的にも現代語の「つもり」とかなり近いものが現れてはいるが、そのような用法は、まだ「つもり」に意志を表す形式としての性格づけを行えるほど大勢を占めるものにはなっていない。むしろこの時期の「つもり」は、計算の意味から抜けきっていない、漠然とした「見込み」や「考え」に近いもので、前後の文脈、構文により推量にも意志にもなり得るような、かなり意味範疇の広いニュートラルなものであったと言えよう。

　次に、同様に後接語について見てみよう。
① 「つもり」が文または節の述部に位置する場合
　　・断定の助動詞「なり」　　　2例
　　・係助詞「ぞ」(文末)　　　　1例
② その他
　　・中止法　　　　　　　　　　2例
　　・引用の格助詞「と」　　　　1例
　　・格助詞「の」　　　　　　　1例
　　・　〃　　「に」　　　　　　4例
　　・副助詞　　　　　　　　　　1例
　　・係助詞「は」　　　　　　　1例
　　・無助詞(文中)　　　　　　　1例
　　・「〜する」　　　　　　　　2例

16例中、次のように文または節の述部に「つもり」がくる例は3例だけであり、

(18)　思ひ入れの女郎請出してしまふて、悪所の通ひを止めたが上分別とい
　　　ふ人あれど、それは岡の積もり也。　　　　　（傾城禁短気 378-10）
(19)　女子の生れし時、それが嫁入りの造用の心あてに銀子三貫目除けてを
　　　けば、十五六才にて縁つける時の拵へ物の見事になる積りぞかし。

（好色萬金丹 142-3）

格助詞や副助詞を伴って、または助詞を伴わずに単独で文中に現れるものが多い。

(20)　男子の生まれし時、それが成人の後悪所の遣ひ銀とて百貫目除けてを
　　　いたりとも、それは積りの知れぬ事也。　　　（好色萬金丹 142-5）
(21)　十路盤の積もりさへよければ、万年暦の相性も見ず、

（傾城禁短気 60-9）

(22)　めきと銀銀ふえて、現銀二千貫目とほかよりの積り違ひなし。

（好色敗毒散 413-5）

　また、「〜する」の２例の内、１例は「その積りして聞かすべし（好色敗毒散 415-8）」と、構文的には対象格を表す「を」が省略されたものと考えられ、もう１例は「〜と、中積もりする所へ（好色萬金丹 81-10）（＝（9））」と、全体でサ変動詞のように用いられている（あるいは「中積もり」（を）「する」のように対象格が省略されたものとして捉えることも出来る）。このように、この時期の「つもり」は、文中でもかなり自由に様々な位置に現れている。
　以上述べて来たように、前接語と後接語の両方の面から、この時期の「つもり」は、まだ意味的にも構文的にも固定化されておらず、場合によって様々な意味と文中の位置をとり得る、かなり自由な振る舞いをする語であった。
　また、現代語の意志を表す「つもり」につながる、本来の「積み重なる」意味以外の用例は、西鶴や近松の主な作品には、ほとんど例が見られず、ほ

ぼ同時期の浮世草子や浄瑠璃の中でも、作品や作家により、かなり出現にばらつきがあるようである。西鶴の浮世草子類では、本来の「積み重なる」意味の動詞が9例、限り・限界の意味の名詞が次の1例見られただけであり、

(23) （世之介）それにはよろしき身のまはり、はた織る女さえ給分の<u>つもり</u>あり、　　　　　　　　　　　　　　　（好色一代男1-3-259）

　近松の浄瑠璃については、「積み重なる」意味の動詞が6例、「相手を見下す」動詞の例が1例あるだけで、名詞の用例は「積み重なる」意味のものについても1例も見られなかった。
　以上のことを考え合わせても、この時期には、動詞系の連体修飾節をうけて意志を表す用例が、現代語の意志を表すモダリティ形式としての「～するつもりだ」の萌芽として認められるが、それらはまだ、「つもり」の中心的用法にはなっておらず、文脈により様々な意味を帯びる実名詞としての「つもり」の、数ある用法の内の一部に過ぎなかったと言えよう。

3.2. 第二期（18世紀半ばから19世紀、文化文政期以前の江戸の黄表紙類、及び洒落本類）

　もう少し時代を下って、江戸の黄表紙、洒落本類では、用例全体数にはあまり変化がない。調査対象とした作品の内で、「積み重なる」意味以外のものは、管見によると動詞が次の4例、名詞が意志14例、推量2例の計16例であった。動詞の全用例を次に示す。
【動詞】
【計算】
(24) （萬々）なんでも高い方へ落すから、技倆一倍、つがもなく高く<u>積り</u>やれ。　　　　　　　　　　　　　　　（莫切自根金生木129-7）
(25) （請負人）入札の儀でござりますから、ずんぶんもうけるやうに、<u>積り</u>ました。　　　　　　　　　　　　　（莫切自根金生木129-8）

【推量】

(26) （弥五左衛門）そんだら夕のお客にやア、げへによく持上たアと見へたアな。（田毎）アゼさうじやアおざんねへ。マアよく<u>積つても</u>見さつしやりまし。　　　　　　　　　　　　　　　　　（道中粋語録335-13）

(27) （客）それより、まだ先が丸二年三月といふ物だから、其内にはそつちに、とんだ事ができるだろう。（女郎）よく<u>つもつて</u>おみなんし。五年このかた、はつちが身のためにもわるし、ぬしのためにもわるいと、たび〴〵あきらめて見ても、思い切れんせんものを、　（総籬381-2）

「計算」の用例は、第一期の上方の浮世草子などで見られたものと同種の例である。また、「推量」の用例は、次のように、このもう少し後の『春色梅児誉美』や『春色辰巳園』にも見られるが、

(28) （丹次郎）ナニサ隠すどこじやアねへ。此容だものを、よく<u>つもつて見</u>るがいゝ。　　　　　　　　　　　　　　　（春色梅児誉美49-16）

(29) （米八）なるほどおめへも余程世話役だの。（中略）マアよく<u>つもつてお</u>見ヨ。　　　　　　　　　　　　　　　　　（春色辰巳園250-6）

すべて「よくつもって見る」の形で、相手に対する軽い命令として現れており、表現が類型化しているようである。すべて遊里関係で用いられている例であり、かなり使用範囲の狭い用法かとも考えられる。

　これと平行して、推量を表すものとして、「推量」、「推量する」という漢語が、かなり広く見られる。調査対象とした資料の範囲では、浮世草子から、洒落本、歌舞伎脚本、人情本と、17世紀末の元禄期から19世紀半ばの天保期に至るまで、様々な資料にわたって継続的にしばしば用例が見られ、特に武家を題材にした歌舞伎に著しい。

(30) （十右衛門）さもなき心を疑われ、我と我等身を責め給ふぞ。五郎兵衛が<u>推量</u>に違はず。外に思ひ寄る片褄のあるや　　（新色五巻書479-9）

(31) （女郎）わつちやしやうじき、ぬしの<u>推量</u>のとふり、あの客人にほれていんすはな。　　　　　　　　　　　　　　　　（総籬 382-2）

(32) （和尚）親といふ一字で何にも言わぬ。其心根を<u>推量して</u>急度心を改めぬと、　　　　　　　　　　　　　　　（韓人漢文手管始 405-上 14）

(33) （政澄）惟喬君へ心を運ばは、申さづとても大概に御<u>推量</u>下されい。
　　　　　　　　　　　　　　　　　　　　（名歌徳三舛玉垣 135-下 11）

(34) （地）主人藤兵衛がこのたびの旅立、なか〳〵三十日にはかへりがたしと<u>推量し</u>、古支配人の眼をかすめ、　　　（春色梅児誉美 199-14）

(35) （薄雲）<u>左様して私の方へは是限で来さつしやらねへ了簡であらっしやる</u>と、私きやァ先刻から<u>推量して</u>居ますョ　　（春告鳥 437-9）

しかし、19世紀初めの滑稽本類には 1 例も見られず、やはり、かなり堅苦しい改まった表現であったようである。これらは、19 世紀後半には姿を消してしまう。
　次に名詞の用例のいくつかを示す。
【名詞】
　【意志】
(36) （平）いや時にこよいは、気をかへて見る<u>つもり</u>じやぞへ。
　　　　　　　　　　　　　　　　　　　　　　　　　（遊子方言 66-17）

(37) （馬骨）ちよびと討込の拍子幕で遊ぶ<u>つもり</u>であつたが、
　　　　　　　　　　　　　　　　　　　　　　　　　　（繁千話 164-2）

(38) （六部）わしゃア九州から（略）北陸堂・湯殿山の方へ心ざす<u>積り</u>でごんす。　　　　　　　　　　　　　　　　（名歌徳三舛玉垣 111-上 3）

　【推量】
(39) （跖）いやしいやうにおもはんせうが、湯殿雪隠とりあつめて百畳たらずの揚屋のざしきで、土蔵の間から、狭い空を見てくらさんす<u>つもり</u>では、そふ心得さんすも尤なり。　　　　　　（跖婦人伝 41-10）

(40) （「しばらくのつらね」市川白猿作）東夷南蠻北狄世間のお<u>つもり</u>も。かへり三升の定紋は、孫に楪葉ほんだはら、　　（名歌徳三舛玉垣 70-上 12）

名詞「つもり」の推量用法として挙げた(39)は、意志用法の解釈の可能性もある。跖の妹の青柳から姉を吉原に鞍替えさせたいという相談をうけて跖を説得しに来た太夫の高尾に対して、跖が高尾のものの見方を否定する場面である。「吉原の狭い世界に暮らしているあなたの狭いご推量では、そのように思うのももっともなことです。(＝推量)」「吉原の狭い世界で暮らしていこうとするあなたの狭い了見では、そのように思うのももっともなことです。(＝意志)」と、どちらの解釈も可能であるが、ここでは前者ととっておく。

　この時期の作品には、推量用法は(39)を含めても2例しか見られない。しかし、後の『浮世風呂』や『春色梅児譽美』にも、やはりわずかながら推量の用例が見られることから、この時期にも、やはり推量用法は受け継がれていたものと思われる。

　この時期の名詞「つもり」16例の前接語、及び後接語による内訳は以下の通りである。

【前接語】
・動詞系
　　動詞(助動詞類の付加なし)　　7例
　　—せる(使役)　　　　　　　　3例
　　—れる(受け身)　　　　　　　2例
・名詞系
　　名詞＋「の」　　　　　　　　4例(内、1例は「推量」)

【後接語】
①「つもり」が文または節の述部に位置する場合
　　・断定の助動詞「なり」　　　6例
　　・　〃　　　　「だ」　　　　7例
　　・　〃　　　　「じゃ」　　　1例
②その他
　　・中止法　　　　　　　　　　1例
　　・係助詞「も」　　　　　　　1例(推量)

112　第2部　形式名詞を用いた意志表現

　用例の全体数は第一期と同数であるが、この時期の名詞「つもり」は推量の1例を除き、残りの15例はすべて意志の用法である。更に、その推量の1例以外の用例の前接語、後接語の内訳を見ると、前接語には文の述部を、後接語には断定辞を伴って、「意志の内容」＋「つもり」＋「断定辞」の形をとっている。用例の絶対数が十分ではないが、第一期と比較して、第二期の「つもり」は、用法として、より明らかに意志に統一されてきており、構文的にも、はっきりと現代語と同様の傾向を示している。現代語と異なる点は、依然として推量用法が意志と並んで行われていることであるが、数の上では意志の用法が優り、その性質も、現代語の「つもり」とほとんど同質であると言える。

　前接語に、名詞＋「の」をとる意志の3例は次のものである。

(41)　(地)うそ心中の<u>つもり</u>にて、　　　　　　　（江戸生艶気樺焼 151-1)
(42)　(地)夜がふけては気味がわるいから、宵のうちの<u>つもり</u>にて、
　　　　　　　　　　　　　　　　　　　　　　　　　（江戸生艶気樺焼 152-14)
(43)　(ゑん次郎)喜のぼう、あいばつせへ。こんやは一丁目の<u>つもり</u>だ。
　　　　　　　　　　　　　　　　　　　　　　　　　　　（総籬 367-16)

3例とも、すべて上接する名詞は「つもり」の意志の内容を表しており、構文的にも現代語と同じ性質を持つ。このように「Aのつもり」という形式をとる場合、元禄期に見られたような、名詞「A」の位置に「つもり」の意志の主体となる語がくる用例は、1例も見られない。以後、「名詞＋の」や、指示詞「その」などが前接する場合は、それらは「つもり」の意味的な補助部として、意志の内容を表す働きをすることになる。

3.3. 第三期（19世紀初頭から19世紀半ば、文化文政期から天保期にかけての江戸の滑稽本類、及び人情本類）

　更に時代を下って、文化文政期より後は、動詞「つもる」に対して名詞「つもり」が目立って増えてくる時期である。その名詞「つもり」の増加分の内

訳は、ほとんどすべて意志用法である。推量・計算の意の「つもり」は、19世紀初めの次の4例を最後に、第四期以降は見られなくなる。

(44) (女房)鉄砲で打殺した物が薬位で届くものじやアないはな。<u>つもり</u>にもしれたもんだ。　　　　　　　　　　　　　　　　（浮世風呂 153-8）

(45) (喜兵衛)かうつと、元が百両、利足が4つ月の、<u>積り</u>で、かうつと一貫目。　　　　　　　　　　　　　　　　　　（お染久松色讀販 237-下 11）

(46) (庄七)夫は<u>つもり</u>にもしれた事。　　　　　（東海道四谷怪談 219-47）

(47) (くま)おまへもマア、大がい、<u>つもり</u>にも。ハヽヽヽ。

（東海道四谷怪談 221-2）

これら、推量・計算の意の「つもり」は、構文的にも内容となるべきものを伴わずに単独で現れており、実名詞としての独立性を持っている点、同時代の意志の用例と異なり、より以前の時代の性格を残している。

　また、動詞「つもる」の推量用法も、この時期の次の3例を最後に、19世紀後半には見られなくなる。

(48) (與茂)コレ、おまえ、よく<u>つもつて</u>もみな。　（東海道四谷怪談 61-1）

(49) (丹次郎)ナニサ隠すどこじやアねへ。此容だものを、よく<u>つもつて</u>見るがいゝ。　　　　　　　　　　　　　　　（春色梅児譽美 49-16）（=（33））

(50) (米八)それだけどマアよく<u>つもつて</u>お見なせへな。

（春色梅児譽美 81-9）

　そして、工面・調達の意で用いられているかと思われる、次の1例が見られるが、これ以外は「最後の杯」の用法を除き、すべて明らかに意志を表す用例である。

(51) (長)器用でよく用の足りる人だと思はせて、一寸四百の時借や、又は行所のない時居る<u>つもり</u>ト、寢所にこまる時泊るあてに他所をかせぐ

のさ　　　　　　　　　　　　　　　　　　　　（浮世床307-14）

　この時期の名詞「つもり」の意志用法の用例62例についての前接語の内訳は以下の通りである。
①動詞系
　　　動詞（助動詞などの付加しないもの）　　38例
　　　―てやる　　　　　　　　　　　　　　 1例
　　　―せる（使役）　　　　　　　　　　　 3例
　　　―ず　　　　　　　　　　　　　　　　 1例
　　　―ない（ねへ）　　　　　　　　　　　 1例
　　　―た　　　　　　　　　　　　　　　　 2例
　　　―う　　　　　　　　　　　　　　　　 1例
　　　―ます　　　　　　　　　　　　　　　 1例
②名詞系
　　　名詞+「の」　　　　　　　　　　　　 6例
③指示詞
　　　その　　　　　　　　　　　　　　　　 8例

　動詞系の前接語の内、使役の「せる」は、第二期から見られていたが、この時期には、新しく「ない（ねへ）」や「ず」などの否定辞と、過去・完了の「た」、更に助動詞の「う」かと思われる例と、丁寧語の「ます」が加わっている。

(52)　(北八)しかし其筈ではねへつもりだに　　　（東海道中膝栗毛41-13）
(53)　(米八)ナニ今朝は妙見さまへ参りに来たつもりで宅はでましたヨ。
　　　　　　　　　　　　　　　　　　　　　　　（春色梅児譽美48-11）
(54)　(女)コレ、何をいふのだ　(ばんとう)イエサ、そこで1ついはふつもり
　　　でございます。　　　　　　　　　　　　　（浮世風呂201-11）
(55)　(下女おやす)気長に致て何所ぞ見定めますつもりさ。（浮世風呂151-8）

否定辞の「ない」などは、「まい」で表されるような否定意志を、「つもり」でも表すために、「〜ない」＋「つもりだ」の形をとるようになったもので、その必要性からも、このような形は早くから発生していたものと推測出来る。

　前期から見られた使役・受け身の「せる」「れる」について、助動詞の相互承接の観点から考えてみると、動詞に直接下接し、活用その他の点でも最も動詞に近い性質を持つことは、諸説の一致するところである。そして、その下に動詞から離れるに従って、「ない」などの否定辞と、過去・完了の「た」、助動詞「う」や丁寧語「ます」と並んでいく。助動詞の相互承接については、従来多くの研究があり、様々な説が出されているが、ここで見られる「せる」「れる」「ない」「た」「う」「ます」に限ってその配列を考えてみると、①「せる」「れる」、②「ない」、③「た」、④「う」「ます」と位置づけられる点は問題はないであろう。

　すなわち「つもり」が前接する形式は、動詞の単純形及び動詞性の性質の強いものから、次第に文の末尾に現れるものへと広がってきている。それだけ「つもり」が意志形式として定着し、より多様な内容をうけることが可能になってきたと言えよう。

　多様な形式をうけるようになったことで、「つもり」の表す意志の意味にも微妙なバリエーションが生じることになる。これまで本章では「意志」と「意図」を特に区別せず、「意志」と、ひとまとまりで表していたが、厳密に言えば、うける前接語によって「意志」とは意味の異なる「意図」とでも呼ぶべきケースが存在する。ここで見られた用例について言えば、「意志」は動詞の単純形と「せる」「れる」及び「ない」がついたものまでをうけ、その内容は、時制的にもいわゆる未来に属するこれから起こる事柄である。一方「意図」は過去・完了の「た」がついたものや、名詞＋「の」の用例の一部をうけ、時制的には過去であっても現在の事実であってもよい。それぞれ次の例のようなものである。

「意志」
(56) (お杉)私が立合てしらべる<u>つもり</u>で、座敷へ行から、はやく手まはしをして着替や何かは（中略）内證で預けないまし

(春色梅児譽美 227-8)

(57) (地)弥次郎兵衛北八は二三日逗留の<u>つもり</u>ゆへ、

(東海道中膝栗毛下 299-13)

「意図」
(58) (源)太吉なざア一番、糖をねぶらせると、本気で勝た<u>つもり</u>で居る

(浮世風呂 89-4)

(59) (地)弥次郎兵へは旦那の<u>つもり</u>ゆへ、わらじのまゝちややの板の間にあぐらをかきて　　　　　　　(東海道中膝栗毛下 16-11 右)

　このように、この時期の「つもり」が、実質的内容として未来に限らずどのような事柄でもうけることが出来、そこに意志や意図の意味を付加することが出来るのは、それだけ「つもり」の用法が、意志表現として確立され、固まってきていたからであると思われる。この、前接語の違いによって未来の事柄についての「意志」か、過去をも含む「意図」かという意味の違いが生じる点は、「つもり」以外の、意志表現として用いられる他の名詞類についての考察の際も共通に言えることである。

　ただし、ここで見られる「う」と「ます」については、一般的な例と言うには疑問がある。「う」については、早い時代の連体法の用法の名残かと見られ、現代語ではこのような場合には「う」を入れない動詞の単純形を用いる。また「ます」も、お屋敷上がりのあそばせ言葉の抜けない下女おやすの、過重な丁寧表現の一例として扱うのが妥当であるかも知れない。しかし、大きな流れとして、前接語がより多彩になってきている傾向を「つもり」の用法の発達過程として捉えることが出来よう。

　また、前接語・後接語の表からは除いたが、意志とは全く別の用法として、この時期には「酒宴の最後の杯」の意味で用いられる「おつもり」の例が 6 例見られる。

(60) （僧やつかい）とてものことに、おつきなもんで<u>おつもり</u>にしよじやない
　　　かいな　　　　　　　　　　　　　　　　（東海道中膝栗毛 417-10）
(61) （清吉）それじゃア、これで<u>お積り</u>にしやう。
　　　　　　　　　　　　　　　　　　　　　（小袖曾我薊色縫 464-下 3）

　この用法は、「つもり」が意志専用の表現形式として広く定着する次の第四期においても、それとは全く別個に、ほとんどの場合「おつもり」の形で残っていく。
　次に後接語の内訳は以下の通りである。
① 「つもり」が文または節の述部に位置する場合
　　・断定の助動詞「なり」　　　　　7 例
　　・　〃　　　「だ」　　　　　35 例
　　・　〃　　　「じゃ」　　　　　1 例
　　・終助詞「か」　　　　　　　　4 例
　　・　〃　「さ」　　　　　　　　2 例
　　・名詞「ゆえ」　　　　　　　　1 例
② その他
　　・中止法　　　　　　　　　　　3 例
　　・格助詞「の」　　　　　　　　3 例
　　・　〃　「と」　　　　　　　　3 例
「つもり」が述部に位置しない格助詞後接の 6 例を次に示す。
格助詞「と」
(62) （長）器用でよく用の足りる人だと思はせて、一寸四百の時借や、又は
　　　行所のない時居る<u>つもり</u>ト、寐所にこまる時泊るあてに他所をかせぐ
　　　のさ　　　　　　　　　　　　　（浮世床 307-14）（=(51)）
(63) （地）トわざとあぶらツこくいふは、まだはじまらぬお長がこゝろのい
　　　ろをとりひしぐ<u>つもり</u>とみえたり　　　（春色梅児譽美 99-11 右）
(64) （地）櫻川由次郎はわざとさきへ湯に這入り、はづす<u>つもり</u>と見えて
　　　　　　　　　　　　　　　　　　　　　　（春色梅児譽美 157-10）

118　第 2 部　形式名詞を用いた意志表現

格助詞「の」
(65)　(地)さきのほうにあなをあけたるなれば、ふねのふちにもたせかけて、せうべんをする<u>つもり</u>の所、　　　　（東海道中膝栗毛 225-14 右）
(66)　(弥次)別に茶代を二百やる<u>つもり</u>の所、やつぱりやらなんだから、大きに安かつた。　　　　（東海道中膝栗毛 239-12）
(67)　(お長)わちきはおまへさんへ、およばずながらも志を尽す<u>つもり</u>の奉公と、　　　　（春色梅児誉美 144-3）

以上挙げた例の内、格助詞「と」が後接する『春色梅児誉美』の 2 例は、ともに「つもり」の直後に「である」という断定辞を加えたものと、意味的には全く同じであり、断定辞の省略と見ることも出来る。
　また、格助詞「の」が後接する 3 例は、その内 2 例が形式名詞「所」に、1 例が名詞「奉公」に、「の」を介して連体修飾語としてかかっていくものである。これは、助動詞「う」が、この時期には意志としては連体法を持たず、わずかに仮定用法として、

(68)　(女房)一晩泊ッてでも帰ら<u>う</u>ものなら、それこそ大騒動、
　　　　　　　　　　　　　　　　　　　　　（浮世床 333-12）

のような、慣用句的な表現の中でのみ連体法を残しているのに対し、「つもり」が、意志の意味を体言に付加することの出来る機能をも合わせ持つものであった点で、失われた助動詞「う」の用法を補う働きを担っていたと考えられる。
　上の 6 例以外は、前接語には、動詞の単純形かそれに助動詞類のついたものが、後接語には、断定辞か終助詞がくるものが多い。「～するつもりだ」という表現形式が、「つもり」を用いて意志を表す基本的パターンとして定着してきたことがうかがえる。

3.4. 第四期（19世紀後半から20世紀初頭、明治以降の落語口演速記及び小説類）

　天保期を過ぎ、幕末から明治以降は、「つもり」の機能が、完全に、意志専用として固まってくる。浮世草子などで中心的用法であった、見積もり・計算の意味で用いられることはなくなり、その場合には次のように「見積もる」の形が用いられるようになる。

(69)　(地)巡査は立止って不思議そうに文三の背長を眼分量に<u>見積り</u>ていたが、それでも何とも言わずにまた彼方の方へと巡行して往った。
（浮雲109-8）

　また、推量用法も完全に姿を消すが、「つもり」とは別の形で名詞的に用いられている次のような例が1例だけ見られる。

(70)　(宮の手紙文)今以つて此世を去らず候へば、未練の程の<u>御つもらせ</u>も然ぞかしと、口惜くも御恥う存上参らせ候。　　　（金色夜叉467-3）

　「つもる」という語を用いて推量の意を表したものであるが、「つもり」ではなく「御つもらせ」というやや特異な形になっている。この時期は既に「つもり」が意志専用形式として定着していたために、推量を表すためには「つもり」とは異なる別の形を用いる必要があったのであろう。『金色夜叉』は、文体的に文語色が非常に強い作品であるが、更にこの例は手紙文の例であることから、「つもる」で推量を表すこのような古風な言い回しも用いられたものと思われる。

　意志を表す用法が一般化したこの時期は、用例数も多くなる。『安愚樂鍋』から『腕くらべ』までの名詞「つもり」（「御つもり」も含む。「酒宴の最後の杯」の用法は除く。）の148例について、前接語の内訳は次の通りである。

①動詞系
　　動詞（助動詞などの付加しないもの）　　　　75例

―なさる	3例
―ている	7例
―てやる	1例
―てもらう	1例
―ておく	2例
―てしまう	1例
―せる	4例
―たい	1例
―ない(ねえ)	6例
―ず	4例
―た	14例
―ます(る)	1例
②形容動詞	2例
③形容詞	3例
④名詞系	
名詞+「の」	8例
⑤指示詞	
その	8例
⑥「〜という」系	
〜という	4例
どういう	2例
そういう	1例

　「つもり」が意志の内容を伴わずに、単独で用いられている例はない。大部分の用例が、動詞か「ている」「ておく」などのアスペクト形式や、過去や否定の助動詞類がついたもの、または形容動詞や形容詞などの、文または節の述語成分となるものをうけて、連体修飾節を伴って「意志の内容」+「つもり」の形をとっている。

　名詞+「の」が上接する場合も、名詞の位置には「つもり」の主体となる語ではなく、意志・意図の内容となる事柄に相当する語句がくる。『浮雲』

から1例を挙げると、次のように、「叔母の積」と言えば、『私は「(私は)叔母である」というつもりだ』のように、意志・意図の内容として解釈される。この点では、第二期以降に見られた用例と同様である。

(71)　(お政)そりアお前さんの事だから鬼老婆とか糞老婆とか言ッて他人にしてお出でかも知れないが、私ア何処までも叔母の積だヨ。
　　　　　　　　　　　　　　　　　　　　　　　　　　(浮雲 48-18)

　また、指示詞「その」や「どういう」、あるいは「～という」が上接する場合も、同様に、それらは「つもり」の内容を指示しており、この時期には、「最後の杯」を意味する数例を除き、すべての用例が、「意志・意図の内容」＋「つもり」というまとまりで現れている。

(72)　(良石和尚)孝助殿、お前帰りがけに屹度剱難が見へるが、どうも遁れ難いから其積りで行きなさい。　　　　(怪談牡丹燈籠 67-下3)
(73)　(地)どういう心計か蹶然と起上り、キョロキョロと四辺を環視して
　　　　　　　　　　　　　　　　　　　　　　　　　　(浮雲 74-17)
(74)　(迷亭)大方河豚を食って中ったら、朝鮮仁参を煎じて飲めとでも云う積りなんだろう。　　　　　　　　　　(吾輩は 11-7862)

この、「内容」＋「つもり」という結びつきについて、形容動詞上接の2例の内、1例は次のような例である。

(75)　(苦沙弥)引力という名をもっている巨人というつもりさ。(迷亭)少しむりなつもりだが、表題だからまず負けておくとしよう。
　　　　　　　　　　　(※傍点は原文による。)(吾輩は 11-1261)

(75)の2つめの「つもり」は、もし傍点がなければ『「少しむりだ」という「つもり」だが、』と解釈されてしまうところである。「つもり」に施された傍点

は、「むりな」が「つもり」の内容を表していると解釈されるのを防ぐために必要であったと思われる。この時期には、「つもり」が、その内容を前接語として、ひとまとまりで意図を表すように用法が固定化していたために、「つもり」を単独で用いる際には、傍点をつけて、その部分を強調する必要があったのである。この例は、そのような近代語の「つもり」の実情を、よく反映している。

　次に後接語について見てみよう。

① 「つもり」が文または節の述部に位置する場合
　　　・断定の助動詞「なり」　　3例(3例とも『安愚樂鍋』の地の文)
　　　・　〃　　「だ」　　　　106例(「だろう」「である」「なのだ」含む。)
　　　・　〃　　「じゃ」　　　　1例
　　　・　〃　　「です」　　　　4例
　　　・終助詞「さ」　　　　　　3例
　　　・　〃　　「よ」　　　　　1例
　　　・　〃　　「か」　　　　 17例(「かね」「かい」含む。)
　　　・　〃　　「らしい」　　　1例
　　　・接続助詞「でも」　　　　3例
② その他
　　　・中止法　　　　　　　　　1例
　　　・格助詞「に」　　　　　　1例
　　　・　〃　　「と」　　　　　2例
　　　・　〃　　「の」　　　　　4例
　　　・係助詞「は」　　　　　　1例

上で、「②その他」に分類したものの内、「に」の1例は、「にちがいない」である。そこで、実際には、148例中「つもり」が文または節の述部に位置する場合は140例、その他が8例ということになる。また、その他の内、格助詞「と」が下接する2例は、ともに「～つもりと見える」の形で用いられており、前期にも見られたように、「つもり」の直後に「である」を挿入しても意味的には全く同じものである。残りの「の」が下接する4例につい

ては、1例が準体法、1例が名詞「タレ按排」、残りの2例が形式名詞「ところ」にかかっており、名詞に意志の意味を付加する働きをしていると思われる例である。

　この時期には、ほとんどの用例が、文末、及び節の述部に現れており、「つもり」は、それ自身としての実質的内容を持つ名詞から、意志を表す文法的役割を担う形式として、ある一定のパターンの中で機能する形式名詞的なものに変容している。

3.5. 元禄期（西鶴、近松）と明治期（鷗外、漱石）の比較

　最後に、「つもる（つもり）」について、動詞としての用法も含めて、その全体の使用状況が数量的にどのように変化してきているかという点からデータを示す。意志を表す「〜するつもりだ」形式が現れていなかった元禄期を中心とする西鶴・近松の作品類と、「〜するつもりだ」形が、意志を表す形式として広く定着するに至った明治時代の鷗外・漱石の作品類に現れる「つもる（つもり）」の用例数を比較してみる。各々の作品について、教育社の『作家用語索引　別巻』作品一覧全語出現度数表を利用した。また、用例の多いものについては、挙げた用例はその内の一部である。

『西鶴』
　　　全10例　　　動詞　9例（内、連用形「つもり」3例）
　　　　　　　　　名詞　1例

動詞
(76)　（地）一間なる所に入て此程のつもりし事を語り、
　　　　　　　　　　　　　　　　　　　　（好色五人女 4-5-177）
(77)　（地）はしめてふり積る、にくさもつもりて、丸裸になして、
　　　　　　　　　　　　　　　　　　　　（好色一代男 1-6-102）
(78)　（地）いづれもつもる、泪にくれて、　　　（同上 1-4-655）
名詞
(79)　（世之介）それにはよろしき身のまはり、はた織る女さえ給分のつもり
　　　あり、　　　　　　　　　　　　　　　（好色一代男 1-3-259）

『近松』
　　　全7例　　動詞　7例(内、連用形「つもり」3例)

動詞
(80)　(喜左衛門)二年つもるお物語いざお通りと袖ひけば、

（夕霧阿波鳴渡 3-106）

(81)　(地)笠がよくにたすげがさの雫つもりて恋のふち、

（五十年忌歌念仏 2-10）

(82)　(毛剃九右衛門による長者経)右の條々守るにおいてはみぢんつもつて山と成、

（博多小女郎波枕 5-421）

『西鶴』と『近松』合わせて17例見られるが、そのうち16例が、動詞としての用法である。名詞としての「つもり」は、他の意味としても、あまり頻繁に用いられることはなかったことがうかがえる。

『鷗外』
　　　全47例　　動詞　2例(内、連用形「つもり」1例)
　　　　　　　　名詞　45例

動詞
(83)　(地)夜に入りて雪は繁く降り、帽の庇、外套の肩には一寸許も積りたりき

（舞姫 1-334）

(84)　(秀麿)寒い盛りに一寸温かい晩があって積った雪が上融をして、それが朝氷っていることがあります。

（かのように 3-232）

名詞
(85)　(博士)松吉に車はいらないから仕舞って置いて、使に往く積で待っていろと云え

（半日 1-179）

(86)　(地)作者が滑稽の積で書いているものが、却て悲しかったりする。

（ヰタ・セクスアリス 1-21）

(87)　(地)僕は獅子の窟に這入るような積で引き越して行った。

（ヰタ・セクスアリス 1-1117）

『漱石』
　「吾輩は猫である」については本文と照らし合わせ、同一行で2例見られたものがあったので、その分を数に加えてある。
　　全488例　　動詞　12例(内、連用形「つもり」1例)
　　　　　　　　名詞　476例

動詞
(88)　(地)只疑の積もりて証拠と凝らん時──　　　　　　(薤露行 1-314)
(89)　(地)恋はうれしい、嬉しい恋が積もれば、恋をせぬ昔がかえって恋しかろ。　　　　　　　　　　　　　　　　　　　　(草枕 3-33)
(90)　(地)又取る年の積るままに捨てて吹かるる憂き髩は小夜子の方に向いて居る。　　　　　　　　　　　　　　　　　(虞美人草 12-4253)

名詞
(91)　(代助)すると、もう細君でも貰わなくちゃならないでしょう。兄さんの細君が出来ても、やっぱり今の様にしている積りですか
　　　　　　　　　　　　　　　　　　　　　　　　　　(それから 5-148)
(92)　自分は母と嫂も無論一所に連れて行く積りで、「さあさあ」と大きな声で呼び掛けた。　　　　　　　　　　　　　(行人 8-2468)

　『鷗外』と『漱石』合わせて535例中、動詞としての例は14例しかない。511例が、意志を表す名詞としての用例である。「つもる」といえば、名詞「つもり」として意志を表すことが圧倒的に多いことがわかる。
　このように、「つもる(つもり)」という語について、ある一時期の資料からその用法の内訳を数値で比較することによっても、「つもり」が、専ら意志を表すものとして用法が定着していったことがうかがえる。

4. おわりに

　以上、意志を表す二次的モダリティとしての「〜するつもりだ」形式について、名詞「つもり」の意味と構文の変化を中心に見てきた。もともと、意

志以外の他の意味を広く合わせ持っていたこの語は、意志を表す形式として定着する以前には、計算や見積もりといった意味で、動詞「つもる」と同様に頻繁に用いられていたものであった。それが、金銭に関わる計算の意味を離れて、未来の計画の意にも用いられるようになり、18世紀半ば過ぎ、江戸の洒落本に、現代語のような、意志を表す形式として現れ始める。その後、文化・文政期の、意志動詞と共に用いられる固定化期を経て定着し、明治以降には、意志の実質的内容となる多様な形式を連体修飾節として伴いながら、意志表現形式として広く用いられるようになった。

さて、以上述べてきた事を踏まえて、ここでもう一度、資料の地域差について考えたい。考察の最初の方で述べた通り、第一期の資料は上方の作品であり、第二期以降は江戸・東京の作品である。そこで、第一期と第二期以降の作品との間に見られる傾向の差は、時代的なものではなく、地域差によるものではないのかという疑いも当然出てくる。これまでの考察では、地域差については一応保留した上で、第一期から第四期までの調査結果を並べて述べてきたわけであるが、「つもり」が計算や見積もりといった意味で、推量用法、意志用法の両方を備えたニュートラルなものとして実名詞的に現れている第一期と、形式名詞としての意志用法に偏りを見せる第二期、消えていきつつある、実名詞としての推量用法と、形式名詞的な意志用法が併存している最後の時期である第三期、推量用法が姿を消し、形式名詞としての意志用法のみが広く定着するようになる第四期の、それぞれの特色を解釈するのに、はたして地域差と時代差のどちらを、より大きな要因と考えた方が妥当であろうか。

それを考える上では、次の3つの点に注意する必要があると思われる。

1. 第一期は、意志用法、推量用法の分化が明確でなく、実名詞としての用法であるのに対し、第二期以降は確かに形式名詞的な意志用法が主流となるが、『浮世風呂』などに見られるように、江戸語においてもかなり後まで実名詞としての推量用法は行われており、第一期とそれ以降で、用法的に全く同質のものが受け継がれている。

2. 田中(1977)などで、近代語研究においては、文法的な問題の場合は

資料の位相差にあまりとらわれずに通時的展開を捉えていくことが有効なのではないかという指摘があるが、(p.543)ここで扱った「つもり」も、特定の一語ではあるが、意味的な変化だけでなく構文的な変化をも伴っており、多分に文法的な問題としての性格を持っている。
3. 助動詞の多くは、古くは実動詞であったものが次第に形式化して助動詞となったものであり、「つもり」の場合も、名詞と動詞という品詞的な違いがあるため、全く同レベルに論じるわけにはいかないが、大きな流れとしては、実名詞であったものが次第に形式化して助動詞に類似した働きをするものに変化していくという事を想定するのは、それほど無理な事ではない。(注1)

これらの事を考え合わせると、第一期と第二期との違いは、単に上方対江戸という地域の差によるものではなく、やはり時代的な変化の流れと考える方が妥当であると思われる。第一期と第二期とでは違いが見られるが、それは断絶したものではなく、第二期と第三期、第三期と第四期との違いとほぼ同じレベルのものであり、大きな時代的流れの上に位置づけられるものである。

注
1 新屋 (1989) では、現代語について「連体部を必須とし、コピュラを伴って末に位置し、主語と同値または包含関係にない名詞(p.87)」を「文末名詞」と名付け、「つもり」も含めて、このような現れ方をする名詞を、主語と述語の意味関係によって分類しながら幅広い考察を行っている。その中で、これらの名詞類は「名詞と助動詞の領域にまたがる、あるいはその境界域にある語群(p.77)」と考えられる事を指摘している。

第2章　意志表現に用いられる「つもり」以外の名詞の分布と変遷

1. はじめに

　意志を表す表現形式として「〜するつもりだ」という形がある。しかし、名詞「つもり」が、現代語のように専ら意志表現としてのみ用いられる形式名詞となるのは、江戸時代以降の比較的新しいことである。意味用法が変化するだけでなく、構文的にも文中で自由に様々な位置に現れていた江戸語以前に対し、江戸語以降は明確に、文または節の述部に現れる固定化された傾向が見られ、更に、かかる連体修飾節は、意味的に「つもり」の実質的内容を表すものに限られてくるなど、モダリティ表現形式としての明確な形式名詞化が見られるのである。その詳しい成立過程や、意志のモダリティの中での「つもり」の占める位置などについては前章で述べた。

　本章では、ほぼ同じ時期に「つもり」と類似の構文状況で意志表現に用いられる名詞には、他にどのようなものがあるのか、そして、それらの名詞の性質にはどのような特徴が見られるかを調査・記述することを目的とする。また、それらの名詞類の文中での位置や形式名詞化の度合いについても、「つもり」と比較しつつ触れてみたい。

2. 先行研究

　佐田(1974)では、「つもり」や「はず」の成立・定着が「べし」や「む」などとどのような関連を持つのかを通時的に考察している。その中で、意志

表現としての「つもり」が江戸語におけるまで発達しなかった理由を「類縁諸形式の存在」にあるとし、次のように述べている。

> 「つもり」と同種の語では「気だ」がある。日本国語大辞典によると、狂言記・貰聟の例を挙げる。
> 　（1）我はしかとしぬまいといふきか　（1ノ5・有朋堂文庫 22 ペ）(注1)
> その発生は形式名詞化の問題があって微妙である。他に、目的を表す「やうに」があるが、派生的に連用修飾節にしか用いられない。また覚悟・所存・心底などが派生的に転用されている。しかし、これらは語法的な形式まで発展せず、あるいは他の領域にとどまり、「つもり」の成立を見るに至るわけである。

しかし、この「類縁諸形式」説には疑問がある。確かに、「つもり」の意志表現と解釈出来る用例は、管見によると狂言やキリシタン資料にはまだ現れていない。しかし「気」についても同様に、『虎明本狂言』や『続狂言記』『狂言記拾遺』『天草版伊曽保物語』『どちりなきりしたん』などには意志表現としての用例は1例もなく、『狂言記』についても、佐田（1974）で挙げられている『日本国語大辞典』の例が唯一の例である。しかもこの例は否定意志を表す助動詞「まい」を用いている例であり、この「まい」も含めた部分を、「という」で等価のものとしてうけているために、必然的に「気」にも意志としての意味が含まれているものである。このような例を、現代語の「つもり」と同様な働きを有するものと見なすことが出来るかどうかは疑問が残る。また、「覚悟」「所存」「心底」などの他の形式についても、「つもり」の発生以前には、派生的に意志表現として転用されている例はほとんど見られず、「つもり」の発達に先駆けて、このような類縁諸形式が意志表現としてしばしば用いられていたとは言い難い。むしろ、これらが意志表現として転用されるようになるのは、後述するように「つもり」の発達の時期と並行しているのである。

　以上、「つもり」に先駆けてその他の名詞類が意志表現に用いられていた

と考えるのは疑問があることを指摘した。次に、「つもり」が意志のモダリティ形式として発達・定着していく江戸時代の、その他の名詞類について考察する。

3. 研究方法及び分析資料

　研究の方法及び分析対象とした資料は前章で「つもり」について考察した場合と同様である。江戸語・東京語の資料となり得るものを、様々なジャンルにわたって選び、索引のあるものについては索引を参照したが、基本的にすべての作品に二度ずつ目を通して用例をひろい出す方法をとった。

歌舞伎脚本
　　『名歌徳三舛玉垣』(1801・桜田治助・岩波大系)
　　『お染久松色讀販』(1813・四世鶴屋南北・岩波大系)
　　『東海道四谷怪談』(1825・四世鶴屋南北・岩波文庫)
　　『小袖曾我薊色縫』(1859・河竹黙阿弥・岩波大系)
黄表紙
　　『金々先生栄花夢』(1775・恋川春町・岩波大系)
　　『高漫斉行脚日記』1775・恋川春町・岩波大系)
　　『見徳一炊夢』(1781・朋誠堂喜三二・岩波大系)
　　『御存商売物』(1782・北尾政演(山東京伝)岩波大系)
　　『大悲千禄本』(1785・芝全交・岩波大系)
　　『莫切自根金生木』(1785・唐来参和・岩波大系)
　　『江戸生艶気樺焼』(1785・山東京伝・岩波大系)
　　『文武二道万石通』(1788・朋誠堂喜三二・岩波大系)
　　『孔子縞干時藍染』(1789・山東京伝・岩波大系)
　　『心学早染艸』(1790・山東京伝・岩波大系)
　　『敵討義女英』(1795・南杣笑楚満人・岩波大系)
洒落本
　　『跖婦人伝』(1753・泥郎子・古典全集)

『遊子方言』(1770・田舎老人多田爺・岩波大系)

『辰巳之園』(1770・夢中散人寝言先生・岩波大系)

『甲駅新話』(1775・馬糞中咲菖蒲・古典全集)

『軽井茶話道中粋語録』(1779、80・山手馬鹿人・岩波大系)

『卯地臭意』(1783・撞木庵主人・岩波大系)

『通言総籬』(1787・山東京伝・岩波大系)

『古契三娼』(1787・山東京伝・古典全集)

『繁千話』(1790・山東京伝・古典全集)

『傾城買四十八手』(1790・山東京伝・岩波大系)

『青楼昼之世界錦之裏』(1791・山東京伝・岩波大系)

『傾城買二筋道』(1798・梅暮里谷峨・岩波大系)

滑稽本

『東海道中膝栗毛』(1802・十返舎一九・岩波大系)

『浮世風呂』(1809・式亭三馬・岩波大系)

『浮世床』(1812・式亭三馬・古典全集)

人情本

『春色梅児譽美』(1832・為永春水・岩波大系)

『春告鳥』(1836・為永春水・古典全集)

落語口演速記

『怪談牡丹燈籠』(1884・三遊亭圓朝・明治全集)

小説

『安愚樂鍋』(1871・仮名垣魯文・明治全集)

『浮雲』(1887・二葉亭四迷・新潮文庫)

『金色夜叉』(1897・尾崎紅葉・日本近代文学大系)

『吾輩は猫である』(1905・夏目漱石・岩波文庫)

『腕くらべ』(1916・永井荷風・日本近代文学全集)

なお、これら以外にも考察の過程で部分的に調査したものもある。

4. 分析

4.1. 江戸語・東京語の意志表現に用いられる名詞・形式名詞

　対象とした資料の内、「つもり」「気」「心（または「心いき」「心底」などその複合語）」や、その他「覚悟」「料簡」など、内容を表す連体修飾節を伴って意志表現として用いられている例が見られた作品のみを取り上げてまとめたのが次の表 1 である。

　「心」については「心いき」「心底」などの複合語も含めて総数を記し、カッコ内に複合語の用例数を示してある。

　表中、点線で区切った①、②、③は、それぞれ、前章で「つもり」の考察の際に行った分類に相当する。すなわち「跖婦人伝」から「名歌徳三舛玉垣」までは、18 世紀半ばから 19 世紀にかけての黄表紙及び洒落本類で、前章の第二期にあたる。「東海道中膝栗毛」から「小袖曾我薊色縫」までは、19 世紀初頭から 19 世紀半ばの、文化文政期から天保期にかけての滑稽本及び人情本で、同じく第三期にあたる。「安愚樂鍋」から「腕くらべ」までは、19 世紀後半から 20 世紀初頭の、明治以降の落語口演速記及び小説類で、同じく第四期になる。

　前章では、「つもり」について意志表現以外の用例数もすべてカウントし、その中での意志用法の割合の推移についても述べたが、本章ではその点については立ち入らない。後に一、二の作品を挙げて見られる傾向を指摘するにとどめる。

　「つもり」以外に意志表現に用いられる名詞の内、「つもり」とほぼ並行して、各時期を通して、それぞれの作品にまとまった用例数が見られるのが「気」と「心」である。「つもり」は、慣用句や複合語の中に現れる用法がほとんど皆無であるのに対して、「気」や「心」は、「気にかける」「気をもむ」「気をおとす」「心憎い」「心得る」「殺気」「心配り」「腹心」など、数えきれないほどの多様な慣用句や複合語としての用法が挙げられ、用法が極めて広い。本章で考察するものとしては、直前に意志の内容を表す連体修飾節を伴って現れる場合に限っているが、まず、この「気」と「心」について、前

表1　江戸語・東京語の意志表現に現れる名詞・形式名詞

		「つもり」	「気」	「心(内、複合語)」	その他
①	跖婦人	1	1	2(0)	
	遊子方	1			
	辰巳之		2		
	甲駅新		1		
	高漫斉		3		
	道中粋		1		
	見徳一	1		1(0)	
	御存商		1	1(0)	
	卯地臭		1		
	江戸生	7	2	1(1)	1
	総籬	1	1	1(0)	
	古契三	1	1	3(3)	
	心学早		2		
	繁千話	2	7	1(1)	1
	傾城四		5	3(2)	
	敵討義			1(0)	
	傾城二		5		1
	名歌徳	1	8	7(0)	
	小計	15	41	21(7)	3
②	膝栗毛	20	8	3(1)	3
	浮世風	6	16		5
	浮世床	5	20	2(2)	2
	お染久	1	3		
	四谷怪	3	6	2(0)	
	春色梅	13	14	6(0)	2
	春告鳥	10	23	8(0)	4
	小袖曾	3	3	3(0)	5
	小計	61	93	24(3)	21
③	安愚樂	15	2		2
	怪談牡	21	13	5(4)	11
	浮雲	14	13	1(1)	3
	金色夜	22	14	1(0)	14
	吾輩は	68	35	1(0)	25
	腕くら	8	8	3(2)	
	小計	148	85	11(7)	55
	計	224	219	56(17)	79

章では第一期にあたる江戸語以前の考察も多少加え、意志表現としての現れ方の様相を述べたい。考察の具体的な手順としては、前章と同様、次の二種類のものをとる。まず、形式名詞化の度合いを測る目安として、その直前に現れる前接語について観察する。次に、「つもり」の場合に認められたように、文または節の述部に位置するといった構文的なパターン化が見られるかどうかを見るために、直後に現れる後接語を観察する。

4.2. 「気」と「心」

4.2.1. 江戸語以前の状況

A 「気」について

　まず、「気」がその直前に意志の内容となる語句を伴って意志表現として現れ始める時期についてであるが、先行研究のところでも指摘したように、上方の狂言台本やキリシタン資料では、管見による限り、意志表現としての「気」はほとんど見られず、可能性のあるものとしては、唯一『狂言記』の次の例があるだけである。

（2）　我はしかといぬまいといふ<u>き</u>か
　　　　　　　　　　　　　　　　（貫賀『狂言記の研究』勉誠社）（＝（1））

しかし、これも助動詞「まい」を用いている例であり、動詞類を直接にうける現代語の「つもり」の持つ意志表現機能と同レベルに考えるには問題がある例であることは先に述べた。

　そこで、その後のものについて、第一期のものにあたる近松の浄瑠璃『夕霧阿波鳴渡』を一例として索引を利用して調べてみると、「気」の用例は次の8例である。

a 「気」が単独で用いられているもの（3例）
（3）　アヽ<u>気</u>がさつぱりと成りました、（440）
（4）　<u>気</u>の通つた女房はござんすまいがとわらはるれば、（562）
（5）　家内がいさむきほひにつれて諸病は<u>き</u>よりほんぷくの、（951）

b 「気に入る」「気がすむ」「気がつく」などの慣用的表現で用いられているもの(5例)
（6）　ふうふの衆が念此に逢莱と迄気がつけ共、(137)
（7）　皆に気を付られてはやもやくとはらが立、(435)
（8）　おはらひのねり衆御番がはりの人のきに入やとはれて、(484)
（9）　おくさまにも少おきのすまぬことあれ共、(515)
（10）　左近ふうふはきもつかずサア喜左衛門、(607)

具体的内容に相当する連体修飾節を伴って意志表現として用いられている例は1例もない。このような状況から見て、「つもり」が意志表現として定着していなかった江戸語以前には、「気」も、意志表現としてしばしば用いられることはなかったと言えよう。

B 「心」について
　「気」と同様に、「心」についても、上方の浮世草子以前の狂言台本やキリシタン資料などでは、管見による限り、直前に内容を表す語句を伴って意志表現として用いられている例は見られない。
　しかし、その後のものについて、「気」と同様に、近松の浄瑠璃『夕霧阿波鳴渡』を見てみると、「心」は全部で20例見られるが、そのうち意志の意で、内容にあたる連体修飾節を伴って用いられている例が、次の1例だけ見られる。

（11）　命の内にちよつときて伊左衛門さまにあふ心、(72)

それ以外に、意志表現ではないが、前接語に修飾語を伴って現れる例が、次の7例である。

（12）　歌の心よ井籠のゆ気の大ぎね、(6)
（13）　先正月の心三ばうかざつてもつておじやとて入ければ、(132)
（14）　はい〳〵と親の心もしらあはかませ、(406)

(15) あの子が心は此雪をうみの母と思ふてゐる、(417)
(16) とゝ様のお心がさこそと推量せらるゝと、(603)
(17) さすが女房のやさしくも夕霧が心をあはれみ、(659)
(18) りんじうの心がたんのふさせたいはやふあふてくだされ、(863)

また、修飾語を伴わずに、「心」が単独で用いられている例が、次の12例である。

(19) つとめも心まゝなれど、(42)
(20) そうかの様なけいせいめにみじんも心は残らね共、(157)
(21) あひたや見たやと心もせき、そむけてむかふ客のかほ、(181)
(22) わしが心かはつたらふんで計をかんすかたゝいて計をかんすか、(254)
(23) うら山しうは思わぬと心の底をくどきたて、(329)
(24) そなたを手本にお心がをさまつてお嬉しさ、(516)
(25) 心も至り目はづかしい、(556)
(26) 心みだれて慮外の段御免遊ばし、(625)
(27) とつくより聞付無念共口おし共心1つにたへかねしが、(652)
(28) 心はさしもちがふかや、(700)
(29) 心をむねにつみたゝむふとんの上にかつはとふし、(804)
(30) 心りはつで道中よふて、(841)

　江戸語に先駆けて、やや以前の上方の作品では、ごく少数ではあるが、意志表現として用いられる、「つもり」に類似した用法の「心」が、一部に現れ始めていたようである。しかし、1つの作品中に現れる「心」の全用例を一覧してみると、連体修飾語を伴わない単独の名詞として用いられているものが大部分である。そして、連体修飾語を伴う場合でも、その「心」の「持ち主である人」を明示する(「とゝ様のお心」「夕霧が心」など)ものが多く、「心」をある特定の方向の「考え」(モダリティ)を表現するものとして位置

づけ、形式名詞化させると共に具体的内容を連体修飾語で補充させるといった、モダリティ表現形式としての様相は全く見られないことがわかる。この時期の「つもり」に類似する用法の「心」は、「心」全体の用例の中では非常に周辺的な例である。前章で述べた、同時期の「つもり」の意志用法の萌芽の状況と比較しても、仮に意志表現への移行を前提として表現するならば、ずっと「遅れた」状況にある。もちろん、意志表現として確立した後の時代の「つもり」と比較するならば、質・量ともに全く比較にならない程の微々たるものであり、「類縁諸形式」として次の時代まで「つもり」の台頭を押さえていたという程の勢力は持っていなかったのである。

4.2.2. 江戸語・東京語における状況

　まず、先の表1から全体の用例数について述べると、「気」については、第二期は41例、第三期は93例、第四期は85例である。同時期の「つもり」は、それぞれ15例、61例、148例と、特に明治以降に急激に用例数が増えているのに対し、「気」は、明治以降はむしろやや減少気味である。「心」については、「つもり」はもちろん、「気」と比較しても、各時期を通しての意志表現としての全用例数はずっと少ない。「心」がそのままの形で現れるものが39例、「心いき」「下心」などの複合語を合わせても56例である。そして時期別に見ると、明治以降の第四期には、「つもり」の場合とは対照的に、用例数が半分程度にまで減少している。このことは、近代以降、意志表現として用いられる名詞が、「つもり」に集中してくることを示している。「心」は、意志表現としての例が、江戸語以前にもわずかながら見られ、比較的早い時期から意志の用法が行われていたと思われるにもかかわらず、そのような用例は時代が下っても増加しない。むしろ、「つもり」の勢力に押されて減少しながらも、消えてしまうこともなく、ごく少数ずつ、意志用法は明治以降にまで受け継がれていく。

4.2.2.1. 前接語

　「気」と「心」について、その直前に現れる語をまとめたのが、次の表2

第 2 章　意志表現に用いられる「つもり」以外の名詞の分布と変遷　139

表 2　「気」と「心」の前接語の内訳と推移

前接語	「気」二期	「気」三期	「気」四期	「心(複合語)」二期	「心(複合語)」三期	「心(複合語)」四期
①動詞系						
A　動詞(無助動詞)		56	49	11(1)	14(1)	2(1)
動詞＋「の」	33				2(0)	1(0)
B　補助動詞						
―ている		2	2			
―ておく		1				
―てくれる		3	1			
C　助動詞						
―せる(使役)		1	1		1(0)	
―ず(ぬ)	1	3		2(0)	1(0)	
―ない		3	1			
―たい		1				
―た		2	7			
―べし(意志)	1			1(1)	1(0)	
―ん(〃)				1(1)	1(0)	
②形容動詞		1		1(0)	1(0)	
③名詞系						
名詞＋「の」	1	3	3	2(1)	1(1)	
名詞＋「が」				1(1)		
④指示詞	1					
こんな	1					
そんな	1	1	1			1(0)
その		9	14	1(1)	1(0)	
そのような		1				
⑤「～という」系						
～という	11	4	6	1(1)	1(1)	4(3)
そういう	1					
どういう		2				
～との						3(3)
計	41	93	85	21(7)	24(3)	11(7)

である。
　表 1 と同様、「心」については「心の複合語」も含めた総数である。カッコ内に複合語の用例数を示してある。
　「心の複合語」の内訳は次の通りである。

第二期：「心いき」4「心ざし」1「下タ心」1「悪心」1（計7例）
第三期：「心いき」3（計3例）
第四期：「下心」4「心得」1「心組」1「心底」1（計7例）

「ず」には「ん（否定）」、「ない」には「ねえ（否定）」をそれぞれ1例含む。また「たい」の1例は「てえ」の形で現れている。

第三期「動詞＋「の」」の2例は、次のものである。

(31) (地)梅里はお熊が情を含みて心深き言葉に、いよいよいどむの心を発し　　　　　　　　　　　　　　　　　　　　（春告鳥 509-8）
(32) (民)今から直に女房にもつてお呉の心なら　　　　（同上 472-1）

また、第四期「〜との」の用例は次のようなものである。

(33) (地)唯飯島の別荘のお嬢の様子を垣の外からなりとも見ませうとの心組で御座い升から、　　　　　　　　　（怪談牡 13 上 -27）
(34) (地)源次郎を忍バせやうとの下心で、　　　　　（同上 15 上 -21）
(35) (飯島)二人の命を断たんとの汝の心底、　　　　（同上 44 下 -12）

A 「気」について

表2によると、各時期を通して、動詞が41例中33例、93例中56例、85例中49例と、やはり最も多いものの、それ以外の形式も早くから様々なものが見られる。江戸語・東京語においては、「気」は早くから多様な形式を内容としてうけて、意志表現としてしばしば用いられてきた。

また、表1や分析の際には数に入れなかったが、やはり意志や意図の意味を表している次のような例もいくつか見られる。

(36) (短八)其くせ、己が気ではいつぱし能書の心いきで　　（浮世床 307-4）
(37) (地)跡にては、不便なことをせしこと丶、おもはるゝのをたのしみにと哀れなる気を引出すも、恋ゆゑ狂気にひとしき所為なるか。

（春告鳥 454-11）

　これらは、直前の「己が（うぬが）」、「哀れなる」などが、「気」の内容とはなっておらず、「気」が独立性を保ったままで、意志や意図を表している。もし、このような例を分類に加えるとすれば、「連体修飾節を伴うが、意味的には独立して普通名詞として用いられるもの」ということになる。

　また、「気」が、名詞＋「の」、形容詞、形容動詞、文の一部などの、何らかの前接する修飾語を伴っている場合をひろい出してみると、調査対象とした第二期から第四期までの江戸語・東京語の資料では、そのような例は全部で 289 例あるが、そのうち、前接する修飾語が、「気」に対して意志の内容を補充するという関係になっているものは、212 例である。4 分の 1 近くの用例は、意志とは関係ない文脈で現れるか、先に挙げた (35) や (36) のように、直前に現れる連体修飾語が内容補充の機能を果たすものではなく、「気」が意味的に独立して用いられている。

　このように、「気」は名詞としての独立性も高く、各時期に関わらず直前の位置には様々なものが来る。

　意志表現以外にも、先に述べたように、「気」は「気になる」「気をもむ」「気をおとす」など、単独で慣用句中に用いられることも多く、「つもり」よりずっと豊かな用法上のバリエーションを持っている。一例として『吾輩は猫である』について見てみると、索引によれば、「気」は 203 例現れる。そのうち、意志表現として内容を伴って用いられている「気」は、表 1 でも示したように 35 例だけである。内容を伴って、形式名詞的に意志表現として用いられるのは、「気」の多彩な用法の中のごく一部に過ぎないのである。「気」は、明治末期の『吾輩は猫である』をとって見ても、意志表現としての形式名詞化はほとんど見られず、実名詞として意志表現以外の場面で用いられることの方が多い。

B　「心」について

　「心」は、「つもり」と比較して、第二期、第三期に比べて特に第四期の用

例が少ないため、前接語の分類で数字から有意な傾向を見いだすことは難しいが、全体的な傾向としては、やはり「気」と同様、早くから多様な形式をうけている。内訳で最も多いのは、やはり動詞であるが、第四期には11例中3例と、むしろ比率が下がっている。

　また、「気」と同様に、表1や分析の際には数に入れなかったが、「心」が、内容を伴わずにそれ自身で文脈的に意志を表す次のような例もいくつか見られる。

(38) （地）このおゐらんが<u>心</u>は、古主を米八にみつがせんとおもふ、義理となさけのこんたんにて、　　　　　　　　　（春色梅 65-7 左）

また、「心」と内容を表す連体修飾節との間に他の語が挟まり、内容補充の上接語が直接にかかっていない次のような例も見られる。

(39) （米八）私はなんといはれてもいゝが、いとしいかわいゝ丹さんに疵がついちゃア、かんしやくといふも近ごろぶしつけだが、命も捨る私が<u>こゝろ</u>。　　　　　　　　　　　　　　　　（春色梅 106-15）

このような例は、意味的、構文的には内容補充の連体修飾節を伴うものの、「気」の現れる位置は連体修飾節の直後に限定されることなく、自由度を保っている。これらを見ると、「気」と同様、「心」も「つもり」と比較して構文的な独立性が高く、実名詞としての性格が強いと言えよう。

　調査対象とした資料の中で、「心（心の複合語）」が、名詞＋「の」、形容詞、形容動詞、文の一部などの、何らかの修飾語を伴っている例をひろい出してみると、そのような例は全部で163例（内、複合語78例）あるが、そのうち、意志表現として現れているものは56例（内、複合語17例）に過ぎない。その、意志以外のものの中には、なぞときの「答え（わけ）」や、「意味」などの意として用いられる次のような例もしばしば見られる。

(40) （北八）おいらふたりが國所ナアニ （弥次）神田の八丁ぼり、家主与次郎兵へ店ととくか （北八）エヱおぶしやれなんな。これを豕が二疋犬子が拾疋ととく （弥次）そのこゝろは （北八）ぶた二ながらきやん十もの
 （膝栗毛 69-10）

(41) （北八）京の親元のほうから、はる〴〵とアノ梯子をかつがせてよこしやした。そのわけは、かの親御が無筆といふことで、人に手紙を書て貰ふも面目ねへといふ事かして、アノ梯子ばかりよこした心は、のぼつてこいといふこゝろいきでござりやせう。 （膝栗毛 397-1）

(42) （なまゑい）ナゼ赤切が手ひかず膏だ （ばんとう）ハイ、手をひかぬ間に治るといふ心でござります
 （浮世風 83-8）

　このような用法も「つもり」や「気」には見られないものであり、「心」が非常に幅広い用法を持ちながら現代にまで至っていることを示すものである。
　また「心」の用例全体の中での意志用法の割合について、「気」の場合と同様に、一例として『吾輩は猫である』を取り上げてみると、「心」の用例は 53 例見られる。しかし、その中で意志を表すと思われる例は、次の 1 例だけである。

(43) （地）競争の念、勝とう勝とうの心は彼らが日常の談笑ちゅうにもちらちらとほのめいて、 （吾輩は 11-1653）

　しかしこれも、連体修飾節中に意志の助動詞「う」が含まれているため、必然的にそれをうける「心」にも意志の意味が加わっていると思われるものであり、「つもり」と同様に形式名詞を用いた意志表現の例として扱うには問題がある例である。
　また、「気をおとす」などの慣用的表現の多い「気」に対して、「心」は、「心ざし」「心組」「下心」などの複合語の種類が非常に多いのが特徴であった。それらの複合語は、「心」と比較してプラスアルファのニュアンスが加

わるものの、やはり文脈によって意志の意味を表すことが出来る。しかし、それらを、モダリティ表現としてその名詞に備わった固有の用法と考えるには無理があり、「心」やその複合語の持つ概念が非常に幅広いために、助動詞「う」などを含んだ意志を表す連体修飾節をうけることも出来る、という程度のものである。そして、それらの連体修飾節によって表される意志の意味が、結果的に文脈としてそれらの名詞にも付け加わったものと見なすべきであろう。

4.2.2.2. 後接語

「気」と「心」について、その直後に現れる語をまとめたものが、次の表3である。「気」については、次のようなものも含まれている。

- 助動詞「だ」：「である」「でござんす」（第二期）。「だろう」「だから」「だい」「である」「なら」「なのだ」「なの」（第三期）。
- 終助詞「か」：「かえ」（第二、三期、四期）。「かい」「かもしれん」（第四期）。
- 格助詞「に」：「にちがいない」（第四期、1例のみ）。
- 係助詞「は」：「あ」（第二期、1例のみ）。

「心」については、表1、2と同様、「心の複合語」も含めた総数であり、カッコ内に「複合語」の用例数を示してある。

A 「気」について

まず、「気」について後接語を見ると、①の文または節の述部に位置する場合が、第二期で41例中23例、第三期で93例中54例、第四期で85例中41例であり、時期を問わず、おおよそ意志表現として用いられる用例の半数程度である。「つもり」のように、時期が下るに従って、そのほとんどが文または節の述部に現れるようになるといった、明らかなパターン化は見られない。意志の意味合いで用いられる例に限ってみても、「気」は明治以降に至るまで文中の様々な位置に現れる。

表3 「気」と「心」の後接語の内訳と推移

後接語	「気」二期	「気」三期	「気」四期	「心(複合語)」二期	「心(複合語)」三期	「心(複合語)」四期
①文、節の述部の場合						
A　断定の助動詞						
「なり」	2			2(2)	2(0)	
「じゃ」		4				
「だ」	13	41	33	4(0)	6(3)	3(3)
「です」			1			
B　終助詞						
「か」	6	6	6	1(0)	2(0)	1(0)
「よ」		2				
「さ」	2			3(1)		
C　接続助詞						
「でも」		1	1			
小計	23	54	41	10(3)	10(3)	4(3)
②その他						
D　中止法		1		2(1)	6(0)	2(2)
E　格助詞						
「と」		1		1(0)	3(0)	
「の」		1			1(0)	1(1)
「に」	4	17	25	1(0)		
「を」				1(1)	1(0)	
「から」					1(0)	1(1)
「が」	3	2	2		1(0)	1(0)
F　係助詞						
「は」	7	15	11	3(1)		2(0)
「も」	4	2	5	1(1)		
G　無助詞(文中)			1	2(0)	1(0)	
小計	18	39	44	11(4)	14(0)	7(4)
計	41	93	85	21(7)	24(3)	11(7)

B　「心」について

　「心」については、やはり「気」と同様、時期を問わず様々なものが後接しており、特に文末表現に多く現れるという傾向は見られないようである。①の文または節の述部に位置する場合は、複合語とも合わせて、第二期で21例中10例、同様に第三期で24例中10例、第四期で11例中4例と、各

時期を通して半数にも満たない。

　「気」や「心」は、「つもり」のような文末モダリティ形式としての明らかな構文的パターン化は見られず、文脈によって意志を表す場合もあるという程度のものである。

4.3.　その他の名詞

　先に表1では「その他」として総数のみを示したが、「気」「心」以外に、具体的内容に相当する連体修飾節を伴って、意志表現に近い文脈の中で現れた名詞類の内訳を示したものが次の表4である。

表4　「気」と「心」以外の名詞

江戸生	「かくご」1		
繁千話		「はら」1	
錦之裏		「意(こころざし)」1	
傾城二	「かくご」1		
膝栗毛	「了簡」1		「もくさん」1
浮世風	「かくご」1	「はら」2	「利屈」1 「空」1
浮世床	「了簡」1	「はら」1	
春色梅	「覚悟」2		「こんたん」1
春告鳥	「覚悟」1　「了簡」3		
小袖曾	「覚期」5		
安愚樂	「了簡」1 「りやうけん」1		
怪談牡	「覚悟」2　「了簡」4		「もくさん」1 「工(たく)み」1 「悪工(わるだく)み」1 「悪計(わるだく)み」2
浮雲		「意(こころ?)」1 「志」1	「胸算用」1
金色夜	「覚悟」5	「意」2 「底意」1	「精神」6
吾輩は	「かくご」1　「量見」2 　　　　　「了見」10	「意」1 「意志」3 「意気ごみ」2	「考え」2 「大気炎」1 「予算」1

「気」や「心」と同様に、次の例のように単独で用いられるものや、

(44) （小ひな）実正に門徒だと私きやア了簡があるヨ　　　（春告鳥 487-6）
(45) （八木独仙）いくら自分がえらくても世の中はとうてい意のごとくなるものではない、落日をめぐらすことも、加茂川をさかに流すことも出来ない。　　　（吾輩は 11-7138）

修飾語がその名詞の内容補充となっていない次のような例や、

(46) （ぐち里）こつちのりやうけんの通りにするまでは、ぶしつけが有ちや、わるふおざんす。　　　（錦之裏 423-10）
(47) （地）依頼通りにして遣りたくなる。主人を活かすのも殺すのも鈴木くんの意のままである。　　　（吾輩は 11-3444）

意志とは異なった文脈で用いられている次のような例は除いてある。

「意味」
(48) （孔糞）扔又鶴沢と置て、蟻鳳と対をとつた心はどういう意であろうナ。　　　（浮世床 268-12）

「気持ち」
(49) （地）独りで勝手に苦心して居るのじゃないかと主人は毫も感謝の意を表しない　　　（吾輩は 11-1143）

「好意」
(50) （鈴木）それを僕が態々出張する位両親が気を揉んでいるのは本人が寒月くんに意があるからのことじゃあないか。（吾輩は 11-3433）

　全体数が少ないので、1つの語形について用例数をまとめて示すのではなく、テキストとした本に従って表記をそのまま挙げ、頻度の高い順に視覚的に把握出来るように配置した。資料名は成立年代順に並べ、基本的に、各資

148　第2部　形式名詞を用いた意志表現

料を通して頻繁に見られる名詞を左段に、あまり見られない名詞を右段に配したが、多少前後しているところもある。

　『浮世風呂』の「空」、「利屈」の用例と、『吾輩は』の「予算」の例はそれぞれ次のようなものである。

(51)　（お山）常住取替引替見直しの女房を持人は気がねへのう　（お川）第一居る空がねへはな。（浮世風呂 216-5）　※テキスト頭注三「落ちついて居る気にならない。」
(52)　（作）ソレ、和睦の濟だ上には、盃の跡で証文はおれが貰つて、目下で引裂て終うと云利屈だから、ソレ、わかりきつて居やうぢやアねへか
　　　　　　　　　　　　　　　　　　　　　　　　（浮世風呂 247-16）
(53)　（苦沙弥）たまさか細君の喜ぶ笑顔を見て楽もうと云う予算も、がらりと外れそうになつて来る。　　　　　　（吾輩は 11-3433）

　『浮雲』の「意」については、この例にはふりがながついていなかったが、別のところで出てくる「意」の5例には、すべて「こころ」というふりがながあったので、おそらく、この例も「こころ」と訓むものと思われる。
　表4を参考に、まず、これらの名詞の持つ共通の性格について考えたい。前章で「つもり」の意志用法の萌芽期である第一期の上方の浮世草子類では、意志を表すと思われる「つもり」の中にも、意味的に、金銭がらみの「計算」や「見積もり」、現代語とほぼ同様の「意志」という2つのタイプのものがあり、それらをはっきりと線引きすることは難しい面があることを指摘した。表4に見られる名詞類について、いくつかの類型を考えるとすれば、この2つのタイプのどちらか一方の性質、すなわち「計算・見積もり」か「意志」かを持ったものと、特に方向を限らず漠然と精神活動を表す広い意味のものとの三種類にほぼすべておさまる。具体的には、「もくさん」「（わる）たくみ」「胸算用」「予算」が「計算・見積もり」系であり、「かくご」「意」など、「〜を決める（決する）」という表現が可能な、決意を表すものが「意志」系であり、「はら」「りょうけん」「精神」「考え」などが「広い意味での精神

活動」系である。先に述べてきた「気」や「心」も考え併せるならば、「広い意味での精神活動」系に含まれることになる。

　以上をまとめると、「つもり」以外の名詞が意志表現に用いられるための条件としては、その名詞が意味的に、

　　1．特定の方向に限らず広く精神活動を表すものであること
　　2．「意志」に類するものか、「計算」に類するものであること
の2つの内どちらかを満たす場合ということになる。

　1の条件を満たすものは、直前に動詞の言い切りの形や、意志の助動詞「う」などを含む連体修飾節をうけるとき、その内容が文脈としてそれぞれの名詞に付け加わるのを拒否しないタイプのものである。もともとの意味が幅広く、ほぼ無色なため、連体修飾節の表す意志のニュアンスをそのままうけることが出来るのである。しかし、それが「つもり」のように用法的に確立され、構文的にも一定のパターンとして固まっているとは言えないことは、先に「気」や「心」について考察した際に述べた通りである。

　2の条件を満たすものは、基本的に「つもり」が意志表現以前に持っていたもともとの性質と類似の性質を持つものである。そのうち「意志」に類するものは、意志表現として用いるには最も適している。しかし、連体修飾節との結びつきという点では、やはり非常に弱いものである。例えば「意」について、文化文政期の江戸語の代表的な作品である『浮世風呂』を例にとって見ると、具体的内容を補充する連体修飾節を伴わずに、次のように「意」だけで実質名詞として独立的に現れる例がほとんどである。

(54)　（鬼角）わざとこぢ付た地口を書くが戯作本の意とする所。
　　　　　　　　　　　　　　　　　　　　　　　　（浮世風呂 263-1）
(55)　（地）狂言綺語の戯れも、三編すでに御意に協ひ、是非四編目の御望に、ヲツト、まかせの早合点。　　　（浮世風呂 307-3）

　また、「計算」に類するものは、今後の行動の計画という意味で用いられる場合に限り、意志表現と類似の内容を表すことになるもので、連体修飾節の

内容が、未来の行動に関するものでない場合には、当然、意味的に意志とは接点を持たないことになる。

　表4をもとに名詞の性質に従って三種に分類し直すと次の表4'のようになる。

　現れる名詞の時代的な推移について言えば、古くから見られるのは「かくご」と「りょうけん」と「はら」である。この内、「かくご」は、現代語においてもしばしば直前にその内容を表す語句を伴って用いられ、江戸語・東京語において、このようなパターンで用いられる名詞の内、最も頻繁に見ら

表4'　「気」と「心」以外の名詞のタイプ別分布

	計算	意志	精神活動
江戸生		「かくご」1	
繁千話			「はら」1
錦之裏		「意(こころざし)」1	
傾城二		「かくご」1	
膝栗毛	「もくさん」1		「了簡」1
浮世風	「利屈」1	「かくご」1	「はら」2 「空」1
浮世床			「了簡」1 「はら」1
春色梅	「こんたん」1	「覚悟」2	
春告鳥		「覚悟」1	「了簡」3
小袖曾		「覚期」5	
安愚樂			「了簡」1 「りやうけん」1
怪談牡	「もくさん」1 「工(たく)み」1 「悪工(わるだく)み」1 「悪計(わるだく)み」2	「覚悟」2	「了簡」4
浮雲	「胸算用」1	「志」1 「意(こころ?)」1	
金色夜		「覚悟」5 「意」2 「底意」1	「精神」6
吾輩は	「予算」1	「かくご」1 「意」1 「意志」3 「意気ごみ」2 「大気炎」1	「量見」2 「考え」2 「了見」9 「予見(りょうけん)」1

れるものである。それに対して「はら」は、文化・文政期頃までは用例が見られるが、それ以降はあまり見られなくなる。また、「かくご」と並んで明治末頃までしばしば用いられているのが「りょうけん」である。しかし、現代東京語では、意志表現としてこのようなパターンで用いられる「りょうけん」は、あまり目(耳)にしないように思われる。

　「りょうけん」の漢字表記は、明治初期あたりまではすべて「了簡」である。ところが、明治末頃の『吾輩は猫である』では、三通りの異なった漢字があてられている。漱石の個人的な書きぐせによるものか、あるいは文学的な効果をねらった当て字であろうか。ちなみに、現代語では、「了見」「料簡」「了簡」など、慣習として様々な表記が通用している。

　また、「意」や「意志」が、このような構文で現れるようになるのはずっと新しく、明治中頃の『浮雲』以降である。それ以前には、先に挙げた『浮世風呂』の例のように、連体修飾節を伴わずに単独で用いられるのみであった。同様に「考え」が用いられるのも、明治末の『吾輩は猫である』が最初である。現代語の「考え」は、特に形式ばった言葉でもなく、ごく日常的に多用されているが、文献の上で意志表現のパターンの中で現れ始めるのは、かなり新しいことのようである。

5. おわりに

　以上、江戸から明治以降にかけて、「つもり」以外に意志表現に現れる名詞の種類及び特徴について述べた。

　用例の大部分を占める「気」と「心」について、「つもり」の発達以前には、これらも意志表現としてしばしば用いられることはなかったことを確認し、また、時期が下っても「つもり」のようには形式名詞化が進まず、意志用法が唯一の用法として固定化されたわけではないことも指摘した。

　「気」「心」以外には「かくご」「りょうけん」「はら」「意」「こんたん」「たくみ」などが見られたが、「気」や「心」と合わせてこれら意志表現として用いられる名詞の性質としては、次の2つのタイプに分けられることが明ら

かになった。
　1.　精神活動を表す名詞で特定の方向に限らず幅広い意味を表すもの
　2.　「意志」か「計算」かどちらかに近い意味を持つもの
　連体修飾節を伴って意志表現として現れる名詞の大部分が1のタイプのものであった。2のタイプのものについては、意志表現として固まる前の「つもり」の意味特徴の内、1つの側面だけを共有しているものである。
　また、見られる名詞の種類にも時代的な移り変わりがある。江戸語では「覚悟」「了簡」「はら」などが主なものであり、明治期には「はら」はあまり見られなくなり、新しく「意(志)」「精神」「考え」などが加わってくる。このことは、単に意志表現という1つの意味領域の中での変遷と言うより、もっと広く精神活動を表す名詞語彙の変遷を反映したものと言えるかも知れない。
　このように、「つもり」以外に意志表現に現れる名詞は、「つもり」に意味的に非常に近いもの(「意志」など)か、概念が幅広く、意志に限らずあらゆる文脈に現れることが出来るもの(「気」「心」「考え」など)であることが明らかになり、加えて、現代語でしばしば用いられる「考え」などは、意志表現としては非常に新しいものであることが明らかになると、逆に「つもり」の特異性がより際だってくる。前章で述べた、「つもり」の意志表現としてのほぼ完全な固定化(形式名詞化とそれに伴う構文的パターンの確立)は、それ以外の名詞には見られない特徴である。現代語では「～するつもりだ」「～する気だ」「～する考えだ」などに類似の表現としてくくられるが、それぞれの名詞のモダリティ度(形式名詞化の度合い、及び連体修飾節への構文的依存度)は「つもり」と「それ以外の名詞」でかなり異なっているのである。

注
1　佐田(1974)で挙げられている「狂言記・貫翥」の例は、『日本国語大辞典』では、
　　(56)　我(われ)はしかといぬまひといふきか

となっている。北原保雄・大倉浩著『狂言記の研究』(勉誠社)でも「いぬまひ」である。しかし、どちらの文脈にせよ「まい」によって表される否定意志そのものには変わりはなく、ここでの論を左右するものではない。

第 3 部

動詞基本形を用いた意志表現

第1章　テンスとモダリティとの関係
―現代韻文資料における動詞基本形のテンス―

1. はじめに

　古代日本語動詞基本形[注1]のテンスについての近年の一連の研究では、古代語の動詞基本形には、現代語のテイルに相当する継続的な意味が含まれていることを踏まえ、現代語では動詞基本形は基本的に未来時を表すのに対し、古代語では現在時を表すとされている。すなわち、現代語と古代語とでは動詞基本形の表すテンスが異なっているという解釈であり、その立場から、古代語において例外的とも言える未来時を表すように見られるいくつかの実例について、様々な分析や解釈が提出されている。[注2]
　テンスとアスペクトは密接な関連を持つことから、両者を同時に視野に入れて、体系的にテンスの問題を論じているものは多いが、[注3] もう1つ、アスペクトの他にテンスとの関わりが注目されるものとして、モダリティがある。古代語のテンスとモダリティについて、特に関連が深いのが未来を表す場合である。古代語の未来時と意志・推量のモダリティを表す助動詞「む」とは切り離して考えることが出来ないものであることが、山口（1985）等によって既に指摘されているが、テンスとの関わりについて、アスペクトの視点からの論考に対して、モダリティの視点からの論考は、ほとんどなされていないのが現状である。[注4]
　本章では、意志モダリティの観点から問題提起を行い、現代韻文資料の分析結果をもとに古代語についての先行研究での考察との比較を行い、動詞基本形のテンスの位置づけについて述べる。

2. 問題の所在——意志モダリティと未来時との関係——

　現代語では、意志を表すモダリティとして次の三形式がある。
　　Ａ　助動詞「う」　　　　例：私が行こう。
　　Ｂ　動詞基本形　　　　　例：私が行く。
　　Ｃ　形式名詞「つもり」　例：私が行くつもりだ。
　Ａの助動詞「う」やＣの形式名詞「つもり」を用いる場合と異なり、Ｂの動詞基本形は、動詞の語彙的性質や文脈等の語用論的な環境により様々な機能を持つため、意志モダリティとして機能するのは、次に示すような諸条件がすべて満たされる場合に限られる。
　　①談話中であること(注5)
　　②文末終止用法であること
　　③主体が一人称であること
　　④意志的動作であること
右に示した①から④の条件の内、③か④のどちらかが欠けた場合が単純未来のテンスを表すものである。例えば、③を満たさない場合が「彼が行きます」等、④を満たさない場合が「私は明日二十歳になります」等、③④をともに満たさない場合が「工事は三月末に終わります」等である。このように未来時であることを基盤として、「一人称」、「意志的動作」という条件を加えて範囲を狭めた場合に意志モダリティが発現するという関係になっており、動詞基本形においては、テンスにおける未来時とモダリティにおける意志とが意味的に重なる構造になっている。このような関係であれば、動詞基本形が通常現在時を表すとされる古代語では、当然、未来時を前提とする意志モダリティは現れないはずである。ところが、実際には、古代語にも動詞基本形による意志モダリティの例が存在することが、既に多くの先行研究によって指摘されている。(注6)

（１）　大舟に　ま梶しじ貫き　この我子を　唐国へ遣る　斎へ神たち
　　　　　　　　　　　　　　　　　　　　　　（『万葉集』巻19・4240）

（2）　侍従殿やおはします。ほととぎすの声聞きて、いまなん帰る　といはせたる　　　　　　　　　　　　　　　　　　　（『枕草子』99 段）

　このような例を、例えば大木（1997）では「例外的といえるようなもの（p.26）」と位置づけているが、はたしてこれらは例外と言えるのであろうか。原則として現在時を表すはずの動詞基本形が、未来時であることを前提とした意志モダリティに用いられるということは、モダリティとテンスとの関係で言えば整合性がなく、むしろ、原則の方に疑いが持たれるのである。
　ここで、鈴木（1992）の書評として述べられている金水（1994）の次の記述が注目される。

　　　著者（鈴木氏）はこのことから、一旦は、これらの動詞（古典語の基本形）の形態論的なアスペクトが会話文では不完成的、地の文では完成的であると結論する。しかし他の可能性として、本来基本形のアスペクトは中立的であり、動詞の語彙的意味や地の文が「歴史的現在」を表現することなどの諸条件により、アスペクチュアリティが決定されるのではないかとの仮説をも提出している。会話文と地の文という使用環境の違いで形態論的なアスペクトが異なってしまうという説は何とも奇妙であり、この「中立説」しか成り立たないように評者には思えるが、（中略）これらのことを思うと、古代語と現代語とで基本形の形態的なアスペクトにはさほど違いがないとの見方もできる。
　　　　　　　　　　　　　　　　　　（p.52、カッコ内は土岐による。）

これはアスペクトについての言及であるが、テンスの側面についても同様の考え方が出来るように思われる。すなわち、仮説として、古代語も現代語も基本形のテンスは本来中立であり、使用の際の諸条件により、個々の場合のテンスが決定される、と考えるのである。この中立説によれば、意志モダリティの場合のテンスのねじれ現象の問題は解消される。本章では、この中立説をとりたいが、そのためにどのような分析が必要であるのかを次に検討す

る。

3. 動詞基本形使用の諸条件

　中立説では使用の際の諸条件がどのようなものかが問題になる。大きく次の3つが考えられよう。
　①テクストに関するもの
　　ア．韻文か散文か
　　　→　散文の場合　　イ．地の文か会話文か
　②文のモダリティに関するもの
　　文としての表現意図
　③述語の意味に関するもの
　　動詞の語彙的特徴
　従来の研究では、②については、大木(1997)で、古代語について見通しとしての試案が提出されている。③については、現代語については高橋(1994)等、古代語については黒田(1992)(1993)等に分析がある。また、①のイについても、現代語については工藤(1995)等、古代語については鈴木(1992)等で分析されている。しかし、アの韻文と散文との違いについては、動詞基本形を対象として詳細に分析したものがないようである。現代語の動詞基本形のテンス・アスペクトの問題点として、韻文の場合と散文とでは異なることが森山(1997)で指摘されている。

　　　小説などの散文では主導時制は過去であるが、韻文の場合は違う。む
　　しろ、超時的現在と言いたくなるような「詩的世界」を構築する。例え
　　ば、「(略)太郎を眠らせ太郎の屋根に雪ふりつむ」のように、スル形で
　　の眼前描写的用法がある。(p.32)

　古代語について多くの先行研究が分析対象としている万葉集は、言うまでもなく韻文であり、現代語との比較を行う際には、その根拠としての現代の

韻文(詩歌)資料の分析を行う必要がある。

　本章では、従来の研究では分析がなされていない現代の韻文を対象に動詞基本形のテンスを考察し、古代語についての従来の考察と対照する。先に示した①から③の諸要因は互いに関連しあうものであるが、本章では①に視点を定め、②や③、及び他の条件項目の設定の必要性等については稿を改めて論じる。

4. 分析資料及び集計結果

　現代語の韻文と散文の下位区分として、韻文では俳句、短歌、現代詩等、散文では小説、随筆、新聞、論文、日記等、様々なものが考えられるが、古代語との対照を目的とするため、韻文では万葉集、古今集等に対応するものとして短歌(以下、和歌と称する)を取り上げ、散文では源氏物語等に対応するものとして小説を取り上げる。用例を採集した資料及び使用テキストを次に示す。

和歌
　　太田青丘他選 1980『昭和萬葉集巻二十』(講談社)より、計 2330 首
　　　Ⅰ　日本さまざま／世界と日本／戦後 30 年
　　　Ⅱ　生活の周辺／老の歌
　　　Ⅲ　農に生きる／仕事の歌
　　　Ⅳ　愛の歌／愛と死／病者の歌
　　　Ⅴ　四季の歌／天地自然
　　　Ⅵ　現代の歌／くさぐさの歌
詩
　　日本現代詩人会編 1981『資料・現代の詩』(講談社)より、計 573 篇
散文
　　日本文藝家協会編『文学 1996』1996(講談社)、日本文藝家協会編『文学 1997』1996(講談社)より、以下の計 10 篇
　　田久保英夫「白光の森」、角田光代「学校ごっこ」、山本昌代「水の面」、

川上弘美「蛇を踏む」、稲葉真弓「漂う箱」、佐飛通俊「カントの憂鬱」、佐藤洋二郎「他人の夏」、大城立裕「芝居の神様」、村上春樹「レキシントンの幽霊」、塩野米松「天から石が」

ジャンル別の全用例の用法内訳を次の表に示す。

和歌は全 2330 首中、動詞基本形が見られたものが 812 首、用例数計 822 例である。詩は 573 篇中、350 篇に計 848 例見られ、ちなみにテイル形は、164 篇に 278 例が見られた。

動詞基本形の表す事柄に対応する時制を、予定や意志等、未来時を表すもの(未来系)と、眼前描写等、現在時を表すと思われるもの(現在系)、性質の叙述や恒常的事実等、時制の分化を持たないもの(事実系)の三種に大別し、過去かとも解釈出来るような例をその他とする。

未来系が多数を占めるのは、散文における会話文[注7]に限られ、その場合も約 5 割程度の使用にとどまっている。現代の和歌、詩、及び散文における地の文の三種の資料では、動詞基本形は眼前描写的な現在時を表す場合が圧倒的に多く、未来時を表す用法はむしろ少数派である。この点で、先行研究における万葉集や源氏物語等の古代語の考察で得られた結果とほぼ同じ

表　動詞基本形用法内訳

	和歌	詩	散文 地	散文 会話
未来	9 (1.1)	21 (2.5)	3 (0.5)	63 (49.2)
現在	766 (93.2)	685 (80.8)	509 (78.1)	37 (28.9)
事実	33 (4.0)	99 (11.7)	137 (21.0)	17 (13.3)
その他	14 (1.7)	43 (5.1)	3 (0.5)	11 (8.6)
計	822 (100.0)	848 (100.1)	652 (100.1)	128 (100.0)

※数値は例数。カッコ内は百分率。
※疑問文や否定文は除く。

である。

　資料ごとにやや細かく見ると、現在系の割合は和歌が特に高く、詩と散文の地の文がほぼ同比率である。事実系の割合は、和歌と詩では詩の方が若干高く、更に判断に迷うような例も多い。各々の例の詳細については各資料ごとに後述する。

5. テンスの基準としての発話時

　談話表現におけるテンス分析と文章表現におけるテンス分析では、基準となる発話時の扱いが異なると思われる。例えば和歌の場合、談話における発話時に相当するものとして作歌時を想定することが試みられているが、談話における発話時と和歌における作歌時とがテンスを考える上で同一の意味を持つものかどうか疑われる。談話においては、発話時のテンスと聞き手が発話を受けとめるテンスが原則として同時であり、発話時の「今」は聞き手との了承事項として前提に組み込まれた状態で発話内容が形成されるが、作歌の場合は、作歌時のテンスがその歌の内容に常に前提として組み込まれるわけではない。同様のことは現代詩についても散文の地の文についても言えることである。つまり、韻文も散文も含めた文学的文章では、表現と理解が同一時、同一場で行われないのが基本であり、その前提がテンスの表現を談話におけるそれとは異なるものにしている。従って、作歌、作詩時を実態的に想定して、それを基準に内容の事柄との時間的前後関係を問うのではなく、描かれた内容が、表現の上でどのように時間的に位置づけられているかという表現解釈の側面からの分析を行う必要がある。本章では、表現としてどのように解釈出来るかという立場で、以下分析を進める。

6. 現代和歌における動詞基本形

6.1. 未来系用法

　未来時を表すと思われる９首の内、５首が「と」に導かれて次に来る動作

の動機、意図を表すものである。

（3）　売りし畑最後の収穫の大豆なり味噌に仕込むと妻は粒よる　　木内　孝
（Ⅲ 101-3）
（4）　行楽の旅にはあらず銃の材しらぶると子はフランスに立つ　岩村とよき
（Ⅳ 180-7）

　このような例は、発話時を基準とした未来時ではなく、事柄の間の時間的前後関係を示すものとされている。すなわち、(3)であれば、後続の「粒よる」に対して「味噌に仕込む」事が時間的に後に位置するものとして表現されているのであり、「仕込む」という動作がテンスとして未来を表しているわけではないということになる。しかし、他の未来時と考えられる用例も併せて、改めてそれらに統一的な視点からの説明を与えることが出来ないかどうか後に再考する。
　他に未来時の可能性を持つ例で、表現構造上類似しているものに、「と言う」が後続して発話の引用であることを示す次の一首がある。

（5）　就学の年迫り来し麻痺の子のあるくと言いつつ我にすがり来　白木奎子
（Ⅳ 181-4）

この他、現代和歌では形式性に対する破格的な試みとして、口頭談話の挨拶表現をカッコを付して直接法的に引いたものが1首、

（6）　〈行ってまいります。〉チョット古本屋二軒を廻るみたいなやさしい囁き　足立公平
（Ⅵ 302-3）

裁判判決の記録文を、やはり鍵カッコつきで表記もそのまま引用したものが1首、

（7）　至り着きし記録は一行記すのみ「死亡シタルヲ以テ公訴ハ之ヲ棄却ス」　吉田漱　　　　　　　　　　　　　　　　　　（Ⅵ 310-3）

二人称の「汝」を用いて対面による発話を模し、談話的効果を持たせたものが1首見られる。

（8）　手の中の珠を放たむ思ひともひとり娘汝を遠くとつがす　鶴田正義
　　　　　　　　　　　　　　　　　　　　　　　　　　　（Ⅳ 179-5）

　以上の(3)から(8)のような用法は、先行研究によって万葉集や新古今集等の古代語についても存在することが指摘されている。
A．次に来る動作の動機、意図を表す「と」節の内部に現れる場合
（9）　食す国を定め給ふと鶏が鳴く東の国の御軍士を召し給ひて
　　　　　　　　　　　　　　　　　　　　　　　　　　　（万葉・2・199）
（10）　山の端を出でがてにする月待つと寝ぬ夜のいたく更けにけるかな
　　　　　　　　　　　　　　　　　　　　　　　　　　　（新古今・1499）
B．発話行為を表す動詞が後続する場合
（11）　晴れ曇る影を都に先立ててしぐると告ぐる山の端の月
　　　　　　　　　　　　　　　　　　　　　　　　　　　（新古今・598）
C．単語レベルで対話的な表現を用いている場合
（12）　足柄のみ坂賜はり顧みず我は越え行く荒し男も立しやはばかる不破の関越えて我は行く馬の爪筑紫の崎に留まり居て我は斎はむもろもろは幸くと申す帰り来までに　　　　　　　　（万葉・20・4372）

　これらの例に共通するのは、口頭談話的要素の導入である。(6)のようにカッコを用いて直接発話を表示するものから、(5)や(11)のように「と言う」などの発話動詞を後接させて引用であることを示すもの、更には、(8)や(12)のように「汝」などの呼びかけ語的人称代名詞や一人称代名詞「我」を詠み込むことによって談話的要素を部分的に取り入れたもの、と導入レベル

に差はあるものの、すべて何らかの形で談話的スタイルの表現を要素として取り入れたものと見なすことが出来る。このような点から、再び先の(3)、(4)のような「と」節での使用例を考えると、主体が動作に移る前に、今後の行動についての意志表明が何らかの形で宣言(通告)され、その内容を引用「と」節でうけたものと解することも可能であり、これらも、談話的スタイルの導入の一種として位置づけることが出来るように思われる。(3)、(4)のような「と」節で動機や意志を表すものは、引用レベルの面では「と言う」などの発話動詞を用いて発話の引用であることを明示する場合に準じるものとして位置づけられよう。和歌において意志表現を含めた未来時を表すと見られるものは、引用の際の写実性にレベルの差はあるものの、すべて口頭談話的表現を要素として取り入れているものと見なすことが出来、散文の場合の会話文に準じるものと解される。

6.2. 現在系、事実系用法

　現代和歌において動詞基本形の中心的用法は、現在の事態を表す眼前描写である。そして、そのようなものの中には、先行研究で指摘されている古代語についての動詞基本形の特徴と同様、通常の表現ではテイル形をとるものも多数見られ、動作・作用の継続と結果の状態の両方の場合に相当する例が見られる。

〈継続〉

(13)　日用品背負いつつ創めし我が店に<u>いま</u>自動ドアーの硝子を<u>磨く</u>　今泉節子
　　　　　　　　　　　　　　　　　　　　　　　　　　　（Ⅲ 130-6)

(14)　すさまじく降る雹見れば雷の裂けるところより直接に<u>降る</u>　堀山庄次
　　　　　　　　　　　　　　　　　　　　　　　　　　　（Ⅴ 234-7）

〈結果〉

(15)　島丘のいただきゆゑに海を負ひ海に向ひて碑は<u>建つ</u>　間瀬れい
　　　　　　　　　　　　　　　　　　　　　　　　　　　（Ⅰ 56-3）

(16)　高波の底より見るに<u>この</u>高きうねりの上に空は<u>重なる</u>　荒木元次
　　　　　　　　　　　　　　　　　　　　　　　　　　　（Ⅴ 239-2）

眼前描写であるかどうかは、現場指示性の程度による。(13)や(16)のように、現在時を示す副詞「いま」や指示語「この」等、単語レベルでそれが示される場合もあるが、多くは(14)のように「すさまじく降る霙見れば」等、具体的な状況説明によって場面を特定化することで現場指示性を持たせている。よって、このような状況説明による場面の特定化がない場合には、現在の事態は事柄化する。(注8)

【事柄化タイプ1】
(18)　政治家も知事市長らも票ほしと衆愚にこびて「むつ」漂流す　原田国造
　　　　　　　　　　　　　　　　　　　　　　　　　　　（Ⅰ16-9）

(18)は、一過性の事態として現在時が対応しており、通常の分析的叙述では「漂流している」と表されるものである。テイル形との交替が可能なところから、時制との対応関係を持たず、テイル形と交替出来ない次の(19)のような事実系用法とは異なる。

(19)　七十歳になれば医療費要らずとて母は腰痛堪へゐしといふ　小針美津子
　　　　　　　　　　　　　　　　　　　　　　　　　　　（Ⅱ98-2）

しかし、現場指示性を示す要素がないため、現在時との関係は明確化されず、眼前描写とも異なる。このような、現在系用法と事実系用法との重層性を示すものには3つのタイプがあり、(18)のような、現在の一過性の事態として継続テイル形に対応するにもかかわらず、現場指示性の明確でないものをタイプ1とすると、反復して起こる習慣的事実を表すタイプ2、事態の個別性を一般化して述べるタイプ3が挙げられる。

【事柄化タイプ2】
(20)　とりとめしいのちの重さにへこみたる枕朝あさ叩きてもどす　今井嘉明
　　　　　　　　　　　　　　　　　　　　　　　　　　　（Ⅵ195-4）
【事柄化タイプ3】
(21)　満員の電車の中に眼鏡をばはづして人は句集を開く　人見忠

168　第3部　動詞基本形を用いた意志表現

(Ⅱ 77-6)

　タイプ2は、タイプ1とはいわば逆のケースである。一義的には習慣的行動を詠んだものであるが、散文と異なり、和歌の場合、単に事実を述べているのではなく、そのような習慣性を持つ事態が、現に目の前で繰り広げられている現場を想定して解釈するのが普通であろう。詠み込まれた内容は時制との対応関係を持たない事実であるが、和歌の表現としての解釈の上で、現在時という場面性が付加されるものである。タイプ3として挙げた(21)は、作歌者自身が習慣的に行っている行動を詠んだものと解釈出来、その点でタイプ2と同様であるが、「人は」という主語を置くことで、第三者が現在目の前でその行動を行っている現場場面の光景の解釈を重ねることが出来、同時にこの主語が具体性を捨象したものであるために、詠み込まれたそのような行動をとることが、人間一般にとって普遍的な性質であるかのように一般化した表現となっているものである。習慣的事実と眼前描写という二通りの解釈の可能性を示し、更に恒常的真実性をも含ませることが出来る点で、タイプ2よりも事柄化がより複雑なものである。
　この、時制の分化を持つ現前描写と時制の分化を持たない事実叙述との重層性が、和歌における動詞基本形の表現性の特徴であり、先の表でその他に分類した過去かと解される例も、このような事柄化の一種と見なされものである。

【事柄化タイプ4】
(22)　農繁期には逝きたくなしといいし祖母雪積む朝にみまかりたまう　石
　　　川智重子
(Ⅳ 184-3)

　タイプ1では詠み込まれた事態の背景は現在時であったが、タイプ4では事態に対応する時制は過去である。(22)では臨終の際の場面性を持たず、祖母の死は既に生起した事態として回想の形で表現されている。このような内容を分析的に表現する場合には、テンスとしては通常、過去が現れるところであるが、基本形を用いることによってテンスを捨象し、事柄化された形で

詠まれている。このように基本形で表される事態が既成の事実として提示される場合には、解釈の上で過去に相当するものが生じる。

6.3. 和歌のまとめ

以上、現代和歌における動詞基本形のテンスの特徴は次の三点にまとめられる。

　①未来時を表すのは、談話的スタイルの要素の導入がある場合に限られる。今回の調査資料の範囲ではすべて意志モダリティとして現れている。
　②テイル形と交替可能な現在時眼前描写の用法が多数見られる。
　③現在時を表すものでも、現場指示性が明確でない場合には、テンス分化を持たない事実系用法との境界は曖昧になり、しばしば事柄化が見られる。

　現代和歌における動詞基本形は、ほとんどが現在時を表すと考えられ、基本的に未来時を表すものはないと言ってよい。この点で先行研究における万葉集の分析結果とほぼ同じ結果であり、和歌という韻文ジャンルにおいては、動詞基本形の基本的用法に時代による大きな変化は見られないと、ひとまず結論づけることが出来る。

　しかし、このように結論づける際に問題となるのが、和歌の古語性である。和歌では、韻文としての伝統的な様式性と表裏の関係にあるものとして、現代語では通常用いない助動詞「き」「けり」等をはじめとする、古代語に模した語彙語法が意図的に用いられている。[注9] 従って、そこに現れる動詞基本形の様相が古代語と類似しているのは、このような和歌の持つ古語性のためではないかとも考えられる。古語の模倣の可能性を検証するために、次に現代詩について同様に動詞基本形の用法を考察し、和歌の場合と比較する。

7. 現代詩における動詞基本形

7.1. 未来系用法

　詩で未来を表すと思われるものは21例見られる。そのうち10例が意志、11例が単純未来である。意志10例中、7例がカッコや「と言う」を用いた明示的な発話の引用である。

(23)　夜中に目をさました。／ゆうべ買ったシジミたちが／台所のすみで／口をあけて生きていた。／「夜が明けたら／ドレモコレモ／ミンナ　クッテヤル」(後略)　　　　　　　　　　（「シジミ」石垣りん 341-2）

(24)　(前略)／家中のガラスをふいてかあさんは出ていきますそうきめちゃったの／というと／いっしょに行こうよね(後略)
　　　　　　　　　　　　　　（「他人とあたしについて」柴田恭子 416-1）

　残りの3例も、何らかの談話(語りかけ)のスタイルの要素が見られるものである。

(25)　まちがへないでください／パンの話をせずに　わたしが／バラの花の話をしてゐるのは(中略)／飢える日は／パンを食べる／飢える前の日は／バラを食べる／だれよりもおそく　パンをたべてみせる(後略)
　　　　　　　　　　　　　　　　（「パンの話」吉原幸子 517-2）

この談話(語りかけ)のスタイルの要素が見られるものは、単純未来の11例の中にも1例ある。

(26)　笹舟のようなこの都市の／夜明けの端に抱かれて／きみはまだ　草深い酒場で／静かに眠りつづけていろ(中略)／カウンターの中に吊るされた／おっかさんがゆっくり燃えはじめるぞ(後略)
　　　　　　　　　　　　　　　　（「海と酒場」八木忠栄 504-3）

一方、単純未来を表すその他の10例はすべて未来時を表す副詞を伴う。

(27) ここは　ガン細胞が占領した場所／ひと時　陶然となるモルヒネの王国（中略）／彼らの眼は　私を刺しつづけながら　明日死ぬ
(「刺される」沢村光博 414-3)
(28) （前略）小さく叫びながら死んで行った小鳥のように／やがて　わたしにも／ひとりで死んで行ける季節が来る（「季節」金沢星子 381-3)

　つまり、詩における動詞基本形は、未来時を表示する副詞がない場合には、通常は未来を表すことはなく、意志表現も含めて未来系用法が見られるのは、談話的スタイルの要素を取り入れている場合に限られる。談話的要素の導入と未来時の発現が密接に関連している点は和歌と同様であるが、談話的要素がなくても副詞の助けを借りて単純未来を表す場合がある点が和歌とは異なる。また、談話の中に意志モダリティ以外の単純未来が現れる点も和歌と異なる点である。

7.2. 現在系、事実系用法
　現在時を表す例には、やはり和歌と同様、通常はテイル形で表現されるようなものが見られるが、和歌のように継続と結果の両タイプが見られるわけではなく、(29)のような文語的文体の１例に状態を表しているものがある以外は、すべて(30)のような継続的意味の用例である。

(29) （前略）駿爽たる意気は／時に文雅を放ち／師の眼差しは明るく澄む
(「夕映え」畠中哲夫 472-1)
(30) （前略）お前たちはまたここに戻って来た／荒れたこの祖国の山河をも忘れないで／南の広漠とした海原を越え／いま花吹雪のようにみえかくれ舞う（後略）（「燕に寄せて——戦没学徒に」唐川富夫 383-3)

　(30)のように「いま」等の現在時を明示する語句を伴う場合と、次の(31)

のように状況説明により場面を具体的に特定することによって、現場指示性を持たせ、眼前描写であることを示す場合とがある点は和歌と同様である。

(31)　こんぶを煮たてる鉄鍋のなかで／切れずにねじれ／よじれてはふやける／こんぶを掬ってたら／ぐらんと浮いて／みるまに渦に巻こまれ　はぐれる（後略）　　　　　　　　　　（「日暮」金子秀夫 382-2）

しかし、次の(32)のように、現在を直接的に表す副詞(「今」)を伴う場合でも、呼びかけ(「海よ」)等で談話スタイルが導入されている場合には、眼前描写よりも近未来の予定や意志を表すと解釈される。

(32)　（前略）海よ　おれは今ねぎ坊主を通過する
　　　　　　　　　　　　　　　　　　　（「海と酒場」八木忠栄 504-3）

このことは、動詞基本形のテンスを決定する上で、談話体というスタイルのレベルの要因が、文の構成要素である副詞等の語彙的要因よりも上位にくることを示している。

　基本形848例に対してテイル形は278例現れているが、個々の詩によって基調となる述語形式はどちらか一方の選択的である場合が多い。

A．基本形基調
(33)　あなたが泳ぐ／水に濡れたからだが輝く／しなやかなからだが水に浮く／私は浜辺で見るだけだ（後略）
　　　　　　　　　　　　　　　　　　　（「あなたが泳ぐ」佐藤廣延 413-3）

　現前描写にすべて基本形が現れるが、意味内容としては「泳いでいる」「輝いている」「浮いている」のようにテイル形と交替可能である。

B．テイル形基調
(34)　白い雲の下に／雀が飛んでいる／オレは百億年を／ひとりで飛んでいる／深い雪の中に／鳩が死んでいる／オレは一日に／二千回は死

んでいる(後略)　　　　　　　　（「白い雲の下に」高橋新吉 436-2）

　眼前描写も含めてすべて文末はテイル形になっている。意味的にテイル形が最も適した文脈であるからなのであるが、基本形に比べてテイル形の方が、繰り返しによる脚韻の効果が得られることもテイル形が基調として選択される要因の１つではないかと思われる。
　一方、基本形とテイル形が両用されている場合には、テイル形は場面設定や情景描写、基本形は変化、動作の叙述や事柄に関する叙述という機能分担が見られる。
C1. 基本形、テイル形両用（テイル形→場面設定、基本形→変化、動作叙述）
〈変化〉
(35)　砂丘に幾人かの影が見えている／風が観光の群れびとを揺らせている／ふと　そのうちのだれかが見えなくなる／杳い記憶の裏を忘れ歌のように不安が潜る（後略）　　　　（「砂丘で」宇佐美義治 358-1）
〈動作〉
(36)　わたしが秘かにご自慢のイタリア製大理石テーブルの上を虫が這っている。虫の行く手にわたしはペン先を立てる。虫が方向転換すると、そのすぐ目の前にまたまたペン先を立てる。（後略）
　　　　　　　　　　　　　　（「この不謹慎な虫けらめ！」花田英三 472-3）
C2. 基本形、テイル形両用（基本形→事柄叙述、テイル形→情景描写）
(37)　幾日も吹雪が／その頭上を襲っているとき／椿は花ひらく／黒い岩肌の上に／おい茂った椿の花は／ひそかに岬の中腹を咲きわたる（中略）／椿が咲きわたる吹雪の底に／一筋の家並があって／吹雪が晴れるのを待ちわびている　　　　　　　　　　（「椿」南信雄 498-1）

　機能分担を担うテイル形の存在により、基本形で習慣的事実を表す場合には、和歌の場合のような解釈としての現前描写的読みは薄れ、より事実的解釈に傾き、意味的に恒常的事実に近くなる。

(38) 海 というとき 私は／朝の静かな砂浜のそれを真先に思い浮かべる(後略)　　　　　　　　　　　(「海」川崎洋 385-1)
(39) (前略)ほこりに塗れた古時計を見あげて／あなたは毎朝／死んだ太郎を憶ひ出す(後略)　　　　　(「雪崩」神保光太郎 424-1)

　次の(40)のような恒常的事実を表す場合も多く見られ、また、和歌の場合に見られたのと同様な、(41)のような既成の事実を事柄として提示する場合の過去の例も見られる。

(40) (前略)闇から生まれたものは闇に帰る／海から生まれたものは海に帰る(後略)　　　　　　　　(「幻影肢」田中倫 444-1)
(41) 四月廿一日＝三郎山口ニ死ス／四月廿二日＝三郎骸トナッテ帰還ス　裏庭ノアイリス一斉ニ咲ク／五月一日＝アヤメ咲ク　イキシャ咲ク(後略)　　　　　　　　　　　　　　(「種蒔キシ人ニ」田村のり子 445-2)

しかし、詩の最も特徴的な用法は、次の(42)のような情景描写とも動きの叙述とも事柄の提示とも判別しがたい、テンスの分化を持たない空想的詩的世界の提示である。

(42) 女の瞳の中で　砂が　崩れつづける／女の瞳の中の　男の瞳の中で　砂が　崩れつづける／猛々しい　翼が　よぎる／猛々しい　翼が　よぎる／女の瞳の中の　男の瞳の中で　砂が　崩れつづける／女の瞳の中で　砂が　崩れつづける／〈瞳は埋没し去るであろう　侵されぬ　ダイヤのように〉　　　　　　　　(「砂」鵜沢覚 358-2)

7.3. 詩のまとめ

　以上、詩における動詞基本形の用法の特徴は次の四点にまとめられる。
　　①未来時を表すのは、
　　　A. 談話的スタイルの要素の導入がある場合

B．未来時を表す副詞がある場合
　のどちらかに限られる。
②継続的意味のテイル形と交替可能な現在時眼前描写の用法がある。
③個々の詩によって基調となる述語形式として、テイル形との選択的な使い分けが見られるが、基本形とテイル形が共存する場合には機能分担により、テイル形は場面設定や情景描写を表し、基本形は変化、動作の叙述や事柄の叙述を表す。
④事態のテンス的背景を問わない空想的世界を提示する。

　和歌の場合と比較して共通している点は、未来時を表す場合に談話スタイルが密接な関わりを持つことと、テイル形と交替可能な眼前描写を表す現在時用法が見られることである。対して異なる点は、詩の場合にはテイル形の参入により基本形の分担機能が相対的に狭まり、テイル形と交替可能な現在時用法は継続的な意味の場合に限られてくることと、和歌の場合は眼前描写から具体性を捨象する事柄化によって抽象度を高めていくのに対し、詩の場合は具体性を想定することがそもそも不可能な、空想的世界の構築の仕方をすることである。基本的に動詞基本形が現在時を表す点で和歌と同様であることが確認され、現在時用法は和歌の古語性のみによるものではないということが裏付けられたと思う。

8．談話スタイルと文章スタイル

　基本形の未来用法が談話スタイルに集中して現れることは、談話と文章(注10)のシステムの違いに起因すると考えられる。談話は対面により話し手、聞き手の関係が具体的であり、同時性を持つ共有された場をコミュニケーションの前提とするが、文章は書き手と読み手の関係は具体的ではなく、しばしば不特定多数の読み手に対し、書く行為と読む行為が同時性を持たない異なる場で行われる。

　談話の場合は既に共有している現場の状況を言語的に伝達する重要度は比較的低く、未実現の事態の通告の方が相対的に重要度が高いため、情報の伝

達機能の観点から未来用法に主軸がシフトすると考えられるが、その場合は動詞基本形の持つ無標性は現場の共通認識に補われて具体的事態を示すように特定化する。

　それに対して、文章の場合は場面的な状況が一切捨象されているため、言語によってコミュニケーションの場を設定する必要性が重要度の上で上位にくる。その場合、動詞基本形の無標性はそのまま保持され、和歌では現場指示の眼前描写を基本として、特定のテンス・アスペクトを明示しないことで一般的な事実としての普遍性を重ねる表現機能として働き、詩では状況描写とも動きの叙述とも事柄の提示ともつかない詩的世界を提示する機能として働く。

　談話と文章における未来時の動詞基本形の用法の違いは、言語の機能としての情報伝達性と文芸作品としての表現性との2つの異なった側面を反映したものである。談話であっても、必ずしもすべてが未来時を表す用法ではなく、その出現率が約5割程度にとどまることは先に指摘した通りである。

〈現在〉
(43)　(浜元)ヨッチャンがこのまま来なくなるような気がする

（「芝居の神様」167-下14）

〈事実〉
(44)　(平松)ある程度、つくった内容が入るのは、仕方がないよ。いつもそこで、映画とオリジナルの問題が出る。　（「白光の森」48-下11）

　未来時用法は、談話というテクストにとっても固定的な機能ではなく、場面による重要度の高低という状況によって左右されるものである。

9. おわりに

　以上、動詞基本形の表す基本的なテンスについては、

第 1 章 テンスとモダリティとの関係 177

```
古代語（現在）　→　現代語（未来）
　　　　　　　　（テイル形（現在））
```

のように「変化した」のではなく、

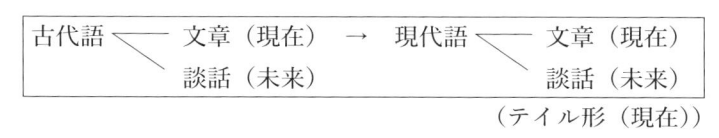

```
古代語 ―― 文章（現在）　→　現代語 ―― 文章（現在）
　　　 ＼ 談話（未来）　　　　　　　＼ 談話（未来）
　　　　　　　　　　　　　　　　（テイル形（現在））
```

のように基本形の機能がテイル形に一部「分化した」と捉えるべきである。現在時か未来時かを分けるのは時代的な要因ではなく、言語の発信者、受信者、背景状況を含めたコミュニケーションの場が特定的であるか（談話）、不特定的であるか（文章）という言語環境の違いによるものである。

注
1　いわゆる動詞の言い切りの形式には視点の違いにより「終止形」「単純形」「非過去形」等、様々な呼び方があるが、本章では「基本形」と呼ことにする。以下、本章では「動詞基本形」という用語を、特に断りなしに「ある」などを除いた動作動詞のみについての言及に用いる。また、連用形に「ます」等の丁寧語が付加したものや「よ」「ぞ」等の終助詞が付加したものも含めて扱う。
2　山口（1987）（1997）、黒田（1992）（1993）等。
3　現代語を対象とした研究では工藤（1995）、古代語を対象としたものには鈴木（1992）等がある。
4　個別例の解釈として、部分的にモダリティ（ムード）の視点からの分析を取り入れているものは見受けられるが、この点に関して体系的な考察を試みているものとしては、管見では大木（1997）が唯一の論である。大木（1997）では文の表現意図類型の観点からの分析を提唱している。
5　条件①については、発話を受けとめる聞き手の存在が前提とされるということであり、必ずしも口頭談話でなくてもよい。相手の存在を前提とし、明確に伝達を意図している手紙文などの文章資料（例：明日、お伺い致します。）や、自分で自分に言い聞かせる独白的発話（例：絶対に北極に行くぞ。）でも意志モダリティと

6 鈴木 (1992) では、次のような例について、以下のように述べている。
> (45) 宮のお前に御消息聞え給へり。「院におぼつかながり宣はするにより、今日なむ参り侍る。…」とあれば　　　　　　　　　　（葵・2・120）
> これらはアクチュアルな未来の出来事を表しているといってよいかというとそれには疑問がある。つまり、両者とも現在そういう心づもりがあるということをいっているだけだと考えることもできるのである。だとすれば、これらは、未来に起こる動作を直接に表しているのではなく、現在における意向を表しているということになるので、テンス的には非アクチュアルな現在であることになる。(p.113)

しかし、現代語の談話においても、未来の出来事は現在時における話者の予想や予定などの心づもりとして表現されるものであり、その意味では古代語の場合と基本的には同様である。この点によって、これらを未来ではなく現在であると位置づけるのは疑問に思われる。

7 会話文と地の文との関係には、いわゆる引用の際の直接話法と間接話法の問題など、会話文がどの程度実際の発話形態を反映しているのかという問題がある。例えば次のような例では、「という」が「内緒話」の内容にあたる部分を導く働きをしており、読点で区切られてはいるものの、発話が地の分に取り込まれた形になっている。
> (46) （地）幼いころ、壺屋でヨッチャンらしい人を幾度か見かけたように思う、というのがトッコの内緒話であった。　　　（「芝居の神様」170-上8）

　本章ではこのようなものも会話文と見なすが、カッコ書き等、地の文との区分を明示する指標が用いられていない場合については注意が必要であると考える。

8 本章では、事態のアクチュアリティが希薄化することを「事柄化」と呼ぶ。

9 俵万智等、古典的な様式性にとらわれない作風もあるが、そのような試みは、現時点では和歌において一般的なものとは言えない。

10 本章での「談話」と「文章」は、それぞれ、現代散文のテンス・アスペクトについてテクストの様々なタイプ別に体系的な分析を行っている工藤 (1995) で述べられている「はなしあい」と「かたり」にほぼ相当するが、本章では韻文も含めて文字による文芸作品の基盤となるスタイルを広く称して「文章スタイル」と呼ぶ。

第2章　古代語と現代語の動詞基本形終止文
―古代語資料による「会話文」分析の問題点―

1. はじめに―日本語の文末表現体系と動詞基本形―

　古代日本語の談話における言語表現の実態を探るための手がかりとして最も有力な資料は、残された物語文学における「会話文」の部分である。現代語であれば、談話録音資料をはじめとして様々な形で資料的価値の非常に高い生の会話文を収集することが可能であり、分析にあたり、音声部分の再現、及び発話者からの発話意図の追跡調査なども可能である。しかし、古代語の場合は次のようないくつもの制約が存在する。

　　1. 発話者の内省を得ることが出来ない。
　　2. 分析の対象が筆記資料に限られる。
　　3. 残された資料がどこまで当時の言語状況を忠実に表しているかという資料性の問題がある。

　1から3のような制約の中で、本章では動詞基本形に注目し、古代語の実態を明らかにしつつ古代語研究の問題点についても触れようと思う。

　日本語の文末には助動詞をはじめとする様々な形式が現れ、文の意味を成り立たせる際の重要な要素として機能している。古代語には古代語特有の助動詞類が存在し、文末表現の体系性を形作っている。現代語にも古代語とは異なる様々な助動詞類や、その他の分析的表現[注1]が存在し、それぞれの側面から文の意味を規定する機能を担いつつ、互いに緊張関係にあって一種の体系をなしている。そのような文末表現体系の中で、動詞基本形は特に述べ方を規定しない無標の形式である。無標であっても、ある時代の文末表現

体系の中に位置づけられる以上、動詞基本形にも他の文末形式との機能分担としての用法の守備範囲は存在し、その様相が古代語における場合と現代語における場合とで全く同一である保証はない。むしろ、他の文末形式が大きく変化していく中で、相対的に基本形の用法の範囲も大きく変化している可能性が予想される。本章では、古代語の物語会話文と現代語の小説会話文を資料として取り上げ、用法と実例分布を調査し、それに基づいて動詞基本形終止法の用法のあり方を比較、分析する。その結果から、古代語では他の助動詞類に対する基本形終止文の位置づけがどのようなものであるのか、また現代では、その機能分担の守備範囲がどのように変化しているのか、という問題を明らかにしたい。

また、古代語の会話文の分析には、資料において実際の会話のあり方をどこまで描写的に記述するかという記述態度の問題が重要な要因として絡んでくると思われる。この点についても、古代語と現代語の動詞基本形終止文の比較考察を通して述べていく。

2. 動詞基本形の現場（文脈）的意味についての先行研究

基本形はそれ自身、積極的に事柄のあり方や述べ方などを指定しない無標の形式であるために、実際に現れる基本形の意味は、動詞の語彙的性質や文全体の意味、更に文脈や発話の際の現場的状況などの背景的要因がすべて投影された結果として規定される。そのため、基本形が用いられる場合の表面的意味の広がりは多種多様であり、基本形の用法の全体像を非常に捉えにくいものにしている。

現代語について、このような基本形終止文の意味の広がりのあり方に注目し、分析を行っているのは尾上（1995、2000）（尾上（2001）に所収）である。一方、古代語についての研究では、小島（1995）や大木（1997）などがある。以下に三者の分類を示し、それぞれの問題点について述べる。

2.1. 現代語—尾上（1995、2000）

　平叙文における基本形終止文の意味用法について、尾上（1995）（2000）（尾上（2001）pp. 394–398）では次のように整理している。

(A) 時間性を持つ用法
  1. 状態動詞が現在をあらわす
  2. 運動動詞（認識・思考動詞、遂行動詞、「〜ていく」「〜てくる」）が現在をあらわす
  3. 運動動詞、状態動詞が未来（予定、確かな予測、自分の意志・意向）をあらわす
　　　　　　　　（１）　船はあす午後神戸につく。（予定）
　　　　　　　　（２）　あいつはきっと偉くなる。（確かな予測）
　　　　　　　　（３）　わしは一人で行く。（自分の意志、意向）
  4. 物語中の歴史的現在　（例文なし）
  5. 日記、記録の中での過去の事態　（例文なし）
(B) 時間性から解放されている用法
  6. 問い返し　　（４）　金魚がミルクを飲む？
  7. 提示　　　　（５）　ずうずうしい奴が得をする。それは人間の世界に限ったことではない。
  8. 前提提出　　（６）　六十歳の人がひったくりに会う。「六十歳の老人が〜」と新聞に書くと当人から「老人とは何事」と抗議が来たりする。
  9. ト書き　　　（７）　忠治が中央に歩み出る。
  10. 発見驚嘆　　（８）　わ、人形が動く！
　　　　　　　　（９）　わ、ねずみが笑う！
  11. 眼前描写　　（10）　ごらん、朝日がのぼる。
  12. 詠嘆的描写　（11）　雨はふるふる城ヶ島の磯に
　　　　　　　　（12）　はるかクナシリに白夜は明ける
  13. 詠嘆的承認　（13）　愛は地球をすくう。

(14) 言葉はこのように人を傷つける。
(15) ウーン、やっぱりあのことが致命傷になる！
14. 真理・習慣・習性・傾向　（例文なし。）
15. 要求　　　（16) さっさとすわる！
16. メモ　　　（17) 歯ブラシを買う。履修届を出す。
17. 受理　　　（18) 飛車を捨てて、角道をあける。なるほどね。
18. 列記　　　（19) サイフをおとす。足を踏まれる。会社に遅れる。今朝はさんざんだった。
19. 標題　　　（20) 武村氏調整に動く。
(21) カルメン故郷に帰る。

　基本形の用法を整理するための視点として「時間性の有無」が取り上げられていることが注目される。具体的な用法が詳細、かつ網羅的に分類されているが、古代語の分析では、現代語と比較して詳細な分類が難しい点があり、現代語の分析方法をそのまま適用することが適切ではない場合も多い。(注2) 古代語の分析に適した分類枠組みを検討する必要がある。

2.2. 古代語——小島(1995)、大木(1997)

　小島(1995)では中古仮名文学作品を資料に終止形終止文の用例分布を調査し、述語の語彙的性質に以下のような偏りが見られることを示している。挙げられている用例の一部を示す。かっこ内の数字は日本古典文学大系の頁を示す。

1. 存在を表す　　　（22) たえぬとみましかば、かりに来るにはまさりなましなど、おもひつゞくるをりに、ものしたる日あり。
(かげろふ日記・上 120)
2. みゆ・きこゆ・おぼゆ　（23) 匂欄におしかゝりつゝ、若やかなるかぎりあまた見ゆ。　（源氏物語・野分③ 53)

3. 自然現象を表す文　（24）　六日のつとめてより雨はじまりて、三四日ふる。（かげろふ日記・下279）
4. 発話・心内語をうける場合――「と」をうける語
　　　　　　　　　　　（25）　我、にしききてとこそいへ、ふるさとへもかへりなんとおもふ。
　　　　　　　　　　　　　　　　　　　　　　（かげろふ日記・中173）
　　　　　　　　　　　（26）　守も出て来て、「女などの御方違こそ。夜深くいそがせ給ふべきかは」などいふ。（源氏物語・帚木①98）
5. 移動動詞・授受動詞　（27）　ちりばかりのものも残さずみな持て往ぬ。　　　（大和物語・157段）
　　　　　　　　　　　（28）　内裏のみかど、御衣ぬぎて、賜ふ。
　　　　　　　　　　　　　　　　　　　　　（源氏物語・藤裏葉③205）
6. す　　　　　　　　　（29）　午の時に、空晴れて朝日さしいでたる心地す。　　（紫式部日記451）
7. 補助動詞と敬語　　　（30）　人々おどろきて（中略）鼻を忍びやかにかみわたす。（源氏物語・須磨②39）
　　　　　　　　　　　（31）　親王よろこばせたまうて、夜の御座のまうけさせ給。　（伊勢物語・78段）
8. その他
複数の主語による動作、あるいは、単一の主語による複数回の動作であることが、文中の他の要素からはっきりわかる場合
　　　　　　　　　　　（32）　相人驚きてあまたゝび傾きあやしぶ。
　　　　　　　　　　　　　　　　　　　　　　（源氏物語・桐壺①44）
ある程度の時間的幅を持つ事態であることが副詞などで示されている場合　　　　　　　　　（33）　ひひとひ、よもすがら、かみほとけをいのる。（土佐日記 承平五年二月二日）
語彙的意味として、その表す事態が（動作動詞でも）ある程度の時間幅を持った事態であるような動詞

(34)　まことに、斧の柄も朽ちたいつべう思いつゝ、日を暮らす。

(源氏物語・胡蝶② 396)

具体例を基に網羅的に列記されているが、記述の体系性に欠き、また、なぜこれらのケースに用例が偏るのかという、現象に対する意味づけや解釈についてはすべて今後の課題とされている。

　また、大木(1997)では「表現意図」という観点から、基本形の意味用法の広がりをテンス・アスペクトの問題と結びつけて体系的に捉えようと試みている。古代語の基本形終止文に見られる表現意図として以下の6つが挙げられている。

①知識表明文　(35)　春日山雲井隠れて遠けれど家は思はず君をこそ思へ

(『拾遺集』巻十九 雑恋 1244)

②判断実践文　(例文なし。)

③疑問文　(36)　人やふと来る　　　　　　(『落窪物語』)

④意向表出文　(37)　「侍従殿やおはします。ほととぎすの声聞きて、いまなん帰る」といはせたる、

(『枕草子』九十九段 p.151)

⑤宣言文　(38)　「長く思ひたまはば、のたまふことに従ひたまへ」と言へば、「さかし。我もさ思ふ」とて、

(『落窪物語』巻二 p.186)

⑥要求表出文　(「命令」「依頼」など、という説明のみで、例文なし)

しかし、これらは「仮の見通し」であり、語用論的な面での詳しい検討は今後の課題とされている。

　大木の言う「表現意図」は尾上(1995、2000)の分析視点とは全く異なる概念である。具体的な意味用法の分析に踏み込んでいないため、分析のための枠組みとして有効かどうかは検討の余地がある。

　以上のように、古代語の動詞基本形の用法の全体像を体系的に整理、分析した先行研究はまだないのが現状である。従って現代語との対照について

も、体系的な比較はいまだなされていない。

3. 分類の視点——動詞基本形とテンス・アスペクト

　分析にあたって、古代語と現代語の動詞基本形については、多くの先行研究が論じてきたテンス・アスペクトに関する問題がある。以下、前章でも述べたように、現代語では、通常、状態動詞の基本形は現在存在している状態を表し、動作動詞の基本形はこれから生起する事柄を表すため、動作動詞述語の表す内容が意志的にコントロール可能な事柄であり、かつ主体が一人称である場合には、意志の意味が生じることになる。

(39)　明日、北海道に{<u>行く</u>／<u>行こう</u>}。
(40)　私が荷物を{<u>持ちます</u>／<u>持ちましょう</u>}。

　一方、古代語では、通常、動作動詞の基本形は、現在存在している事柄（既に生起している事柄）を表すとされているため、たとえ動作動詞述語の内容が意志的にコントロール可能なものであり、かつ主体が一人称である場合でも、意志の意味は生じないはずである。ところが、実際には、次のように意志と解釈出来る例が存在する。

(41)　（帯刀）たゞいま<u>對面す</u>とて、出でていぬれば　　　（落窪 55-11）
(42)　（源氏）中なかうき世のがれ難く、思ひ給へられぬべければ、心強く思
　　　 ひたまへなして、いそぎ<u>まかで侍り</u>と、きこえ給ふ。
　　　　　　　　　　　　　　　　　　　　　　　　　　（源氏・須磨 2-17-10）

　このような例は、古代語におけるテンスの異例とされ、様々な解釈が試みられてきた。[注3]
　このようなテンス上の相違を「非過去」の枠内としてさほど重要視しない桜井（1978）や鈴木（2001）のような立場もあるが、アスペクトの面では、古

代語が不完成相であるのに対して、現代語は完成相であるという見解が一般的であり、古代語から現代語にかけて、基本形のアペクト的性質が変化したと考えられている。しかし、その背景や過程の解明は、今後の課題として残されている。

このような問題があることを踏まえ、本章では大枠として、テンス・アスペクト的に一義的な説明が可能と思われる用法をA、B、Cとし、それらと同一のレベルでの分析が困難な用法をD、Eとする。内容の詳細は第5章で述べる。更にそれぞれの下位分類として具体的な意味用法を記述していく。そして最後にD、E用法の分析結果を踏まえて、A、B、C用法に対する再解釈を行うことにする。

4. 考察対象範囲

本章では、古代語の物語類における会話文を分析の対象とする。語りの文章と会話文とでは、テンス・アスペクトの現れ方が質的に異なることが工藤（1995）や鈴木（1999a）などで既に明らかにされている。同様に、詩歌の場合もテンス・アスペクトの現れ方が会話文とは異なることが土岐（1999）で明らかにされており、これらの性質的に異なるテクストは本章では扱わない。また用例採取にあたっては、肯定平叙文の終止用法に限ることとし、否定文、疑問文、反語文などは除く。よって、先に挙げた尾上（1995、2000）の用法6と12、大木（1997）の用法③は本章では除外する。

4.1. 動詞基本形の定義

動詞基本形の定義は研究者ごとに異なっている。終止形終止のみを指す場合もあるが、終助詞下接例や待遇表現が付加した例までをも含む場合が多いようである。古代語についての分析では、大木（1997）や鈴木（1992）などが「助動詞類のつかない形」を原則とし、係り結びも含めた連体形及び已然形終止や、更に待遇表現や終助詞下接のものも含めている。テンス・アスペクトに限定した分析を目的とする場合は、このような概念定義でも問題はない

かも知れない。しかし、基本形の現場的意味用法の全体像を捉えようとする場合、基本形終止と係り結びや連体形・已然形終止の表現性との関連が明確でない点が問題となる。

仁田(1984)では係り結びと伝達のムードとの関連性が指摘され、また、森野(1992)でも係助詞「ぞ」と判断のムードとの関連性が検証されている。現場的意味用法の解釈には、これらのいわゆるムードと言われる概念が大きく関わってくる。また、重見(1999)では、係り結びによって担われていた表現効果と現代語のノダ構文とが対応している場合があることが指摘されている。従って、現代語の「助動詞や他の形式を伴わない形」としての動詞基本形に対応するものは、古代語においては「係り結びを含めない終止形終止法のみ」とするのが最も適切であろう。

また、現代語の終止形は古代語の連体形を祖としているが、終止形終止法に特徴的に見られる恒常的事実を表す用法(「日は東から昇って西へ沈む」など)が古代語連体形終止法には見られない。このような明かな用法の異なりがあることから、終止形終止と連体形終止を同列に論じることは適切ではないと思われる。同様に已然形終止も本章での考察対象範囲には含めない。

また、動詞の種類については、本章では動作・変化動詞のみを扱うこととする。「あり」「をり」などの存在詞や「見える」「思う」などの心理、感覚、思考動詞類は、いずれも基本形終止文で現在の状態を表す点で、古代語と現代語で違いがない語彙グループである。このようなものは、通常の動作・変化動詞とはテンス・アスペクト的な振る舞いが異なるため、論が煩雑になることを避けて考察対象から除く。(注4) よって先に示した小島(1995)の1、2、4は本章では扱わない。

また、待遇表現や終助詞の下接例については、分析の際には特に区別をしない。(注5)

4.2. 分析資料

古代語

「竹取物語」「伊勢物語」「大和物語」「堤中納言物語」「落窪物語」(以上、

岩波大系）

「源氏物語」（新大系）

「寝覚物語」（関根慶子、小松登美 1972『増訂寝覚　物語全釋』学燈社）

現代語

「声の巣」「無明」「白光の森」「月の満足」「学校ごっこ」「眠る女」「この人の闕」「トカゲ」「敦子の二時間」（以上、日本文芸家協会『文学 1996』講談社）

「水の面」「蛇を踏む」「漂う箱」「カントの憂鬱」「他人の夏」「芝居の神様」「天から石が」（以上、日本文芸家協会編『文学 1996』講談社）

5. 古代語・現代語の基本形意味用法の比較分析

分析にあたって、基本形の用法を以下のように分類する。

Ⅰ. 事態の具体性・個別性がなく、テンス・アスペクト的な対立から自由なもの

　A. 恒常

　　　a1 肯定的（中立的）評価事実　a2 否定的評価事実　a3 体言的用法

Ⅱ. 事態の具体性・個別性があり、少なくともテンス的対立を有するもの（C. 現在の c4 習慣や c5 複数主体行為ではアスペクト対立は中和する）

　B. 未来

　　　b1 意志　b2 単純未来　b3 命令

　C. 現在

　　　c1 遂行　c2 挨拶　c3 行為説明　c4 習慣　c5 複数主体行為　c6 現在状況

　D. 過去

　　　d1 物語現在　d2 パーフェクト的過去

Ⅲ. 本来は事態の具体性・個別性があるが、発話時現在での話者の評価や解説を行うことを主目的とするため、結果的に事態の具体性・個別性が失われ、テンス・アスペクト対立が中和したもの

E. 評価・解説
　　e1 評価　e2 解説

以上の用法分類により、古代語と現代語の分布状況を示したのが次の表1、表2、表3である。

資料の総量は古代語の方が現代語より圧倒的に多いのだが、用例総数は現代語の方が多い。基本形終止文は、現代語の方により頻繁に現れると言えよう。

分類にあたっての個々の用例の解釈には異論があることが予想される。判断上の揺れが生じる可能性のあるものについては、可能な限り実例を挙げて

表1　古代語と現代語との用例分布

用法＼資料	古代	現代
A　恒常	5	15
B　未来	9	104
C　現在	50	30
D　過去	30	0
E　評価・解説	25	2
計	119	151

表2　古代語動詞基本形終止文用法別分布

作品	用法	A a1	a2	a3	B b1	b2	b3	C c1	c2	c3	c4	c5	c6	D d1	d2	E e1	e2	計
古代語	竹取	2	0		0	0		0	0	2	0	0	0	5	1	2	0	12
	伊勢	0	0		0	0		0	0	0	0	0	0	0	0	0	0	0
	大和	0	0		0	0		0	0	0	0	0	2	0	0	0	0	2
	落窪	1	0		4	4		0	1	1	0	1	8	0	2	8	0	31
	源氏	0	2		1	0		2	5	2	4	0	15	7	6	9	4	57
	堤中	0	0		0	0		0	0	0	0	0	0	2	1	0	0	3
	夜の	0	0		0	0		0	0	0	1	0	6	0	6	1	1	15
	小計	3	2		5	4		2	6	5	5	1	31	14	16	20	5	119
	計		5			9				50					30	25		

表3 現代語動詞基本形終止文用法別分布

作品 \ 用法	A a1	A a2	A a3	B b1	B b2	B b3	C c1	C c2	C c3	C c4	C c5	C c6	D d1	D d2	E e1	E e2	計
声の	0		0	3	1	0	0	0	1	0		0			0	0	5
無名	0		0	1	3	0	1	1	0	0		0			0	0	6
白光	1		0	2	2	0	0	0	0	1		0			0	0	6
月の	2		0	0	0	0	0	0	0	0		0			0	0	2
学校	0		0	5	0	2	0	0	0	0		0			0	0	7
眠る	0		0	5	0	0	0	0	0	0		0			0	0	5
この	1	1	1	2	1	0	0	1	0	2		4			1	0	13
トカ	2		1	5	5	2	0	1	0	0		1			0	0	17
敦子	0		0	5	0	0	0	1	0	0		0			0	0	6
水の	0		0	9	1	0	0	0	1	0	1	0			0	0	12
蛇を	3		0	2	0	0	0	0	0	0		0			0	0	5
漂う	0		0	1	0	0	0	0	1	2		0			0	1	5
カン	0		0	2	3	0	0	0	0	0		0			0	0	5
他人	3		0	11	11	0	1	1	0	3		0			0	0	30
芝居	0		0	0	2	0	0	0	0	0		0			0	0	2
天か	1		0	6	12	0	3	2	0	0		1			0	0	25
小計	13		2	59	41	4	5	8	2	9		6			1	1	151
計	15			104			30						2				

判断の根拠を示す。以下、各用法ごとに古代語と現代語の比較考察を行う。

5.1. A. 恒常用法

現代語では、自然現象、また人事や性質など、様々な内容の例が見られる。

(43) （ベランダに出たひとり）満月の夜には、なにかが<u>起こります</u>よ

（月の 54 上 -15）

主張の根拠となる理由を述べるなど、肯定的評価態度を伴うか、あるいは特に評価を付随させないニュートラルなものがすべてである。また、次のよう

に、指示詞でうける体言的用法も見られる。

(44) (ヒラノウチさん)生き物を育てるには、あれですのよ、愛情。それだけですわね。愛情をもって餌をやり、愛情をもって見守る。これに尽きますわ。　　　　　　　　　　　　　　　　　　　（トカ173下-16）

　ところが、古代語では、内容が人事に限られ、自然現象やその他の性質などの、典型的な恒常的事態の例が見られない。また、非難の意を込めた否定的評価態度を伴う例が目立つことが特徴である。

(45) (左馬頭)なよびやかに女しと見れば、あまりなさけに引きこめられて、取りなせばあだめく。　　　　　　　　　　　　（源氏・帚木1-39-15）
(46) (左馬頭)ひたすらにうしとも思ひ離れぬ男聞きつけて涙落とせば、使ふ人、古御達など、「君の御心はあはれなりけるものを。あたら御身を」など言ふ。　　　　　　　　　　　　　　　　（源氏・帚木1-42-10）

　(45)と(46)は、体験談を世間一般にありがちな事例として挙げることで、事態の個別性が希薄化している。これらの例は、後述するEの評価・解説用法に近いが、E用法との違いは、一般的な事態としての不特定性を付与される(＝A用法)か、あくまで具体的な特定の出来事の叙述にとどまる(＝E用法)かという点である。このように否定的評価態度を伴う場合は、発話意図の焦点が事態そのものの叙述から、否定的評価態度の表明へとシフトしやすい。その結果、事柄は具体性を失い、素材的概念表示としての性格を帯びることになる。
　肯定的評価態度を伴う恒常的事態を表す文は、しばしば「〜するものだ」「〜して当然だ」のような義務や当然といった積極的主張を表すことがある。古代語においてそのような意味を表す形式の1つに「ものなり」文が挙げられる。以下、「ものなり」文と動詞基本形終止文とを比較し、両者の相違点を指摘する。

192　第 3 部　動詞基本形を用いた意志表現

　東辻（1972）では、源氏物語における「ものなり」文には、会話文文末部の場合、次の 6 つの用法があるとされている。

　　①判断の根拠を示す　②願望の根拠を示す　③要求の根拠を示す
　　④当為・規範の提示　⑤あらたに話題を起こす
　　⑥具体的体験からの普遍性確認・発見を示す

以上の 6 つの内①から④までは、次のように、話し手が反対意見を持つ者に対して、自らの行為や要求を通そうとする場面で用いられるものである。

（47）　みこたち大臣の御腹といへど、なほさし向ひたる劣りの所には、人も思ひおとし、親の御もてなしも、えひとしからぬものなり。まして、これは、やんごとなき御方々に斯かる人出で物し給はば、こよなく消たれ給ひなむ。程々につけて、親にも一ふしもてかしづかれぬる人こそ、やがておとしめられぬ初とはなれ。（薄雲 233-13）〔明石尼→明石上〕
　　　　　　　　　　　　　　　　　　　　　　（東辻 1972、p.5）
（48）　罪に当ることは、唐土にもわがみかどにも、かく世にすぐれ何事にも人に殊になりぬる人の、必ずあることなり。（中略）この君のとまり給へる、いとめでたし。かく女は心を高くつかふべきものなり。おのれかかる田舎人なりとておぼし捨てじ。（須磨 47-14）〔明石入道→北方〕
　　　　　　　　　　　　（東辻 1972、p.7、中略は土岐による）

　東辻（1972）で類例も含めて挙げられているおよそ 30 の用例の内約 3 分の 2 の 19 例が、このような説得の場面での主張の根拠として用いられている。
　ところが基本形終止文は、次の（49）以外はすべて、聞き手に対する行為要求や説得とは無関係の文脈で現れる。

（49）　（翁）この世の人は、おとこは女にあふことをす、女は男にあふ事をす。　　　　　　　　　　　　　　　　　　　　　　（竹取 32-3）

更に(49)は、翁から姫へ結婚の勧めを行う説得的場面であるが、翁は養育者ではあるものの、変化の者であるかぐや姫に対して、立場的に明確な上位者とは言い難い。それに対して「ものなり」文の場合は、東辻(1972)によると、明石尼→明石上、源氏→紫上、明石入道→北の方など、明らかに支配的立場にある者から影響下の者へ、という関係での使用が目立つ。この点からも、動詞基本形終止文は「ものなり」文ほどの強い主張を持たない表現であると位置づけられる。

5.2. B. 未来用法
　第三者の行動の予定や、意志性を持たない自分の将来など、単純未来と解釈出来るものが意志の例と同数程度存在する。

(50)　(衛門督)さりとも消息してあるやういひてんと、待ちて物もいはざりつるを、明日渡るとなん聞く。　　　　　　　　　　(落窪 3-172-1)
(51)　(中納言)我は老い痴れて、おぼえもなく成り行く。かの君は、只今大臣になりぬべき勢なれば、いとど答し難し。　　(落窪 2-147-9)

　従来の先行研究では、古代語においては、未来の事柄を表す文はほぼすべて意志を表す文であるとされ、そこから意志表明という行為の意味構造上の特徴により、テンス・アスペクト的に例外的な意味が生み出されるという解釈がなされていた。しかし、単純未来の意味が基本にあり、その上に、一人称、かつ意志的動作動詞という2つの条件が加わった場合に意志の意味が生じるという意味上の構造から考えると、意志の例が存在する場合には、同時に未来の例も存在すると考える方が自然である。今回の調査結果はそれに沿った実態を示している。しかし、次の二点が問題となる。
　1. 単純未来の例は落窪物語に限られている。
　2. 意志と単純未来では、現れる動詞の種類に傾向差が認められる
1について、意志の場合も5例中4例が落窪物語であることから、落窪物語に未来用法が偏っていることは否定出来ない。これは単なる偶然であるの

か、あるいは、落窪物語の筆者の個人的な言語事情などが反映した結果であるのか、現時点では明確な答えは出せないが、落窪物語の資料性の問題とも絡めて更に考察を行う必要がある。2について、意志では、動詞は「申す」「まかづ」「奉る」「対面す」「しおく（＝しておく）」と多岐にわたっているが、単純未来では、「なりゆく」の一例以外はすべて「渡る」であり、移動動詞に偏っている。これはどのように解釈すべきであろうか。

　尾上（1997）では、古代語の動詞基本形は「現実事態構成の叙法」であるという位付けがなされており、それによると、未生起の事柄の叙述は「非現実事態仮構の叙法」である助動詞「む」の領域であることになる。しかし、未生起の事柄が自らの意志的コントロールの下にあるものである場合、発話者にとって、その実現は確実性の高いものであり、現実事態構成の叙法である動詞基本形を拡張的に用いて表現することも可能である。一方、自らの意志的コントロールがきかない場合は、移動動詞のように、事態の実現の予兆が、行為主体の様子や態度などから外面的に観察出来る典型的なケースに限って拡張が行われたのではないだろうか。このような解釈により、調査結果を矛盾なく説明出来ると思われる。

　また、基本形による命令用法が古代語に見られない点については、活用形としての命令形の機能の変化が要因であると思われる。現代語では命令形が待遇的に低い位置にあり、社会的に使用可能な範囲は親が子供を叱る場合など、非常に限られたものになっている。このような命令形の機能低下を補うために、現代語では様々な代替表現が発達しており、基本形による命令表現もその1つである。しかし、渡辺（1997）などにより、古代語では命令形がごく普通に会話文中に見られることが指摘されており、命令形としての機能が健全であった古代語では、代替表現としての基本形での命令用法の必要性がなかったものと考えられる。

5.3. C. 現在用法

　古代語の習慣的行為を表すタイプには、先に述べたA（恒常）用法と同様に、否定的評価態度を伴う例が見られる。

(52) （少納言）かく御おとこなどまうけたてまつり給ては、あるべかしうし
めやかにてこそ、見えたてまつらせ給はめ。御髪まゐるほどをだに、
<u>ものうくせさせ給</u>　　　　　　　　　　（源氏・紅葉 1-248-4）
(53) （源氏）いとみだりがはしき御有さまどもかな。おほやけの御近き衛り
を、私の随身に領ぜむと争ひ給よ。三宮こそいとさがなくおはすれ。
<u>常にこのかみに競ひまうし給ふ</u>　と、諫めきこえあつかひ給ふ。
（源氏・横笛 4-61-9）

　これらは主体人物の性質を述べていると解釈すれば、A（恒常）用法に分類することも出来るが、不特定の主体の一般的傾向ではなく、具体的な人物の、現在時における習慣的傾向を表しているため、C（現在）用法に分類するのがより適切である。否定的評価態度を伴う点ではE（評価・解説）用法に近接しているが、E用法との違いは、基本形で表される行為内容が、発話現場で確認されている具体的行為ではない点である。
　また、b1（意志）用法との関連が深いものに、遂行、挨拶、行為説明がある。これらは行為と同時に行為の言語化が行われるタイプの用法で、すべて現代語にも同様の例が見られる。

c1　遂行
(54) （右方）くら持の皇子の、まことの蓬莱の深き心も知りながら、いつはりて、玉の枝に、瑕をつけたるを、あやまちと<u>なす</u>
（源氏・絵合 2-179-16）
(55) 出がけにしゃがみこんで地蔵さんに　（老人）留守を<u>頼みます</u>　と拝んでいた。　　　　　　　　　　　　　　　（天から 235 上 -6）

c2　挨拶
(56) くだ物、とり寄せなどして、（女房）<u>物け給はる</u>。これ　など、起せど、おどろかねば、　　　　　　　　　　　（源氏・宿木 5-123-9）
(57) 洋介はもう一度お辞儀をして靴と靴下を脱いで裸足になり、傾いた祠の中にもぐり込んだ。
（洋介）すいません。<u>失礼致します</u>　洋介は口に出して言った。そして

奥の扉を開けた。　　　　　　　　　　　　　（天から248上-18）
c3　行為説明
(58)　(和泉守の妻からの文)(前略)さはし物し給ふらむ。几帳奉る　とて、紫苑
　　　色のはり綿などおこせたり。　　　　　　　　　　　（落窪66-8）
(59)　(留守番電話の録音)管理室の梅野です。至急連絡して下さい。幾度かけ
　　　てもお留守なので、メッセージ入れておきます。　（声の巣16-下19）

　以上の、意志に関連のあるc1(遂行)からc3(行為説明)までと、c4(習慣的事実)やc5(複数主体による行為)を除き、基本形終止文が現在時の状況を表していると思われるもの(＝c6)は24例ある。テンス・アスペクト的に時代的な差異が焦点となる、このc6について、以下に動詞述語の内訳を示しつつ詳しく述べる。
　①感情動詞及び感情表出行為を表す動詞：
　　　見る(＝思う)(1)、恋ふ(1)、恨む(1)、嘆く(2)、かしこまる(1)、
　　　なぐさむ(1)、泣きに泣く(1)、泣き惑ふ(1)、心を寄す(1)、(恋
　　　しく見まほしく)す(1)、悩ましげに)す(1)
　②主体変化動詞：
　　　(なり)まさる(6)
　③動作動詞：
　　　ものす(＝過ごす)(4)、過ぐす(1)、のべしじめす(1)、時に逢う
　　　(1)、いたはる(1)、ものいふ(1)、造る(1)、臥す(1)、(碁)打つ(1)

　まず①のグループは、本章で考察対象から除いた状態動詞や思考動詞や知覚動詞などの、基本形で現在の状況を表し、テンス・アスペクト的に古代語と現代語とで振る舞いが異ならないものの周辺に位置する動詞群である。感情動詞は意味的に行為の開始から終了に至る状態をアスペクト的に捉えることが難しい点で、状態動詞に近い性質を持つ。しかし、テンス的には現代語では現在の状況を表す場合にはテイル形が用いられ、古代語では基本形が現れる点で、時代に関わらず基本形で現在の状況を表せるその他の状態動詞群とは異なっている。

次に②のグループの内、次のように感情の変化を表すものは①の場合に準じて説明される。

(60) （大君）たゞ心にまかせて、あなたにおはしましつきね。ひとつ心に、たれもへだておぼすになかなか心づきなさまさる と宣ふを
(寝覚上30、298-6)

その他はいずれも容態や様子の時間に従った変化を述べている例である。

(61) （大宮）母君は、あやしきひが物に、年ごろに添へてなりまさりたまふ。
(源氏・若菜下316-10)
(62) （大納言）月頃も例ならざりつる心ちの、あやしくのみなりまさる。
(寝覚上22、235-18)

このような場合は、ある程度の長期間にわたってゆるやかに状態が持続するため、現代語でも「だんだんひどくなる」など、基本形で現在の状況を表すことが可能である。

更に③の12例は、現代語との違いが最も問題となるケースであろう。まず、「ものす(＝過ごす)」「過ぐす」は、意味的にアスペクト的な対立が見いだしにくい点で、状態動詞に近い性質を持つ。また、「のべしじめす」「時に逢う」「いたはる」「ものいふ」は、それぞれ、「自分勝手にいいようにする」「良い時勢に巡り会う」「（女房達を）良い待遇で大切にする」「（他の）男と恋人関係にある」という抽象化された意味で用いられており、具体的動作を表すものではない。同様に「造る」も「邸宅を（我が物として）造営する」という所有者然とした一連の振る舞い表し、現在時における具体的な動作を指し示すものではない。結局、現在の具体的行為を表していると見られる例は、次の「臥す」「（碁）打つ」の2例のみである。

(63) （女房）大納言は、御こゝちいとくるしげにて、御だいもまゐらずふさ

せ給ふ。　　　　　　　　　　　　　　　　　　（寝覚上 24、250-15）
(64)（小君）なぞ、かう暑きに、この格子は下ろされたる　と問へば、（御達）昼より、西の御方の渡らせ給て、碁打たせたまふ　と言ふ。
　　　　　　　　　　　　　　　　　　　　　　　（源氏・空蝉 1-85-13）

　これらはいずれも現代語ではテイル形で表現されるケースである。しかし(63)の「臥す」は、具体的な姿勢の変化としてのパーフェクトの意味と、体調が悪くて寝付いているという抽象化された意味との2つの解釈の可能性があり、実際には両者の意味が重複していると考えられる。従って、どの程度動詞性を認めてよいのか疑問が残る。また、(64)の「(碁)打つ」も、碁を行う一連の行為を表しており、具体的な「打つ」動作そのものの反復・継続相ではないことは言うまでもない。
　つまり、動詞基本形で典型的な動作・変化動詞の継続相や結果相を表しているケースは、古代語においてもほとんど見られないことになる。現代語と異なる点は、「恋ふ」「恨む」「泣く」などの感情に関わる動詞や、「過ぐす」などの、アスペクト性を持つ具体的行為が想定しにくい動詞述語の場合、現代語では「テイル」形で表されるが、古代語では基本形で表されるという点である。
　古代語では、「リ・タリ」が現代語の「テイル」のような継続的意味を表さず、完成的意味合いが強かったことが指摘されている。[注6] そのことから、しばしば、動詞基本形が動作動詞の継続相を表していたものとされるが、中古語の物語会話文における動詞基本形の用法の実態は、必ずしも「リ・タリ」との相補分布を示していない。むしろ、「リ・タリ」と同様、典型的な動作動詞の継続相を表すことはほとんどなく、感情動詞のような、アスペクト的には状態動詞に近く、テンス的には動作動詞に近い、両者の中間に属するような意味的性質を持つ動詞に現れることが特徴である。古代語では、動詞述語において継続相を取り立てて表現すること自体があまりないのであり、動詞基本形は、継続相をも含み得る未分化な表現形式として、結果的に現代語のテイル形に相当する文脈で現れる場合もあったというに過ぎない。

5.4. D. 過去用法

d1　物語現在

これは、過去の出来事を基本形で生起順に叙述していく用法である。

(65) （くらもちの皇子）<u>さをととし</u>の、<u>二月の十日</u>ごろに、難波より船に乗りて、海の中に<u>出で</u>、行かん方も知らず覚えしかど、思ふこと成らでは世中に生きてなにかせん、と思ひしかば、たゞ空しき風にまかせて<u>ありく</u>。　　　　　　　　　　　　　　　　（竹取 37-11）

　この用法について、鈴木（1999b）では、漢文訓読語の影響である可能性があるものの、単純に和文語か訓読語かという文体の差として説明することは出来ないとされている。このような用法は、現代語では、地の文（語り）にのみ見られる用法であり、会話文にはないものである。語るべき事柄の連鎖を、テンス・アスペクト・ムード的に分析しない形で生起順に提示する用法は、シナリオのト書きの文体などにも共通する。このような未分化な事柄提示用法が、地の文のみならず会話文にも認められることが、古代語の基本形終止文の特徴である。ここでは、この現象を単なる文体の部分的混入といった問題ではなく、古代語の基本形終止文の適用範囲の広さを示す、本質に関わる現象として位置づけたい。

d2　パーフェクト的過去

(66) （明石中宮）何事ももの好ましく立てたる御心なつかひ給そ。上もうしろめたげにおぼし<u>の給ふ</u>　と、里住みがちにおはしますを諫めきこえ給へば、　　　　　　　　　　　　　　　　（源氏・総角 4-421-14）

(67) （中君心内）かの人形求め給人に見せたてまつらばやと、うち思出で給おりしも、（女房）大将殿<u>まゐり給</u>　と人聞こゆれば、例の御き丁ひきつくろひて心づかひす。　　　　　　　　　（源氏・東屋 5-148-4）

　このような場合、現代語では基本形、テイル形、タ形のどれを用いても表現可能である。動詞はほぼ発話動詞か移動動詞に限られる。

発話動詞　仰す(1)、聞こゆ(2)、のたまふ(4)、申す(1)
　　　移動動詞　参る(1)、渡る(5)
発話動詞と移動動詞には、発話の場と行為の場との関係の解釈に特徴的な構造が見られる。
　発話動詞の場合、行為主体の発話をうけてその内容を聞き手に伝達することから、行為自体は既に起こっている過去のことである。この点に焦点をあてれば、現代語の場合にはタ形が相当する。しかし、発話の効力が告知場面において初めて執行されることをより重視すれば、パーフェクトとしてのテイル形が適用される。また単なる一回的行為の告知ではなく、常々そのように言うという習慣的行為としての解釈を適用するなら、基本形も可能である。(66)は、帝が匂宮の素行を嘆いていることを告知して、宮に行動を改めるよう忠告する場面であるので、現代語では、単なるタ形より現在の効力に焦点のあるテイル形の方がよりふさわしいと解されよう。また、更に宮を諫める目的を重視すれば、帝の一回的行為を伝達するという分析的な表現形態をとるより、帝の意向を全体として伝える基本形による叙述の方がより適しているとも考えられる。
　移動動詞の場合、行為のどの段階をもって移動動作が完了したと考えるかによって、選択される表現形態が異なってくる。(67)のように屋敷に客人が到着したことを女房が主人に告げる場合、屋敷の入り口を到着点と捉えれば完了としてのタ形が、聞き手のいる部屋を到着点と考えれば未生起としての基本形が選択され、更に、両者を含めて今現在聞き手のいる場所に向かって移動中であると考えればテイル形が選択される。
　発話動詞（鈴木(1999a)では通達動詞と呼ばれている）と移動動詞は鈴木(1999a)で動詞の代表として分析対象に選ばれているものである。その理由として、発話動詞は始発・動作過程・終結の局面からなる動作動詞で、移動動詞は変化・結果の局面からなる変化（動作）動詞であること、更に発話動詞は非限界動詞であり、移動動詞は限界動詞であることから、それぞれ、異なった観点で動詞を分類した場合の2つのグループにまたがっていることが挙げられている。動作・変化過程の局面のすべてを持つために、それぞれ

の局面に焦点があてられた場合、多様な解釈が導き出されることになる。また、発話動詞の発話効力の持続という特徴は、非限界動詞としての意味的性質に起因するものであると考えられる。

発話動詞と移動動詞以外の2例は次のようなものである。

(68) (僧都)あなかしこ。さらに仏のいさめ守り給真言の深きをだに、隠しとゞむる事なく弘め仕うまつり侍り。まして心に隈ある事、何事にか侍らむ。　　　　　　　　　　　　　　　（源氏・薄雲 2-234-4）

(69) まいれりし使は、いまは　いみじき道に出で立ちて、かなしき目を見ると泣き沈みて、あの須磨にとまりたるを召して、身にあまれる物ども多くたまひてつかはす。　　　　　　（源氏・明石 2-61-7）

(68)は、帝に対して仏の教えを弘める行為が過去に行われ、その結果、現在、帝は教えを体得しているはずであるという主張が、自らが帝に隠し立てのないことを裏付ける証拠として述べられていると解釈してd2（パーフェクト的過去）に分類したものである。しかし、現在も仏道を教授する間柄が継続していることから、過去から続く現在の習慣的行為ともとれる。どちらの解釈でも、現代語ではテイル形で表される。

また(69)は道中の苦難を到着後に嘆いているもので、このような場合、現代語ではパーフェクト的意味合いのタ形で表されるのが普通であろう。次に述べるE（評価・解説）用法のe1（評価）との連続性がうかがえる例である。

5.5. E. 評価・解説用法

この用法は、話し手、聞き手双方に既に認識されている事柄について、評価や解説を施すものである。情報伝達上の焦点は動詞述部の内容ではなく、評価や解説の部分にある。

e1　評価

(70) (四の君)何かとらせん。さるべき物もなければ　といらへ給へば、師、(師)いといふかひなき事しの給ふ。此の日比ありありて、ただに返し

奉らんと思しけるよ（落窪 242-16）
(71) でも珍しくないよ　ぼくが言うと、真紀さんは　あなたも<u>他人事のように言うわね</u>　と言った。（この 144-上 16）

この用法について、鈴木（1999b）では以下のような見解が示されている。
   1.　このようなケースでは、述語動詞は、過去の一回的な運動のみをとりあげているのではなく、その活動の質的な側面として評価的内容をひっぱりだすためにのみ存在しており、述語で表される活動には「できごと性」がない。
   2.　これらは、質や評価を表す修飾語や疑問詞などにかざられるという条件のなかで初めて存在するものである。
1 については妥当であると思われる。しかし、2 については、情報伝達上の焦点の位置という観点から考えると、修飾語を伴う(70)のような典型的な場合にとどまらず、質や評価を表す修飾語を伴わない場合にも、同様の意味構造を持つと考えられるものが多数存在する。

(72)　(天人の王)かぐや姫は、罪をつくり給へりければ、かく賤しきをのれがもとに、しばしおはしつる也。罪の限果てぬれば、かく迎ふるを、翁は<u>泣き歎く</u>、能はぬ事也。はや出したてまつれ。　　　（竹取 63-16）

(72)は、「泣き歎く」行為が、既に発話現場において話し手、聞き手双方に確認された事柄であり、それが非難されるべき理不尽な行動であることを述べているものである。直接の評価的表現は現れていないものの、用法的には(70)と同様に考えてよいと思われる。
　　また、この用法は、現代語ではマイナス的評価言及の場合にほぼ限定されているが、古代語では次のようにプラス的評価を伴う場合もある。

(73)　御使、仰事とて翁にいはく、(御使)いと心苦しく物思ふなるは、まことか　と仰せ給ふ。竹取泣く泣く申す。(翁)この十五日になん、月の

都より、かぐや姫の迎へにまうで來なる。<u>たうとく問はせ給ふ</u>。

(竹取61-4)

　更に「情報上の焦点がない場合」という観点を広く適用するならば、評価の枠にとどまらず、既に了承された事柄について何らかの解説を施している次のe2(解説)の場合も、この用法の一種として連続性を認めることが出来る。

e2　解説

(74)　(随身)私の人にや艶なる文はさし取らする。けしきあるまうとかな。物隠しはなぞ　と言ふ。(匂使)まことは、<u>この守の君の、御文女房にたてまつり給</u>　と言へば、言違ひつゝあやしと思へど、

(源氏・浮舟5-237-13)

　(74)は、文を届けに行くところであることが既に前述の会話で明らかにされており、誰の文かという点に焦点がある。焦点が動詞述語で表される内容にはなく、修飾部相当の内容に移っている点で先のe1(評価)と同様の構造を持っている。このようなケースでは、眼前描写のような通常の現在時状況を述べる用法とは性質が異なっており、テンスの側面から分析的に捉えることは適切ではない。現代語ではノダ構文に相当するケースである。

6.　おわりに

6.1.　分析結果と解釈

　古代語と現代語の基本形終止文用法の比較分析結果を以下にまとめる。

1. 古代語のA(恒常)用法は、内容が人事に限られており、個別的行為を述べる場合に主体を特定しないケースが拡張的に広げられたものと見られる。対して現代語では完全に個別的行為から切り離された概念そのものを示すことが可能であり、恒常的事実用法の出現率も現代語の方が高い。

2. 古代語のB(未来)用法は動詞の種類に偏りが見られ、まだ一般的ではないものの、テンス・アスペクト的に現代語と同様の例が見られる。
3. 古代語のC(現在)用法は、感情表出行為を表す動詞群の振る舞いが現代語と異なる。典型的な動作・変化動詞で発話時現在の状況を表している例はほとんど見られない。
4. 古代語のD(過去)用法は、現代語では基本形、テイル形、タ形のどれに置き換えることも可能である。
5. 古代語のE(評価・解説)用法は、現代語では「ノダ」や「〜ナンテ(ひどい)」などの他の文末表現形式を用いて表現される場合が多い。

山岡(2000)には、現代語の「-tei-」接辞には「時間的制約を写像に取り込まない(p.97)」機能があるという指摘がある。同様の機能は古代語においては無標の基本形が担っていたのであるが、それは基本形の「表現し分けない」未分化性から消極的、結果的に担わされていた機能であると考えられる。古代語の基本形の形態としてのテンス・アスペクト的性質が、不完成相から完成相へと変化したと言うのではなく、もともと基本形は分析的な「言い分け」をしない形式であった。此島(1973)にも、古代語では「動詞自体がいわば過、現、未を包含し、特に過去を回想する意の強い場合に「き・けり」を複合させるといった程度でしかない。(p.181)」という指摘がある。このように基本形の未分化性を指摘する先行研究は既にいくつか存在しているのであるが、古代語の基本形終止用法の全体像を、実例分析に基づいて体系的に捉える研究がこれまで十分に行われていなかったために、テンス・アスペクトについての研究では、この点の重要性が十分に認識されず、テンス・アスペクト的な観点からの分析になじまない例まで一律に処理してきた印象が強い。

古代語動詞基本形終止文に見られる実態は、分析的に表現し分けることを当然とする現代語のルールとは全く別の事情で言語化されている古代語の表現のあり方を示している。基本形の定義として係り結びや連体形終止の場合

などを除外したにも関わらず、古代語の基本形には、現代語のノダ構文や「〜ナンテ」などの評価的文末詞に相当する場合に現れる例が少なからず見受けられた。古代語の基本形はこれらの表現性すべてを含む未分化な表現形式として、現代語より遙かに雑多な用法的広がりを有するものである。対して、これらが別個の表現形式として確立している現代語では、特定の表現性を伴わずに事柄の概念のみを、より純化された形で提示することが出来る。すなわち先の (43) のような典型的な恒常的事態を表す場合や、(44) の指示詞でうける場合がその代表的なものである。

6.2. もう１つの解釈の可能性—古代語の「会話文」の中の「地の文」性

　前章までの分析は、古代語資料会話文に見られる基本形終止文の用法の分析結果を、基本形終止文自身の文法的、語彙的性質に起因するものとして解釈した場合である。ここで、特に D（過去）用法に注目し、別の観点からの解釈の可能性を示したい。

　d1（物語現在）について、会話文の中で過去の体験談を現在形で表現する用法は、現代語にも見られることが知られている。工藤 (1995) では、そのような用法を〈感情・評価的〉に体験を表現するものとして〈過去の出来事の記憶の生々しさ＝発話時における心理的現存性〉を表す用法 (8) としているが、そこで実際に挙げられている例は、工藤 (1995) で、評価の副詞を伴う「感情、評価的態度の表出」とされている用法 (7) に分類すべきものと思われる。用例がほとんどすべてノダ構文であることから、用法 (7) のノダ構文バージョンとして位置づけるのが妥当であろう。これらは本章では E 用法に相当する。会話文における物語現在（歴史的現在）の例として工藤 (1995) で挙げられている次の唯一の基本形の例は、他のノダ構文の例とはやや異質である。

(75)　（前略）「そうです。半分以上あったのを、もろにぶっかけたんで、胸から膝にかけて、かかりました。すると京子も負けずにコップへ手をかけたところへ、ハツ子がかかって行く。髪の毛をつかんで、引き倒

そうとする。いや、大変な騒ぎでした」(事件)(p.188)

この例は、ハツ子の行為に対する直接な感情・評価態度の表出ではなく、むしろ、工藤(1995)で「かたりのテクスト」と呼んでいる、いわゆる地の文における「体験的ノンフィクション」に近い。

(76)　(前略)「午後6時になると、二人はそれぞれのソリに犬をつなぎ始める。……　やがて、2台の犬ゾリは何となく動き出す。「オワーイ、オワーイ」と、二人は犬たちには声をかけるが、私たちには何も言わない。この部落を訪問中の、エスキモー語を話すイギリス人と立ち話をしていた私たちは、彼に「そら出発だ、置いてかれるよ」と言われ、あわててソリにとび乗る。出発らしい雰囲気は毛ほどもない。荷の積み込みを手伝っていたイトケックやイギの妻たちは、とっくに家へ引っ込んだ。」(後略)(カナダ＝エスキモー)(p.214)

　すなわち、古代語のd1(物語現在)は、現代語では、基本的にいわゆる地の文にしか現れない用法なのである。それが会話文に頻繁に見られるということは、古代語の会話文が、地の文の特徴を備えた会話文らしからぬ会話文であるということになる。
　これに関連して、仁田(2000)の「脚本のト書き部分などは、事態の概念だけを並列するもの」(p.13)という指摘が思い起こされる。事態の局面を分析せずに概念を提示するという点では、E(評価・解説)用法も同様に考えられる。また、A(恒常)用法やC(現在)用法にも、評価的態度を伴いつつ事態の概念のみを提示していると見られる例が存在した。更にB(未来)用法についても、正確には助動詞「ム」を用いて表現すべきところを事態の概念提示のみで済ませた記述態度の現れと見ることが出来る。
　すなわち、古代語と現代語とでは、表現する際の叙述態度そのものが質的に異なっていた可能性がある。現代語では、特定の述定性を帯びない基本形の表現性をむしろ積極的に利用し、他の文末形式に対して異なったものとし

て表現し分けているが、古代語では、事態の骨子のみを伝達出来れば細部まで分析的に表現する必要を認めないという表現態度が基本形に託されていたと見ることが出来る。基本形が、ノダ、〜ナンテ、テイルなどの文末表現をすべて含み込んだ幅広い文脈に現れるという本章の分析結果は、そのような表現態度の問題として位置づけられる側面を持っている。この点は、古代資料を用いた「会話文」分析の際に、実態としての言語のあり方をどこまで反映しているのかという問題に深刻に関わってこよう。基本形終止文以外の他の言語現象でも、このような側面が観察されるのかという点については今後の課題であるが、表現態度の問題は古代語研究において考慮しなければならない重要な要因の1つであると考えられる。

注

1 (可能の助動詞「れる・られる」に対する)「〜することが出来る」、(推量の「だろう」に対する)「〜かもしれない」、「〜にちがいない」など。
2 桜井 (1978) にも同様の指摘がある。
3 鈴木 (2001) では、意志表現と見られる古代語のスル形の例について、ヌ形と比較しつつ次のように述べている。
　　(77) (入道からの文)この月の十四日になむ、草の庵罷り離れて、深き山に入り侍りぬる。かひなき身をば熊狼にも施し侍りなむ。… とのみあり。
　　　　　　　　　　　　　　　　　　　　　　　　　　　　　　(源氏・若菜上)
　　(78) (御消息)院におぼつかながり宣はするにより、今日なむ参り侍る。…
　　　　とあれば　　　　　　　　　　　　　　　　　　　　　(源氏・葵)
　　(中略) ヌ形の (77) は、入道の入山は、たしかにまだ起こっていないことではあるが、十四日の予定であるとされていることから、将来に起こることが確定的な事態であり、未来の具体的な出来事が表されているものと見ることが出来る。(中略) 一方、はだかの形の (78) は、(中略) (77) のように、一定の未来の時点に位置づけられる具体的な出来事を表しているものではなく、源氏が参内の意向をもっていることを表していると解釈することも十分可能である。
　　　　　　　　　　　　　　　　　　　(pp. 33–34、傍線は土岐による。)
　鈴木 (2001) での主張は、むしろ中略部で述べられている「時間的局在性」の有

無にあるのだが、本章で注目したいのは、意志の例を未来時の出来事を述べたものと解釈せず、現在の主体の状況を述べたものと見て過程的意味のバリアントと捉えようとしている点である。(前章注6でも同様の趣旨のことを述べたが) このような解釈をとる場合、古代語と現代語とで、基本形の意志用法に対してテンス・アスペクト的に異なる解釈を与えなければならない理由は考えにくいため、現代語の談話で観察される意志の例も同様に解釈して、現代語の基本形の形態的意味も不完成相であるという解釈をとらざるを得なくなる。つまり、現代語の基本形の形態的なテンス・アスペクト的性質についても重大な見解の変更をせざるを得なくなると思われる。しかし、鈴木 (2001) ではこの点については何も述べられていないため、意志の例を現在の状況叙述であるとする解釈には疑問が残る。

4 状態動詞にも動作動詞と同様に未来を表す用法が観察されることが、尾上 (1995、2000) (2001、p.393) で指摘されている。この点については本章でも同様の見解をとる。

5 待遇表現については、現代語には「ます」しか見られない。また、古代語では、A (恒常) 用法には、対象めあての待遇表現、聞き手めあての待遇表現ともに現れず、一方、現代語では、E (評価・解説) 用法には、聞き手めあての待遇表現「ます」は現れないという特徴がある。(表4、表5、表6参照)

表6によると「ます」の下接は c1 (遂行) や c2 (挨拶) など、慣用的表現として固定化した場合に多いが、古代語でも c2 (挨拶) は全例待遇表現が付加している。それ以外の用法では、待遇表現の付加による分布の偏りは見いだせないようである。

　また、終助詞については、考察対象には含めていないが、古代語で終助詞と類似の機能を果たすものとして、間投助詞「よ」下接例が源氏に8例、落窪に1例、「や」下接例が源氏に2例、「かし」下接例が源氏に1例、「は」下接例が落窪に1例見られた。すべて E (評価・解説) 用法と同様に解釈される文脈である。

　　(79)　(源氏) いとみだりがはしき御有さまどもかな。おほやけの御近き衛りを、私の随身に領ぜむと争ひ給よ。三宮こそいとさがなくおはすれ。常にこのかみに競ひまうし給ふ　と、諫めきこえあつかひ給ふ。

　　　　　　　　　　　　　　　　　　　　　　　　　　(源氏・横笛 4-61-9)

それ以外に「～も～かな」という評価を表す例が18例見られた。

　　(80)　(葵上) 問はぬはつらきものにやあらん　としり目に見をこせ給へる、(中略) (源氏) まれまれは、あさましの御事や。「問はぬ」など言ふ際はことにこそ侍なれ。心うくもの給ひなすかな。

　　　　　　　　　　　　　　　　　　　　　　　　　　(源氏・若紫 1-172-14)

各用法ごとの絶対数が少ないため明確な傾向とは言い難いが、表7によると、現代語で終助詞下接例が無助詞を上回るのは a1 (肯定的 (中立的) 評価事実)、b2 (単

表4 古代語待遇表現下接例分布

	A	B			C						D		E		計
		b1	b2	b3	c1	c2	c3	c4	c5	c6	d1	d2	e1	e2	
S(s)	0	0	0		0	1	0	0	0	0	0	5	5	0	11
s(s)	0	0	2		0	0	0	1	0	17	0	5	10	2	37
Ks(s)	0	0	0		0	0	1	0	0	0	0	3	0	2	6
ks(s)	0	0	0		0	0	0	1	0	2	0	0	0	0	3
K(k)	0	3	0		0	5	4	1	0	1	0	1	0	1	16
k(k)	0	0	0		0	0	0	1	0	3	0	1	0	0	5
小計	0	3	2		0	6	5	4	0	23	0	15	15	5	78
計	0	5			38						15		20		

※ S＝尊敬、K＝謙譲。大文字は本動詞、小文字は補助動詞。

表5 古代語「侍り」「候ふ」下接例分布

	A	B			C						D		E		計
		b1	b2	b3	c1	c2	c3	c4	c5	c6	d1	d2	e1	e2	
侍り(1)	0	1	0		0	0	0	0	0	2	1	1	0	0	6
(3)	0	0	0		0	0	0	0	0	2	2	0	0	1	5
候ふ(1)	0	0	0		0	1	0	0	0	0	0	0	0	2	3
(3)	0	0	0		0	0	0	0	0	0	0	0	0	0	0
小計	0	1	0		0	1	0	0	0	4	3	1	0	3	14
計	0	1			6						4		3		

※カッコ内数字は主体の人称。

表6 現代語「ます」下接例分布

	A			B			C						D		E		計
	a1	a2	a3	b1	b2	b3	c1	c2	c3	c4	c5	c6	d1	d2	e1	e2	
「ます」	4		0	21	10	0	5	7	1	0		1			0	0	49
計	4			31			14						0				

純未来)、c4(習慣)であり、逆に終助詞下接率が低いのはa3(体言)、b3(命令)、c1(遂行)、c2(挨拶)、c6(現在状況)である。

　古代語で間投助詞類の下接例は、すべてE(評価・解説)用法の解釈をうけるものであったが、現代語ではE用法自体が少ないため、終助詞との関連性について

表 7　現代語終助詞下接例分布

用法 助詞	A a1	a2	a3	B b1	b2	b3	C c1	c2	c3	c4	c5	c6	D d1	d2	E e1	e2	計
わ	3		0	10	6	0	0	0	0	3		0			0	0	22
わね	1		0	2	0	0	0	0	0	0		0			1	0	4
わよ	0		0	1	3	0	0	0	0	0		1			0	0	5
わよね	0		0	0	0	0	0	0	0	0		1			0	0	1
よ	2		0	7	6	0	0	0	0	0		0			0	0	15
よな	0		0	0	0	0	0	0	0	1		0			0	0	1
な	0		0	0	1	0	0	0	0	0		0			0	0	1
がな	1		0	0	0	0	0	0	0	0		0			0	0	1
ぞ	0		0	1	3	0	0	0	0	0		0			0	0	4
さ	1		0	1	2	0	0	0	0	0		0			0	0	4
の	0		0	0	0	1	0	0	1	2		0			0	0	4
ので	0		0	1	0	0	0	0	0	0		0			0	0	1
けど	0		0	0	1	0	0	0	0	0		0			0	0	1
助詞付計	8		0	23	22	1	0	0	1	6		2			1	0	64
無助詞計	5		2	36	19	3	5	8	1	3		4			0	1	87

は判断が難しい。終助詞下接率が低い a3（体言）、b3（命令）、c1（遂行）、c2（挨拶）、c6（現在状況）については、a3（体言）は終助詞がつかないのは当然であり、b3（命令）も通常、終助詞がつかない。c1（遂行）と c2（挨拶）は慣用的な固定表現となっているものが多い点から説明出来よう。

6　野村（1994）など。

第3章　平安和文会話文における連体形終止文

1. はじめに―問題の所在

　古代日本語の連体形終止文については、山内洋一郎氏の一連の研究(すべて山内(2003)に改稿所収)に代表される記述的先行研究の蓄積があり、平安時代に、既に以下のように特別な表現性のくみ取れない連体形終止の例が存在することが知られている(山内(1992)(山内(2003)p.141)による)。

(1)　「こ六条院の踏歌のあしたに女楽にしてあそびせられける、いとおもしろかりきと、右のおとゞのかたられし。なにごともかのわたりのさしつぎなるべきひと、かたくなりにけるよなりや。…」(源氏・竹河)
(2)　「おぼしへだててほゝしくもてなせ給には、なにごとをかきこえ侍らむ。うとくおぼしなりにければ、きこゆべきことも侍らず。ただ『この御文を人づてならでたてまつれ』とて侍つる。いかでたてまつらん」といへば、　　　　　　　　　　　　　(源氏・夢の浮橋)

(1)のように主格を明示する格助詞ノが現れる場合は、構文的要請により連体形終止が多く現れることが知られており、それにより終止が連体形をとる理由が説明出来る。しかし、(2)のような例についてはそのような構文的特徴も見られず、更に、特別な詠嘆性や解説性なども感じられないため、連体形終止をとる理由が説明し難い。
　上記(2)のような例は、連体形終止の一般化という歴史的推移の流れにお

ける先駆的な例として位置づけられているようである。しかし、連体形終止が終止形終止にとって代わる現象は、室町時代末期に完成したと考えられる変化であり、平安時代のこれらの例をその直接的な走りと見るのはやや短絡過ぎる。平安時代は連体形終止による曲調表現が全盛を極めた時期であり、また文終止の基本はあくまで終止形であることを考えると、いわゆる詠嘆性や解説性のない場合の連体形終止が、同時代の終止形終止と単純に同等の表現価値を有していたとは考えにくい。

　本章では、取り立てて構文的特徴も詠嘆性や解説性も見られないと考えられる連体形終止の例にも、終止形終止と比較して一定の表現性があったものと考える。平安時代の共時態としての終止形終止や係り結び文と比較分析を行い、記述的諸特徴を再検討しつつ、その特性がどのようなものであったのかを明らかにする。また、連体形終止の表現性のメカニズムについても論じる。

2. 先行研究

2.1. 記述的考察

　平叙文における連体形終止については、大きく詠嘆用法と解説用法とが言われているが、典型的な解釈にあてはまらない例も多く、その幅広い表現性の本質をどのように捉えるかは「余情」や「強調」といった直観的・感覚的な把握にとどまっている。

　構文的特徴については、主格助詞ノ、ガをとる（山内(1963)）、あるいは接続詞や指示詞などを後接して文脈的に後に続く（山内(1959)）など、準体句を出自とするためと考えられる特徴と、上代から一貫して、疑問や強調表現あるいは感情表出の補足説明として後置され（山内(1963)）、また、問いに対する答えなど、ナリやゾなどの指定辞が現れるべき文脈に現れる（山内(1992)）という、準体句としては直接に説明出来ないと思われる特徴の両面を持つことが明らかにされている。特に後者については、単に主観的詠嘆から客観的平叙へという、古代語と近代語を特徴つける大きな時代的変遷にそ

のまま沿うものではないように思われる。

　先に述べたように、取り立てて詠嘆性や解説性のくみ取れない古代語連体形終止の例にも、やはり当時の終止形終止とは異なる表現価値があったと見るべきであり、上記の構文的特徴もそのような表現価値を反映したものとして位置づけられよう。しかし、山内（2003）では、現象の背後にある表現原理については多くを述べておらず、このような観察から導かれ得る連体形終止の表現価値の本質については更に考察の余地がある。

2.2. 原理的考察

　連体形終止に関する記述的考察の蓄積に対して、なぜ、連体形終止に終止形終止とは異なるある種の表現性が現れるのかという原理的問題については十分に議論されているとは言い難い。連体形終止の表現性のメカニズムについては「準体句の直接表出（山内（1992）（山内（2003）p. 155））」という説明に代表されるように、句的体言による終止法と位置づけて理解するのが先行研究での一致した見解である。

　この問題を正面から扱った論考としては、尾上（1982）（尾上（2001）に所収）が挙げられる。尾上（1982）では、連体形終止文の表現性の出自を、名詞一語文が感動表現になるメカニズムと同様に捉えており、平安時代の連体形終止文について、和歌に見られる詠嘆的な「擬喚述法」と、会話文に見られる説明・解説のタイプとに分けて論じている。そして、両用法ともに、句的体言によって伝達内容の核心部のコトを言語化するという点から、曲調表現としてのある種の情意性が結果的に導き出されるものであるとしている。

　しかし、連体形終止には、後に詳述する次のような諸特徴が存在する。
　1. 述語動詞の分布が感情・思考・知覚動詞に著しく偏る。
　2. 形容詞述語についても形容詞の種類に一定の偏りが見られる。
　3. 過去・完了の助動詞に多く、断定の助動詞ナリには現れない。

　これらの内いくつかは、既に先行研究によって指摘されているものであるが、用例を示しつつその多少を経験的に指摘するにとどまっており、統計データに基づいた明確な数値の形で提示したものはない。そのため原理的考

察においては、これらの諸特徴が何を意味するのかということに対して、十分な考慮がなされていないように思われる。これらの諸点が原理からどのように有機的に関連づけて説明されるのかという課題が残されている。

3. 本章の分析対象範囲

　本章では平安和文資料における会話文中の平叙文を考察対象とする。連体形終止は会話文や引用句末に多いことが山内（1959、1992）により指摘されており、会話文は表現の多様さで地の文や定型化された韻文より優る。疑問文や反語文は、構文的に平叙文とは異なる特殊な機能を持つため今回は除外する。

　連体形終止の分析では、比較対象として終止形終止とともに連体形結びの係り結びが扱われることが多い。本章でも連体形終止と終止形終止との比較分析を中心に、ナム、ゾ共起の係り結びについても参照しつつ分析を行う。已然形係り結びは逆説的後件の存在を暗示するなどの特殊な意味を表すことを考慮し本章では扱わない。

　「〜給ふ」「〜侍り」などの待遇表現の助動詞・補助動詞が後接した例も含めて扱うが、文末間投助詞ヨ、ヤ、カシ、カナはそれ自身で詠嘆的表現性を持つため、これらの後接した例は除外する。

【分析資料及び使用テキスト】
　　『竹取物語』『伊勢物語』『大和物語』『堤中納言物語』『落窪物語』『源氏物語』『宇津保物語』
　宇津保物語はおうふう「うつほ物語全」、大和物語は岩波大系、その他は新大系による。また、諸本の校異で述語の形態に異同があるものはすべて対象から除外した。

4. 助動詞を伴わない動詞述語文
4.1. 述語動詞の意味的性質による分布

　終止形終止と連体形終止とでは、述語動詞の意味的性質別分布が大きく異なる（表1及びグラフ）。

　終止形終止は存在詞が70%と最も高く、一方、連体形終止は感情・思考・知覚動詞が60%と最も高い。また、係り結びは感情・思考・知覚動詞の比率が高い点で連体形終止とほぼ同様の数値を示すが、存在詞の比率が連体形終止の二倍程度多い点で終止形終止に近づく。全般に係り結びは終止形終止と連体形終止の中間的様相を示していると言えよう。しかし個々について見れば、ナム共起と文中ゾ共起がほぼ同様の傾向を示すのに対し、文末ゾ共起は他のどの形式とも異なる特異な分布を示すなど、違いが見られる。

　感情・思考・知覚動詞の全436例中の内、374例が一人称主体であり、32例が知覚としての「見ゆ」「聞こゆ」など、文構造上の主体は三人称であっても意味的には一人称の知覚によるものである。

　存在詞と一人称主体の感情・思考・知覚動詞は、現代日本語でも終止言い切り形で現在時の状態を表し、テンス・アスペクト的に動作・変化動詞とは異なる振る舞いをすることで一致する。しかし、存在詞が事柄の時間的展開を前提としない脱テンス的性格を持ち、かつ多くは外面的に第三者にも把握が可能なものであるのに対し、感情・思考・知覚動詞は時間的に移りゆくことを前提とした現在時の状態を述べるものであり、かつ内面的で第三者には把握が不可能であるという点で、両者の意味的性質は大きく異なる。発話者と聞き手との関係で、存在詞文においては情報は発話者はもとより、多く聞き手にも開かれたものであるが、一人称の感情・思考・知覚動詞文においては発話者にしか当該情報の確定権がない。現代日本語で三人称主体の感情・思考・知覚を表す場合は〜ミタイダや〜ガルなどの接辞を付加しなければならないという文法的制約が存在することが知られているが、これらは外面的状況描写により間接的に内面を述べるものである。従って、主体である当事者が、そのような外面的状況に反して異なる内面的事実を主張した場合に

表1　活用形ごとの述語動詞意味的性質別分布

	終止	終止・連体同形	連体	ナム共起	ゾ共起 文中	ゾ共起 文末
動作・変化	41	192	19	95	11	13
	21%	63%	31%	20%	25%	65%
存在	134	40	6	97	8	5
	70%	13%	10%	21%	18%	25%
感情・思考知覚	17	74	37	281	25	2
	9%	24%	60%	59%	57%	10%
合計	192	306	62	473	44	20
	100%	100%	100%	100%	100%	100%

*動作・変化動詞の「同形」には補助動詞の「侍(計6例)」も入れてある。
*存在詞の「同形」には本動詞の「侍(計5例)」も入れてある。

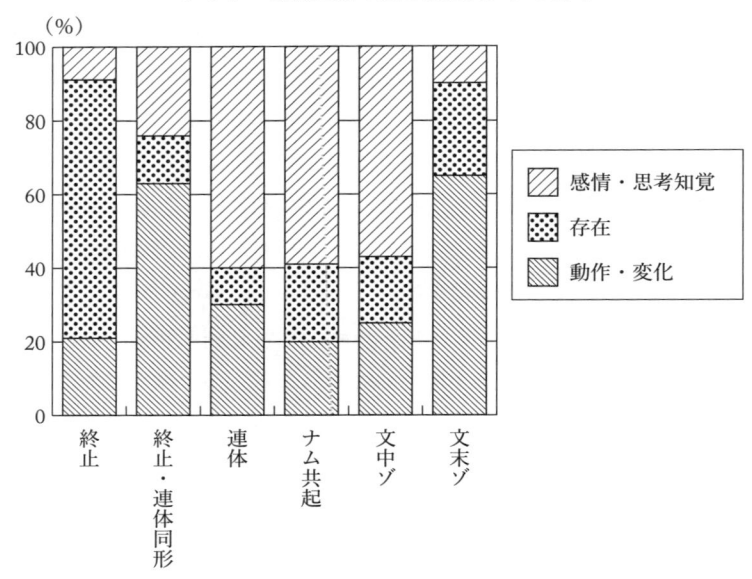

グラフ　動詞述語の意味的性質による分布

は、第三者がそれに対して異議を差し挟むことが出来ない。一人称の感情・思考・知覚は、発話者にしか情報の直接的アプローチ手段がないという点で、発話者側がいかなる場合にも聞き手側より優位に立つ。

このように、情報内容に関する確定権が常に一方の側にあり、もう一方は示された情報内容を否定することが出来ない状況にあることを、本章では情報の「絶対的優位性」と呼ぶ。

4.2. 動作・変化動詞文の文内容

次に、動作・変化動詞文の文内容を時間性の観点から以下のA〜Eに分類し、結果を表2に示す。また、それぞれの具体的下位用法をa1〜e2として例示する。

Ⅰ．事態の具体性・個別性がなく、テンス・アスペクト的な対立から自由なもの
　　　A 恒常　　a1 肯定的（中立的）評価事実　a2 否定的評価事実
Ⅱ．事態の具体性・個別性があり、少なくともテンス的対立を有するもの（C現在のc4 習慣やc5 複数主体行為ではアスペクト対立は中和する）
　　　B 未来　　b1 意志　　b2 単純未来
　　　C 現在　　c1 遂行　c2 挨拶　c3 行為説明　c4 習慣　c5 複数主体行為
　　　　　　　　c6 現在状況
　　　D 過去　　d1 物語現在　d2 パーフェクト的過去
Ⅲ．本来は事態の具体性・個別性があるが、発話時現在での話者の評価や解説を行うことを主目的とするため、結果として事態の具体性・個別性が失われ、テンス・アスペクト対立が中和したもの
　　　E 評価・解説　　e1 評価　e2 解説

後述するように、終止形終止は最も用法の幅が広い。上記の分類すべてに用例があるのは、終止形終止とナム共起のみであり、連体形終止やゾ共起係り結びは前二者と比較して用法が限定的であるという特徴を持つ。そのため、便宜上、ここでは終止形終止文を用いて各用法の典型例を以下に示し、連体形終止及び係り結びの具体例については本論中で述べる。
A　（3）（翁）この世の人は、おとこは女に婚ふことを<u>す</u>、女は男に婚ふ事

をす。　　　　　　　　　　　　　　　　　　　（竹取 8-5）

(4) ⁽大殿⁾胡麻は、油に絞りて売るに、多くの銭出で来。

（宇津保 2-88-5）

B (5) ⁽仲忠⁾かの御迎へに参り侍り。　　　（宇津保 15-616-15）

(6) ⁽地⁾源宰相、伏し沈みて、「死ぬ。死ぬ」と、天の下に惜しまれつつ、籠り臥して、思ひ嘆きて、かく聞こえたり。

（宇津保 6-238-10）

C (7) ⁽阿闍梨⁾年あらたまりては、何ごとかおはしますらん。御祈りはたゆみなくつかうまつり侍り　　　（源氏・早蕨 5-4-12）

(8) ⁽少納言⁾たゞいまなりいで給なんと人〴〵褒む。　（落窪 1-73-13）

D (9) ⁽天人⁾この三十の琴の中に、声まさりたるをば、我名づく

（宇津保 1-14-15）

(10) ⁽弾正の宮⁾『御心地苦し』とのたまはす　などのたまへば、

（宇津保 17-719-3）

E (11) ⁽頭中将⁾すべてにぎは・しきに寄るべきなむなり　とて笑ひ給ふを、異人の言はむやうに心得ず仰せらる　（源氏・帚木 1-37-3）

(12) ⁽仲忠⁾いとまがまがしきことのたまはす　　（宇津保 19-867-10）

表2　動作・変化動詞の文内容分布

	終止	終止・連体同形	連体	ナム	ゾ 文中	ゾ 文末
A	2	11	0	6	1	0
B	9	23	2	14	0	2
C	13	72	9	34	4	4
D	15	58	4	36	6	2
E	2	30	3	4	0	5
合計	41	194	18	94	11	13

終止形終止は事態の具体性・個別性が問題にならない脱テンス・アスペクト的なA（恒常）用法やE（評価・解説）用法にも幅広く用例が見られるが、

具体性・個別性を有する事態について述べるB～Dを中心とし、テンス的には未来・現在・過去のすべてに偏りなく用例が分布する。しかし、連体形終止はA（恒常）用法が見られず、具体性・個別性のある用法の中でもC（現在）に用例が集中し、E（評価・解説）用法の比率も終止形終止より相対的に高い。係り結びではナム共起と文中ゾ共起が終止形終止に近い分布を示し、文末ゾ共起は、やはりどの形式とも異なる特異な分布を示す。

　終止・連体同形例について、主格ノ、ガ及びハ、モとの共起例がそれぞれ9例、1例、19例、9例見られたが、ノ、ガ共起の場合は連体形相当、ハ、モ共起の場合は終止形相当である可能性が高いとされる。これらについても同様に文内容分布を見てみると、やはり終止形相当例では分布の偏りが少なく、連体形相当例ではCとEに集中するという同様の特徴が現れる（表3）。

表3　ハ、モ、ノ、ガ共起例

	ハ、モ	ノ、ガ
A	2	0
B	7	0
C	10	4
D	6	1
E	3	5
合計	28	10

以下、これらの点について具体例を挙げて述べる。

4.2.1.　連体形終止文と終止形終止文

　連体形終止文には恒常的事実を表す例はないが、習慣的事実を表す用法はある。個々の具体的な動作を表すものでないという点では両者は共通しているが、習慣的事実は、特定の一人の主体による現在時を中心とする行為であることが明確であり、また、「例は」「明け暮れの」などの共起語句で習慣性が明示されている（（13）、（14））。それに対して、終止形終止文の恒常的事実例では、主体や時間性の限定がない（（15）、（16））。

220　第3部　動詞基本形を用いた意志表現

(13) （宰相の君）いかが　と聞ゆれば、（姫宮）例はみやにをしふる　とて動き給ふべうもあらねば、　　　　　　　　　　（堤中・逢坂 394-15）

(14) （明石上）のたまはせねど、いとありがたき御気色を、見たてまつるまゝに、明け暮れのことぐさに聞こえ侍る。　　　（源氏・若菜上 3-299-15）

(15) （翁）この世の人は、おとこは女に婚ふことをす、女は男に婚ふ事をす。　　　　　　　　　　　　　　　　　（竹取 8-5）（＝(3)）

(16) （大殿）胡麻は、油に絞りて売るに、多くの銭出で来。
　　　　　　　　　　　　　　　　　　　　　（宇津保 2-88-5）（＝(4)）

またC（現在）用法の中でも、連体形終止には次の終止形終止のような複数主体行為を表す例がない。

(17) （少納言）たゞいまなりいで給なんと人〳〵褒む。
　　　　　　　　　　　　　　　　　　　　　（落窪 1-73-13）（＝(8)）

すなわち連体形終止には終止形終止と比較して、より特定の主体による現在時の事柄に現れる傾向がある。
　また、B（未来）用法に分類した次の(18)も、聞き手である落葉宮邸に先刻から居座っている夕霧の発話であることから、C（現在）のc1遂行文に近いものであり、「宿借る」「まかづ」という両者の述語動詞の意味の違いを考慮しても、終止形終止の(19)とはやや性質が異なる。

(18) （夕霧）道いとたど〳〵しければ、このわたりに宿借り侍る。
　　　　　　　　　　　　　　　　　　　　　（源氏・夕霧 4-95-15）
(19) （仲忠の文）明日の夜さりまかで侍り。　　　（宇津保 16-665-8）

　更にD（過去）用法では、d1の現在から切り離された過去の出来事を叙述するものと、d2の発話時現在との結びつきが強いパーフェクトとして解釈されるものとに分けられるが、終止形終止は15例中d1が10例、d2が5例

と、発話時から切り離された過去を表すものが多いのに対し((20))、連体形終止は 4 例中 d1 が 1 例、d2 が 3 例と、パーフェクト的過去が多い((21))。

(20) （左馬頭）さるべき女房どもばかりとまりて、「親の家にこの夜さりなん渡りぬる」と<u>答へ侍り</u>　　　　　　　　　　　（源氏・帚木 1-49-5）
(21) （良清・惟光）<u>た</u>ゞいま北の陣より、かねてより隠れ立ちて侍つる車ども<u>まかり出づる</u>。　　　　　　　　　　　（源氏・花宴 1-279-4）

　また、発話時現在及び発話現場との密接な関連性を持つ点で、個別的事態の現在時用法と並んで重要な位置を占めるのが E（評価・解説）用法である。この用法は、述部によって表される事柄自体は、発話現場において既に発話者と聞き手の双方に確認済みのことであり、情報伝達上の焦点はない。発話の目的は、既に存在が確認されている事柄に対する発話者の評価や解説を伝えることにある。

(22) （頭中将）すべてにぎはゝしきに寄るべきなむなり　とて笑ひ給ふを、<u>異人の言はむやうに心得ず仰せらる</u>　（源氏・帚木 1-37-3）（=(11)）
(23) （中納言）まことは、方々ものし給へば、内へも入らず。（大将）源氏といふ所、<u>痴れたることする</u>。我は、人の御親とも知らずおはするに、ただ入りに入り臥しにき。　　　　　　　　　（宇津保 15-577-10）

評価や解説の対象となっている事柄は、既に生起している過去のことであるが、情報上の焦点がないために「できごと性」（鈴木 1999b）を失っている。そのため、形式的には事柄の叙述文のように見えるものの、実質的には発話時現在の話者の評価や解説の表明という、感情・思考・知覚動詞文と類似の機能を担うものへと変質している。[注1]

4.2.2. ナム、ゾ共起の係り結び文

　ナムやゾが共起する係り結び文は、連体形単独終止とは異なり、叙述に関

わる終止法の一種であるとされているが、文内容の分析においてもほぼ終止形終止と同様のあり方を示す。ナム共起、文中ゾ共起ともに、主体が不特定多数であり、かつ特定の個別行為ではないA（恒常）用法（(24)、(25)）や、E（評価・解説）用法にも例が見られるものの、B～Dの具体性・個別性を持つ事態の叙述を中心とし、その中ではC（現在）用法のみに偏ることなく、むしろD（過去）用法が若干多い。

(24) （女房）三日にあたる夜、もちい<u>なむまいる</u>　と人〳〵の聞こゆれば
　　　　　　　　　　　　　　　　　　　　　　　　（源氏・総角 4-420-3）
(25) （左大臣）<u>男は、必ず、かかる目をぞ見る。</u>　　（宇津保 18-811-12）

　しかし、文末ゾはA用法が見られず、E用法が最も多いなど、どの形式とも異なる様相を示す。また、ナム共起と文中ゾ共起にも細かく見るとそれぞれ異なる特徴があり、それらは各係助詞の性質の違いからくるものと思われるが、本章では個々の係助詞の性質を論じることには立ち入らず、現象の指摘にとどめる。
　ナム共起と文中ゾ共起のC用法の内訳を比較すると、ナム共起は34例中、22例が具体性を持つ事態の発話時現在状況を述べるc6であるが、文中ゾ共起は(26)のような習慣的複数主体行為などの例が多く、4例中、c6と解される例は(27)のみである。

(26) （宿守）<u>物詣での人は常にぞ宿り給。</u>　　　　（源氏・手習 5-325-6）
(27) （典侍）<u>花折りたるごとぞなりまさり給ふ。</u>　（宇津保 13-508-11）

　更に(27)は過去から続く変化の様子を述べたもので、時間的幅があり、典型的な現在時状況の例と言うにはやや問題がある。
　またD用法の内訳についても、ナム共起はd1が8例、d2が28例と、明らかにパーフェクト的用法に偏るが、文中ゾ共起はd1が2例、d2が4例である。文中ゾ共起例の総数が少ないため、両者の正確な比較は難しいが、ナ

ム共起には連体形終止に類似した具体的発話時現在への指向性が読み取れよう。

　E（評価・解説）用法の内訳については、終止形終止と連体形終止はすべてe1評価として現れ、ナム共起と文末ゾ共起はすべてe2解説として現れる。(注2) e1評価は先に挙げた終止形終止の(11)(12)や連体形終止の(23)のようにマイナス評価を表明するのが典型的であるが、e2解説は事態に対する聞き手の知り得ない情報や発話者の判断・解釈を説明的に聞き手に語り聞かせるものである。両者は事柄の具体性が文脈的な情報上の焦点の有無により消失している点では同じだが、e1評価には発話者の行為は現れにくく、具体的な評価的形容詞や副詞が文脈上現れるのに対し、e2解説はどのような事柄にも現れ、評価的形容詞や副詞の代わりに句構造の形で話者の判断の内容が示される。複数の句を含む複雑な意味構造を持つ場合には係り結びが選ばれるようである。

(28)　（内大臣）もろともに遊びわざをもして慰めよと思ふたまへてなむ、あからさまにものし侍。　　　　　　　　　　（源氏・少女 2-303-15）
(29)　（源氏）あまり若くもてなし給へば、かたへはかくもものし給ぞ　など聞こえをき給て、いときよげにうち装束きて出で給を、
　　　　　　　　　　　　　　　　　　　　　　　（源氏・葵 1-311-2）

　係り結びは連体形終止の曲調的表現性と係助詞による「取り立て」機能を用いた論理的断続性の両面を有している。しかし、係助詞が特定の語句を焦点化することにより、その他の部分は情報構造上、前提として背景化される。E（評価・解説）用法との関連で既に述べたように、情報伝達上の焦点が動詞述語の上にない場合、述語動詞の意味内容は「できごと性」を失い、概念を提示するだけの非アクチュアルなものに変化することが鈴木（1999a）などで指摘されている。連体形単独終止の持つ、発話現場に密着した具体性のある事柄について述べるという特徴は、係り結びにおいては係助詞による述語外焦点化に伴う出来事性の消失により相殺され、終止形に似た素材的概念

性が現れる。(注3)

5. 助動詞を伴わない形容詞述語文

　形容詞述語にも連体形終止の比較的現れやすいものとそうでないものとがある。次の表4及びグラフに助動詞のつかない形容詞述語文の内、便宜的に総数6例以上のものを総数の多い順に示す。表の下方及びグラフの右方にいくほど活用形比率の信頼性は低下する。総数5例以下のものについて、活用形別のパーセンテージを論じるのは極めて信頼性に薄いため記載を割愛す

表4　形容詞語別活用形分布

形式	終止	連体	ナム	ゾ 文中	ゾ 文末	合計	類型
なし	136	3	8	2	0	149	B
良し	28	1	6	9	1	45	A
あやし	24	1	5	0	0	30	A
いとほし	17	1	7	1	0	26	A
苦し(心苦し)	15	2	7	1	0	25	A
かしこし	20	0	1	0	0	21	A
見苦し	16	0	0	0	0	16	A
あし	10	0	2	0	1	13	A
心憂し	6	1	3	0	0	10	A
わびし	8	1	1	0	0	10	A
かなし	3	1	5	0	0	9	A
かたじけなし	9	0	0	0	0	9	A
(心)やすし	8	0	1	0	0	9	A
遅し	8	0	0	0	0	8	B
恐ろし	5	1	2	0	0	8	A
わづらはし	6	2	0	0	0	8	A
あぢきなし	7	1	0	0	0	8	A
かひなし	8	0	0	0	0	8	A
はづかし	8	0	0	0	0	8	A
つらし	2	0	5	0	0	7	A
いみじ	7	0	0	0	0	7	B
うれし	2	0	4	1	0	7	A
むつかし	7	0	0	0	0	7	A
かたし	6	1	0	0	0	7	A
〜にくし	6	0	0	0	0	6	A
ありがたし	2	0	2	1	1	6	A

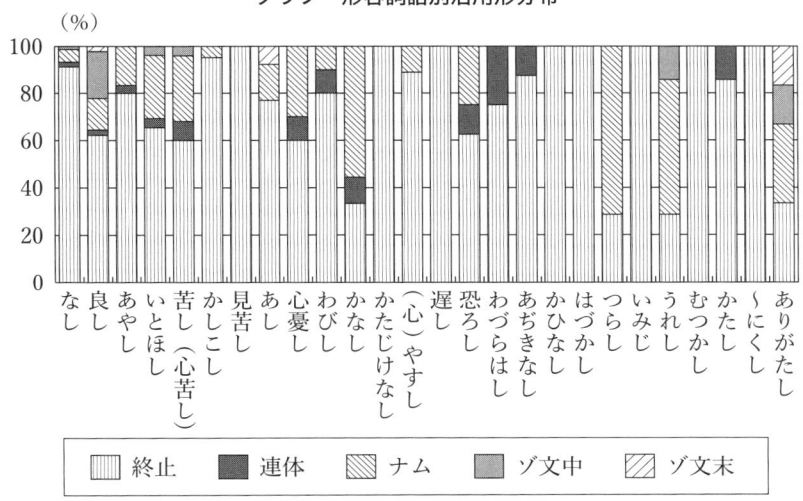

グラフ　形容詞語別活用形分布

（%）縦軸：0, 20, 40, 60, 80, 100

項目：なし／良し／あやし／いとほし／苦し（心苦し）／かしこし／見苦し／心憂し／わびし／かなし／かたじけなし／（心）やすし／遅し／恐ろし／わづらはし／あぢきなし／かひなし／はづかし／つらし／いみじ／うれし／むつかし／かたし／〜にくし／ありがたし

凡例：終止　連体　ナム　ゾ文中　ゾ文末

る。(注4)

　表4では、平安時代の形容詞の意味について類型を立てて考察した吉田（1995）にならい、A情緒的、C属性的、その中間的なBという類型タイプを参考として付加した。

　終止形率がおおよそ9割以上のものには「なし」「遅し」「いみじ」など感情・評価型ではないものが見られ、感情・評価型のものでも「かしこし」「見苦し」「かひなし」「むつかし」「〜にくし」など、内面表出というよりは状況叙述に近い。意味的に「（心）やすし」「かたじけなし」などプラスのものも見られる。それに対し、連体形率がおおよそ1割以上見られるものはすべて情緒的形容詞であり、意味的に「心憂し」「恐ろし」「わづらはし」「あぢきなし」「かなし（全例悲哀の意味）」などマイナスに偏る。

　また、ナム共起がおおよそ1割以上見られるのは「良し」「あやし」「いとほし」「苦し」「心憂し」「わびし」「かなし」「（心）やすし」「恐ろし」「つらし」「うれし」「ありがたし」である。「苦し」「心憂し」「かなし」「恐ろし」など連体形と重なるものも多いが、「つらし」「うれし」など連体形にはないものもあり、また、「良し」「うれし」「ありがたし」など意味的にプラスのもの

もある点でやはり終止形と連体形の中間的特徴を示す。文中ゾは「良し」「うれし」「ありがたし」の三語に目立つが、これらはすべてナム共起の割合も高い。また、文末ゾは一見「ありがたし」に目立つようであるが、6例中の1例に過ぎず、どの形容詞にもあまり例が見られない。

　終止形終止は状況叙述に現れやすく、連体形終止は典型的な感情表出に現れやすい。

6. 助動詞付加文

　助動詞が承接する場合、述語の中心となる品詞は動詞、形容詞、体言など多岐に渡る。また、複数の助動詞が連接するケースも多いが、論が煩雑にな

表5　助動詞語別活用形分布

形式	終止	連体	ナム	ゾ 文中	ゾ 文末	計	連体率（対計）
体言ナリ	597	0	19	2	0	618	0%
ズ	502	19	51	12	1	585	3%
キ	203	75	205	32	5	520	14%
ケリ	280	57	138	30	1	506	11%
ベシ	209	23	122	14	1	369	6%
メリ	262	22	44	25	1	354	6%
ツ	48	54	125	12	4	243	22%
ヌ	167	13	45	5	1	231	6%
連体ナリ	174	0	5	5	0	184	0%
タリ	106	19	42	9	4	180	11%
リ	52	19	23	6	2	102	19%
マジ	36	2	7	2	0	47	4%
終止ナリ	22	3	7	3	0	35	9%
ムトス(ムズ・ンズ)	19	4	0	1	1	25	16%
ラル	3	5	11	2	0	21	24%
マホシ	2	1	9	1	0	13	8%
ジトス	5	0	0	0	0	5	0%
ル	0	1	2	1	0	4	25%

グラフ　助動詞語別活用形分布

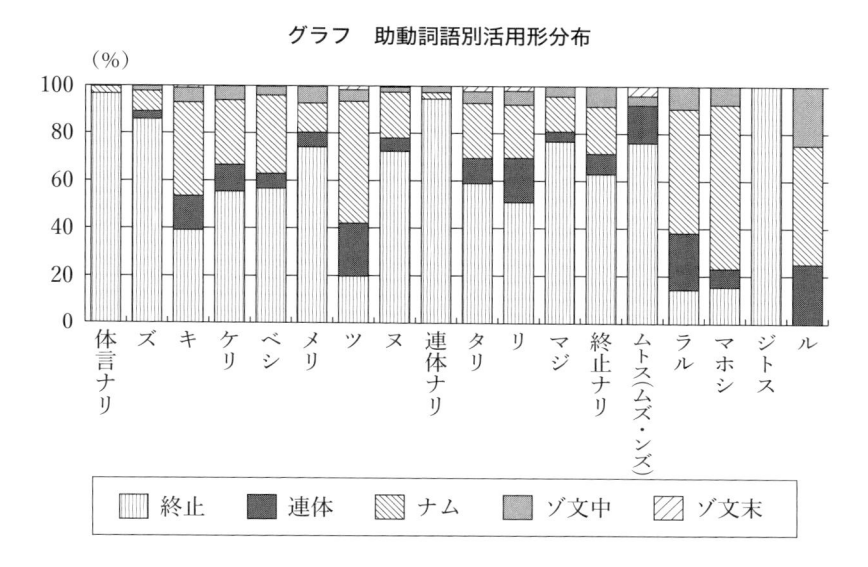

（％）凡例：終止、連体、ナム、ゾ文中、ゾ文末

横軸：体言ナリ、ズ、キ、ケリ、ベシ、メリ、ツ、ヌ、連体ナリ、タリ、リ、マジ、終止ナリ、ムトス（ムズ・ンズ）、ラル、マホシ、ジトス、ル

るのを避けるため、最文末のもののみを扱う。表5及びグラフは終止連体異形の活用形を持つ助動詞の内、総数6例以上のものについて総数の多い順に示したものである。ル（尊敬以外）及び連語ジトスについてはそれ以下であるが、ラルや連語ムトスと比較参照出来るよう表に含めた。表に記載しなかったものは、使役のス（4例）、ゴトシ、シム（各1例）のみである。なお、終止ナリと連体ナリは終止連体異形の活用語につくものに限定する。

　連体形の比率は、①ル②ラル③ツ④マホシ⑤リ⑥キ⑦（連語）ムトス⑧ケリ⑨タリ⑩終止ナリ⑪ベシ⑫メリ⑬ヌ⑭マジ⑮ズ⑯連体ナリ⑯体言ナリ⑯（連語）ジトスの順に高い。また、連体形率の高いものは係り結び率も高い傾向がある。

　ル、ラルは次の（30）（31）のように感情・思考動詞について自発の意を添えるものが多く、動詞句全体で感情表出を担う。

(30)　（若小君）今なむ思ひ知らるる。　　　　　　（宇津保1-28-8）
(31)　（母中将君）さすがに心あはたゝしく思給へらるゝ。

（源氏・東屋5-147-11）

よってこれらとマホシをまとめ、以下の5つの意味類型として序列化する。
1. 感情・思考表出（ル、ラル、マホシ）
2. 過去・完了（キ、ケリ、ツ、ヌ、タリ、リ）
3. 推量（終止ナリ、ベシ、メリ、（マジ））
4. 否定（ズ、（マジ））
5. 断定（体言ナリ、連体ナリ）

（連語）ムトスと（連語）ジトスを除外すると、1＞2＞3＞4、5の順で連体形率が高い。

興味深いのは、一般に類似の意味を表すとされるルとラル、キとケリ、タリとリ、終止ナリとメリ、体言ナリと連体ナリなどは、活用形比率においてもほぼ同様の傾向を示すのに対して、ツとヌだけは相当に異なっている点である。ツは最も連体形率の高い感情・思考表出型助動詞に近い数値を示し、ヌは比較的連体形率が低い多くの推量系助動詞より更に低い数値を示す。両者の承接する動詞の性質に異なりがあることも一因であろうが、ツとヌ自体の意味の違いによるものである蓋然性が高い。鈴木（1999b）では、ツとヌの意味考察におけるムード説は、推量、意志、仮定法と通常の叙述法の違いを理由に退けられているが、ツとヌには、アスペクトだけでは説明しきれない側面があることをこの結果は示唆している。

感情表出の場合に最も連体形率が高くなるのは先に述べた動詞文や形容詞文と同様である。次になぜ過去・完了の助動詞に連体形率が高いのかという点については、山内（1992）で懐旧・追憶の心情が、余情を含む連体形終止の表現性にふさわしいためであるという理由づけがなされているが、以下、情緒面以外からの説明を試みる。これらの助動詞の序列は相互に相対的なものであり、過去・完了の助動詞に多いということは、推量の助動詞に少ないということである。(注5) 情報が発話者にとって確実に述べることが出来ないものであるとき、つまり事柄の確定権が話者にないときには連体形をとりにくくなる、と考えると、1から4までの序列は統一的に説明がつく。否定については、実質的には事柄が存在しないという特殊な事情が考えられよ

う。指定辞ナリが連体形終止になりにくいことについては、山内（1959）で、ナリの意味機能と連体形終止の表現性が極めて近似的であり、機能的重複を避けるためであるという見解が示されているが、本章でもこれを支持したい。発話者による事柄の確定（断定判断）と連体形終止の表現価値は、本質的に極めて近いものであると考える。

7. まとめ─連体形終止の表現性の本質と原理─

これまでの分析結果を以下にまとめる。

1. 動詞文では感情・思考・知覚動詞に多く、動作・変化動詞文の文内容内訳では具体性を持つ事柄についての現在時状況を述べるものと、既定の事柄に対する話者の発話時現在の評価や解説を表明するものが多い。
2. 形容詞文では属性的形容詞には例がなく、情緒的形容詞に偏り、すべて「心憂し」「恐ろし」「わづらはし」などのマイナス感情を表すものに現れる。
3. 助動詞文では①感情・思考②過去・完了③推量④否定⑤断定の順に高い。発話者の感情や思考など、情報上、発話者に絶対的優位性がある場合には高く、逆に事柄の確定権が発話者にない場合には低くなる。

以上のことから、連体形終止の表現価値の本質について、次の(32)のような帰結が導かれよう。

(32) 連体形終止は、発話者に当該の情報の絶対的優位性があることを示す。

聞き手が把握出来ない発話者の感情や思考の表出が典型的なケースであるが、聞き手が把握出来る事柄について述べる場合も、連体形終止を用いた場合には発話者のなわ張りの中にあるものとして描かれることになる。具体性のない一般的事実や属性形容詞文には現れにくく、また、推量の助動詞が過

去・完了の助動詞より比率が下がるという事実も、(32)のように捉えることで統一的に関連づけて説明出来る。

　(32)は、連体形の準体句としての性質に由来するものとして説明される。Iwasaki(2000)では、Givón(1982)(1990)やHopper & Thompson(1985)における、英語の制限用法の関係節や動名詞によって表される情報は、聞き手にとって反論不可能であるという分析を引用し、平安時代の日本語の連体形終止文と結びつけて論じている。Iwasaki(2000)の結論は本章とは全く異なるものであるが、連体形終止文は聞き手にとって反論不可能な形で述べる形式であるとする見方は支持出来る。準体句で表される事柄には、本質的に聞き手にとってその是非を問う余地がないため、それを文として直接表出した場合、描かれる内容は聞き手が口を挟むことの出来ない発話者側の情報として提示されることになる。

　従来言われてきた詠嘆用法と解説用法の二様は、準体句が文として表出されることで発話者側の絶対的優位性が付加された結果、それが文脈により表面化した意味である。述語に連体形を用いることにより、結果的に、発話者の内面的心情や判断に基づいて事柄を述べているであろうことが言外に暗示されることになるのである。連体形終止の表現価値の本質は、当該情報の聞き手による是非の不問性にあり、発話者が聞き手に対して、自己の立場からのある種の主張を行うことを意図するものであると考えられる。

　本章では、従来、「詠嘆」や「解説」あるいは「強調」といった、相互に全く異なる用語によって説明されてきた連体形終止の表現性について、その根本にある表現価値を明示的な概念で示すことにより、各々の用法が相互に関連性を有することを明らかにした。また、連体形終止の現れやすい諸条件を吟味し、それに対する解釈と表現原理への関係づけを行ったが、これにより、これまでの記述的研究の成果と原理的研究の成果をともに生かすことが出来たのではないかと思う。

8. おわりに

　以上、連体形終止の表現価値の本質は、発話者に情報の絶対的優位性があることを示すものであることを示したが、このように考えると、連体形終止が終止形終止にとって代わった日本語史上の変化は、事柄の概念を表す未分化な素材性を持つ終止形が、情報の発信者である発話者側の視点で描き取られた事柄であることを明示する連体形へと交替した変化であると位置づけられよう。すなわち、意味・機能論的側面からは、情報伝達における発話者の明確な位置づけが求められるようになった結果として解釈し得る。その具体的な中世以降の変遷の史的位置づけについては、すべて今後の課題をせざるを得ないが、本章ではこのような見地からの解釈の可能性を提示したい。

　地の文や韻文中における場合など、触れることが出来なかった点も多い。また、疑問文を形成するヤ、カ共起などの係り結びとの関係については、改めて分析が必要であると考える。

注
1　「〜モ〜カナ」という構文で同様の文脈を担うケースが多い。
2　間投助詞ヤが文末に共起する場合には、文中ゾ共起の係り結びの場合にも e1 評価と同様の文脈で現れることがある。
　　　（33）（中納言）人知れずわづらはしき宮仕へのしるしに、あひなき勘当にや
　　　　　　侍らむと、顔の色違ひ侍りつる　と申給へば、（匂宮）いと聞きにくゝ
　　　　　　ぞおぼしの給ふや。多くは人のとりなすことなるべし。
　　　　　　　　　　　　　　　　　　　　　　　　　　　（源氏・総角 4-422-9）
3　一般に、古代日本語の動詞基本形の形態論的テンス・アスペクト的性格は、共時的な助動詞類との対応関係の分析により非過去（現在）・不完成相であるとされている。一方、現代日本語の動詞終止形はテイル形やタ形との対応関係から非過去（未来）・完成相と位置づけられており、テンス・アスペクト的性格が通時的に変化したものと見られているが、これらの議論では、古代語の終止形終止、連体形終止、係り結びが区別せずに扱われている場合も多い。しかし三者が以上示し

たように、時間性の観点から異なる傾向を示す以上、古代語のテンス・アスペクト論におけるこれらの形式の扱いについては、十分な注意が払われるべきであろう。

4 以下に語形のみを示す。

多し、ゆゆし、にくし、くちをし、〜がたし、頼もし、あやうし、あさまし、さはがし、近し、ものぐるをし、おもしろし（以上各5例）、わりなし、かたはらいたし、かしがまし、暑し（以上各4例）、ことごとし、（ところ）せし、めざまし、おぼつかなし、まがまがし、さうざうし、まだし、をかし、みにくし（以上各3例）、ゆかし、うるさし、めでたし、悩まし、〜にくし、つつまし、うつくし、わろし、めづらし、なめし（以上各2例）、痛し、鳴り高し、いまめかし、かるがるし、（罪）深し、うしろめたし、はかなし、たどたどし、いぶせし、若々し、たいだいし、からし、ごとし、しろし、名立たし、しれがまし、ねたし、うるはし、たふとし、やさし、かろし、おこがまし、寒し、うらやまし、ひとし、ものし、忙し、重し、よろし、暗し（以上各1例）

形容詞は種類が多く、語ごとの出現頻度が低い。上記の内、連体形が見られたのは「わりなし」「つつまし」（各1例）のみであった。

5 近藤（1986）（近藤（2000）に改稿所収）では、八代集を資料としてノ、ガによる主語表示のあるものに限定した連体形終止の考察を行い、「らむ」を例外として「む」「けむ」「まし」「じ」「らし」などの推量系モダリティ助動詞が文末には現れないことを指摘している。その理論的前提として、連体止めの文は感動文であり、それ自体がひとつの独立したモダリティであるため、命令、疑問、推量などの他のモダリティは現れ得ないという見解を示している。本章とは扱った資料（和歌か、散文の会話文か）及び分析対象の条件（ノ、ガによる主語表示があるもののみか、終止・連体異形の活用語のみか）が異なるため、直接その当否を判断することは難しい。この点については、今後、更に考察を進めたい。

付章　日本語と中国語の意志表現

1. はじめに

　日本語では意志を表す場合、いわゆる助動詞の「う・よう」を用いる表現が一般的である。

（1）　私が（は）　行こう。
（2）　お荷物を　お持ちしましょう。

それ以外にも、「～するつもり／考え／所存 だ」などの修飾節を伴う名詞・形式名詞を断定辞でうけた説明的な表現や、「行く」「お持ちします」などの、動詞性述語の無標形（益岡（1991）p.55）（以下、本章では「～する」で表す）を用いて意志を表す方法もある。
　一方、中国語では、意志や願望を表す能願動詞「要〔yāo〕」や、意志、勧誘、命令などを表す「吧〔ba〕」などがある。
　現代日本語の「つもり」は、意志専用形式であるが、上述のその他の形式である助動詞「う・よう(以下、本章では「う」で表す)」や、修飾節プラス名詞などは、意志だけを表すわけではない。「う」は勧誘や命令を、修飾節プラス名詞は、伴う修飾節の内容により様々な意味を表す。複数の用法の中で、時に意志の意味をも担うことがあるというものである。この点は、中国語の諸形式の場合についても同様で、「要」は「～しなければならない」などの意味を、「吧」は断定を避け、推測による判断であることなどを示す。

また、これらの諸形式は、日本語の場合も中国語の場合も、統語的なカテゴリーとしては、互いに異なっているものである。

　本章では、意志表現を、これらの形式を含めて、広い意味用法のカテゴリーとして捉えることにする。そして、日本語の上述の三種類の意志表現形式を軸に、先行研究によって明らかにされたそれらの体系性に基づき、対応する中国語の表現形式について、類似の体系性が見られるかどうか考察を試みる。

2. 研究方法

　まず日本語の意志表現について、森山(1990)を主として、仁田(1991)、益岡(1991)などをもとにそれらの用法を整理した。それに基づいて調査項目を定め、本章末に添えた調査票を作成した。話者には、東京都立大学大学院生(当時)の朱継征氏(北京市出身)、張昌玉氏(吉林省出身)のお二人に協力して頂き、質問の意図を説明しながら、調査中に、更に疑問な点を直接確認する方法をとった。以下、本章で資料とした中国語のデータは、このお二人の内省である。各調査項目の意図は以下の通りである。

「調査票項目Ⅰ」

　まず最初に、中国語には意志表現としてどのようなものが存在するのかをお聞きした。その際、話者の方に日本語で、それらの中国語の形式の持つ大まかな意味を説明して頂き、願望を表す「想」を用いた表現は対象外とした。そして、得られた中国語の表現に動作主体の人称制限が見られるかどうかを確認した。

「調査票項目Ⅱ」

　この項目では、中国語の意志表現と過去時制との関係を見た。日本語の場合には、過去の表現をとり得るか否かという点が、いわゆる一次的モダリティか二次的モダリティかという分類を行う際の、重要な弁別的特徴となっているが、もし、中国語の意志表現にも、過去の表現になり得るものとなり得ないものとがあるならば、調査項目Ⅰの人称制限についての結果とも突き

合わせてみて、日本語の場合の二次的モダリティと一次的モダリティの区別に相当するものがあると考えられるのではないか、という仮説を立てた。一次的モダリティと二次的モダリティについては次章で詳述する。

「調査票項目Ⅲ、Ⅳ」

　この項目では、発話の際に聞き手の有無によって使い分けがあるかどうかをお聞きした。日本語の場合、聞き手が存在する会話の場面か、聞き手のいない独白や心内発話かによって、意志表現には使い分けがあることが知られている（森山（1990））。詳しくは次章で述べるが、そのような使い分けが中国語にも見られるかどうかを確認した。

「調査票項目Ⅴ」

　この項目では、発話の場面差によって意志表現の形式の使い分けが見られるかどうかをお聞きした。具体的な場面設定については、次章を参照して頂きたい。

3. 分析

3.1. 一次的モダリティと二次的モダリティ

　まず、現代日本語の「う」、「〜するつもりだ」、「〜する」の、意志を表す三種類の形式の間には人称による使い分けがあることが、諸々の先行研究によって明らかにされている。

　すなわち、一人称である「私」（話者）が主体の場合には、意志表現としてどの形式も用いることが出来るが、

（3）　私が（は）　行こう。（=（1））
（4）　私が　行くつもりだ。
（5）　私が　行く。

二人称である「あなた」（聞き手）が主体の場合には、意志表現としては、どの形式も用いることが出来ない。

（6）＊あなたが　行こう。
（7）＊あなたが　行くつもりだ。
（8）＊あなたが　行く。

聞き手の意志を、話し手があたかも透視しているかのように述べるのは、通常は不自然だからである。
　しかし、「私」（話者）を動作主体に組み入れて、聞き手に働きかける（勧誘）場合には、「う」のみ用いられる。

（9）　（あなたも）　行きましょう。
（10）＊（あなたも）　行くつもりだ。
（11）＊（あなたも）　行く。

「う」には、命令用法があるので、そのような意味の場合には、主体が二人称のみであっても成り立つ。
　また、動作主体が第三人称の場合には、意志表現としては「う」、「～する」とも用いることが出来ず、「～するつもりだ」が用いられる。

（12）＊彼が　行こう。（推量としてなら文として成立する可能性有り。）
（13）　彼が　行くつもりだ。
（14）＊彼が　行く。（単なる予定や事実など、意志以外のコンテクストでは可能。）

　次に、時制との関わりについては、次のようなことが明らかにされている。
　まず、助動詞「う」は、形式自体に過去形が存在せず、基本的に、発話時現在の意志しか表すことが出来ない。

（15）　よし　行こう。（発話時現在の意志）

(16) *あの時　行こう（た？）

　それに対して、「～するつもりだ」は、形式として過去時制をとることが出来る。

(17)　私は　行くつもりだ。（発話時現在の意志）
(18)　あの時　私は　行くつもりだった。（過去における意志）

　また、「～する」は、必然的に、現在形で、しかも意志動詞である場合でしか意志表現にはなり得ない。過去形にすれば、単なる過去の事実の叙述となってしまう。
　以上のことから、日本語では「う・よう」を、話し手の意志のみを、現在に限って表すことが出来る「一次的モダリティ」(益岡(1991))、「～するつもり／考え／所存 だ」などの形式を、話し手、第三者のどちらの意志をも表すことが出来、更に過去についても叙述出来る「二次的モダリティ」(益岡(1991))と位置づけることが出来る。そして、動詞の無標形は、話し手（第一人称）を動作主体として、更に発話時現在の場合という限られた条件下でのみ、意志表現として機能することが出来る、ということになる。
　以下、それに対する中国語について、調査票の質問項目ごとに順を追って述べていくことにする。

3.2.　調査結果と考察
3.2.1.　意志表現と人称制限
　まず、日本語の「う・よう」に対応する中国語の形式としては「吧〔ba〕」がある。
［第一人称］
(19)　我去吧。
　　　（私が行こう。）

これは、第一人称では意志を表し、一・二人称では勧誘、二人称では軽い命令、三人称では推量を表す。
［第一・二人称］
(20)　一起去吧。
　　　（一緒に行こう。）
(21)　我们(咱们)去吧。
　　　（私たちは行きましょう。）

　(21)は、「我们」を用いた場合には、聞き手を含まず、自分達（複数）の意図を、第三者である聞き手に通知するといった意味になる。「咱们」を用いた場合には、聞き手を含み、聞き手に呼びかけて勧誘する意を表す。
［第二人称］
(22)　你去吧。
　　　（行きなさい。）
［第三人称］
(23)　他(可能)去吧。
　　　（彼は(たぶん)行くでしょう。）

　次に「〜するつもり／考え／所存 だ」に対応する形式に「要〔yāo〕」、「打算〔dǎsuan〕」、「准备〔zhǔnbèi〕」がある。これは一人称、三人称どちらにもつくことが出来る。
［第一人称］
(24)　我要去。
　　　（私は行こうと思う。）
(25)　我打算去。
　　　（私は行くつもりだ。）
(26)　我准备去。
　　　（私は行く予定だ。）
［第三人称］

(27)　他要去。
　　　（彼は行こうと思う。）
(28)　他打算去。
　　　（彼は行くつもりだ。）
(29)　他准备去。
　　　（彼は行く予定だ。）

　その他に、日本語と同様、動詞そのままが一人称現在で用いられた場合、及び「〜しなければならない」、「〜すべきだ」などの、義務や当為を表す形式に対応するもの（「得〔děi〕」「必须〔bìxū〕」(以上「〜しなければならない」)、「应该〔yīnggāi〕」（〜すべきだ））も、一人称で用いられ、現在、制止する相手をふりきって何かをする場合などには、やはり意志の意味を帯びることになる。

(30)　我去。
　　　（私が（は）行く。）
(31)　我得去。
　　　（私は行かなければならない。）
(32)　我必须去。
　　　（私は行かなくてはだめだ。）
(33)　我应该去。
　　　（私は行くべきだ。）

　「得」を用いた(31)は最も消極的な意志表明で、「自分は行きたくないが、（仕方がないので）行かないわけにはいかないだろう。」というニュアンスになる。それに対して、「必须」を用いた(32)は、強い義務を表し、「（強制的に）行かなくてはだめだ。」というニュアンスを持つ。意志というよりは、有無を言う余地すら残っていないというものである。[注1]　また、「应该」を用いた(33)は、例えば、母親が病気であるなどの事情から、子供である自分と

しては看病しに行かなくてはならないというような、倫理的な理由から(注2)そうすべきだという意味になる。

　以上、中国語には、日本語にほぼ対応する表現が存在すると言えそうである。

3.2.2.　過去時制との共起
　調査票項目Ⅰで得られた中国語の各表現について、過去表現と共起出来るかどうかを調査した。結果は、日本語と同様、調査票項目Ⅰで、第一人称、第三人称のどちらにも用いることが出来ると判明した「要」、「打算」、「准备」の三形式のみが、過去の表現と共起する。つまり、これらの形式が二次的モダリティに相当しているのである。

（34）　我要去来着。
　　　　（私は行こうとしていた。）
（35）　我打算去来着。
　　　　（私は行くつもりだった。）
（36）　我准备去来着。
　　　　（私は行く予定だった。）

　これらはすべて、「我（私）」を「他（彼）」に置き換えられる。また「来着」がなくても、文頭に「昨日」などの過去を表す副詞をつければ、過去における意志を表すことが出来る。

3.2.3.　聞き手の有無
　日本語の意志表現には、聞き手の有無によって使い分けがある。すなわち、「う・よう」形式は、

（37）　私は　行こう　と思った。
（38）　やっぱり　行こうっと。

のように、心内発話や独白としても用いられるが、

(39) *私は　行くつもりだ　と思った（「私」が行く意志を持っている場合）。
(40) *私は　行く　と思った（「私」が行く意志を持っている場合）。
(41) *私は　行くつもりだっと。
(42) *私は　行くっと。

のように、「〜するつもりだ」、「〜する」は、意志を表す際には必ず聞き手がいなければならず、心内発話や独白としては成立しない。
　このような差が見られるかどうかを調べるために、聞き手のいない場合として「〜と思う／思った」、聞き手のいる場合として「〜と言う／言った」という形式を付加してそれぞれの表現が成り立つかどうかを見た。
　その結果、中国語では得られたすべての形式で、心内発話形式とは共起しないことが明らかになった。
　まず、日本語の「う・よう」に対応すると予想される「吧」は、

(43)　我想我去吧。
　　　（私が思うには、たぶん私が行くでしょう。（推量））

上の例文のように「思う」を表す「想」を用いた文の中では、推量の意味を表すことになり、意志表現にはならない。
　また、中国語の「要」「打算」には、既に「〜と思う」の意味が含まれており、「思う」を表す「想」とは共起しない。

(44) *我想我要去。
　　　（私は（私が）行こうと思った。（意志））
(45) *我想我打算去。
　　　（私は（私が）行くつもりだと思った。）

(46) *我想我准备去。
　　　(私は(私が)行く予定だと思った。)

　更に、動詞の無標形も不可能である。

(47) *我想我去。
　　　(私は(私が)行くと思った。)

　このことの裏返しとして、逆に、聞き手を想定した発話なら、どの形式も自然に用いる事が出来る。

(48)　我説我去吧。
　　　(私は(私が)行こうと言った。)

以下、他の例も同様のため、省略する。
　日本語と中国語で違いが見られるのは、日本語の助動詞「う・よう」が、心内発話に用いる事が出来るのに対し、ほぼそれに対応する中国語の「吧」は、心内発話には意志表現としては用いられない点である。
　日本語の「う・よう」も、古くは意志と共に推量の意味をも担っていた。しかし、現代語では、形容詞につく場合などに(「よかろう」など)、やや文語的な表現として、直接活用語について推量を表す用法が残ってはいるものの、推量表現としては、専ら「だろう(「だ」の活用形＋「う」)」にその役割を分化させている。そのため、「思う」のように思考を表す動詞が主節に現れても、主節動詞に影響されることなく、意志の意味で用いることが出来るのである。
　しかし、中国語の「吧」には、意志と推量を明確に分けて表す指標がない。つまり、中国語の「吧」は、中世の日本語の「う・よう」に類似した、推量と意志が融合している性質を持っている。もともと、意志と推量は、意味的に連続した概念である。中国語の推量表現との考察も行う必要があり、今後

の課題とすべき点であるが、意志・推量融合形であることが、「吧」が、主節動詞の種類により、推量の意味としてしか解釈出来なくなる理由であると考えられる。

また、朱継征氏、及び張昌玉氏によると、意志表現に限らず、中国語にはひとりごとを表すような言語形式が少ないというコメントも得られた。この点も、興味深い文化的な背景の違いとして考慮すべきであると思われる。

3.2.4. 発話の場面差

森山（1990）によると、日本語では、談話の内部での意志形成・決定の場合で、相手もその形成に参与する場合には「う・よう」形式、談話に関係なく意志を通告する場合には「～するつもりだ」形式、談話の内部で形成された意志であっても、既に決定済みのこととして表す場合には「～する」形式を用いるという違いがある。このような点について、中国語ではどのようになっているのであろうか。

まず、設問（1）では、相手（聞き手）との談話内で意志を形成する場合を想定した。しかし、ここでは聞き手と共同で作業を行う場面であるため、勧誘的な意味合いも入ってしまっている。日本語では、このような場合、「う・よう」形式しか用いられない。

(49)　赤い花を　植えよう。

そして中国語でも「吧」を用いた表現しか出来ない。

(49')　种红花吧。

設問（2）では、やはり談話内の意志形成のケースであるが、ここでは、ワープロを買う行為者はＡ（話し手）のみであり、Ｂ（聞き手）は行為者に含まれない。このような場合、やはり日本語では「う・よう」、中国語では「吧」を用いる。

(50)　こちらの方を　買おう。
(50')　买这台吧。

やや唐突で、こなれない感じはするが、「〜する」形式も用いることが出来るだろう。

(51)　こちらの方を　買う。
(51')　买这台。

この点でも、日本語と中国語は一致している。
　設問(3)では、やはり談話の内部であるが、意志決定にさほど聞き手の関与がない場合を想定した。そして次の設問(4)と比較して、それほど改まった場面ではないケースである。このような場合、日本語では「う・よう」形式、「〜する」形式の両方とも用いられ、中国語でも「吧」と動詞の無標形がともに用いられる。

(52)　スープに　しよう。
(52')　要汤吧。
(53)　スープに　する。
(53')　要汤。

　日本語では、「スープにします。／スープをお願いします。」など、丁寧語を伴えば、言い切りの形でも、少しも失礼ではないが、中国語では「吧」がない(53')のような答え方は、かなりぶっきらぼうで、日本語の「スープ。」という答え方にあたる。(52')の「吧」は、語気を和らげる働きをしている点で、結果的に日本語の「です・ます」体と類似した機能をも担っている。
　設問(4)では、(3)と同様で、しかも改まった場面を想定した。このような場合、日本語では「ます」などををつけて言い切りの形にする方が普通である。

（54）　紅茶を　いただきましょう。
（55）　紅茶を　いただきます。／お願いします。

　「う・よう」形式を用いると、むしろやや態度が大きく、聞き手に対して失礼な印象をうける。

　しかし、中国語では、改まった場面で、ぶっきらぼうな感じを避け、婉曲的に意志を伝えたいときには、必ず「吧」が用いられる。

（55'）　我要紅茶吧。

　日本語の場合、意志表現専用形式である「う・よう」を用いると、話し手が自分でコントロール出来る意志決定であることを前面に押し出す結果となるため、相手に配慮の必要な場面では使いづらくなるが、中国語の「吧」は、推量用法も持つため、断定を避けて婉曲に述べる場合に適している。また、日本語では、婉曲表現を用いなくても、「いただきます」「お願いします」のように、述部に敬語を用いることによって語気を和らげることが出来るが、中国語ではそのような丁寧形がないため、語気を和らげたいときには「吧」が必須となるのである。
　設問(5)、(6)、(7)はどれも、談話に関係なく、既に決定済みの意志を表明する場合である。(5)はちょっとした日常の行動、(6)はやや大がかりな行動を想定し、(7)は重大な決意を自分から打ち明ける場合である。日本語では、どの場合も「う・よう」は用いられず、動詞性述語の無標形か、「～するつもりだ」を用いる。そのうち(5)、(6)については、両者ともほぼ同様に用いられるが、(7)については「～するつもりだ」の方がより自然である。中国語でも、やはり「吧」は用いられず（用いた場合には、推量の意味になる。）、動詞性述語の無標形か、「准备」、「要」などで表す。
　設問(5)
（56）　六時に　帰ってくるよ。

(56')　我六点回来。
(57)　六時に　帰ってくるつもりだよ。
(57')　我准备六点回来。
　設問(6)
(58)　北海道に　行くよ。
(58')　我去北海道。
(59)　北海道に　行く予定だ。
(59')　我准备去北海道。
(60)　北海道に　行こうと思う。
(60')　我要去北海道。
　設問(7)
(61)　会社（の仕事）を　やめる予定だ。
(61')　我准备辞掉公司的工作。
(62)　会社（の仕事）を　やめようと思う。
(62')　我要辞掉公司的工作。

　ここで、設問(6)、設問(7)の例文(60')と(62')に「要」があり、設問(5)には「要」が挙がっていないが、もし、子供が例文(56')のように答えた後で、母親に、もっと早く帰るよう反対されたりした場合には、「要」を用いて、

(63)　我要六点回来。

のように答えることが出来る。「要」は願望を表すこともあるが、このように、強い決意や、変更しがたい予定なども表す。

4. まとめと今後の課題

　以上、日本語の「う・よう」形式、「〜する」形式、「〜するつもりだ」形

言語	日本語	中国語
形式	①「う・よう」	「吧」
	②「〜するつもりだ」	「要」(〜しようと思う) 「打算」(〜するつもりだ) 「准备」(〜する予定だ)
	③動詞の無標形	動詞の無標形

式と、中国語の意志を表す形式について、その対応関係を見てきた。次の表にその結果をまとめる。

　①　一次的モダリティ(話し手の、発話時点での意志を表す。)
　②　二次的モダリティ(話し手以外の意志をも表し、過去表現とも共起する。)
　③　話し手を動作主体とした意志性動詞の場合のみ、発話時点での、話し手の意志モダリティを表す。

また、日本語と中国語共通の特徴として次の二点が挙げられる。

　①　談話内部での意志形成を表す。
　②　談話外部で決定された意志を表す。

以上が、日本語と中国語の意志を表すモダリティ形式の大枠として、一致している点である。

　しかし、相違点もある。まず、中国語の「吧」は、「う・よう」と違って心内発話にはならない。つまり、中国語の意志表現には、聞き手の有無による表現形式の使い分けはない。また、「う・よう」は、現代日本語の口語としては、意志専用形式であるのに対し、「吧」は文脈によって意志をも推量をも表す。そのため「う・よう」は、改まった場面では、自分を前面に出す結果となり、むしろ用い難いのであるが、「吧」は、語気を和らげたい場合には必ず必要である。

　また、「〜するつもりだ」に対応する二次的モダリティとして中国語の「要」「打算」「准备」を１つにくくってしまったが、調査票質問項目Ⅴの設問(5)、(6)、(7)のところでも少し触れたように、使用に際しては意味が微妙に異なっており、更に詳しい調査が必要である。今後の課題としたい。

注
1. 「必須」を用いた (32) についての以上の記述は、朱継征氏の説明によるものである。張昌玉氏の説明は若干異なっているので、以下に記す。「強い責任感を表し、どんなことがあっても自分の責任感をつらぬく姿勢」
2. 注1と同様に、「応該」を用いた (33) については「倫理的な理由から」という朱継征氏の説明に対し、張昌玉氏の説明は「義務的な理由から」となっており、ニュアンスの問題では、ネイティブ・スピーカーの両者の間でも個人差が見られる。

《調査票》

Ⅰ．次のそれぞれの主語が、「行く」意志を持っていることを表す文を、考えられる限りすべてあげてください。
　　　例：「私」・私が(は)行こう。
　　　　　　・私が(は)行くつもりだ。
　　　　　　・私が(は)行く。
「私」(話し手)
「あなた」(聞き手)
「私」＋「あなた」(話し手＋聞き手)(＝勧誘)
「彼」(第三者)

Ⅱ．Ⅰであげたそれぞれの文について、過去のことに出来るものには○を、出来ないものには×をつけて下さい。
　　　例：×私が(は)行こう。(過去表現にはならない。)
　　　　　○私が(は)行くつもりだった。
　　　　　×私が(は)行った。(意志の意味にはならない。)
「私」
「あなた」
「私」＋「あなた」
「彼」

Ⅲ．それぞれの文に「〜と思う」「〜と思った」をつけてみて、言えるものには○を、言えないものには×をつけて下さい。
　　　例：○私が(は)行こうと思った。
　　　　　×私が(は)行くつもりだと思った。
　　　　　×私が(は)行くと思った。
「私」
「あなた」
「私」＋「あなた」

「彼」

IV. それぞれの文に「〜と言う／〜と言った」をつけてみて、言えるものには○を、言えないものには×をつけて下さい。
　　例：○私が（は）行こうと言った。
　　　　○私が（は）行くつもりだと言った。
　　　　○私が（は）行くと言った。
「私」
「あなた」
「私」＋「あなた」
「彼」

V. 次の場合、中国語ではどう言いますか。言える表現をすべてあげて下さい。
　（1）友達どうしのAとBが、共同で花壇を造っている。BがAに、中央には何色の花を植えるか相談した。そのときAが、
　　　「よし、赤い花を植えよう。」
　（2）Aがワープロを買おうとして、店先で友人Bと話している。Bが、こちらの方が値段は高いが、印字がずっと早いというと、Aが、
　　　「じゃあ、こちらの方を買おう。」
　（3）レストランで、セット・メニューを頼んだところ、サラダかスープか、どちらかを選ぶように言われた。そのとき、客が、
　　　「じゃあ、スープにしよう。」
　（4）社長の家を訪問した際、応接室で、紅茶とコーヒーと、どちらがいいかと訪ねられた。そのとき、客が、
　　　「では、紅茶をいただきます。」
　（5）母親が、遊びに行く子供に、帰宅時間を訪ねたところ、子供が、
　　　「六時に帰ってくるよ」
　（6）Aが、友人Bに、旅行先を尋ねられた。そのとき、Aが、
　　　「北海道に行くよ。」
　（7）Aが、友人Bに、脱サラすることを打ち明ける際、Aが、
　　　「会社をやめるつもりだ。」

※以上、実際の調査票では、各設問ごとに解答欄を設けた。
※なお、調査項目IVで「彼」についての場合、文脈の可能性として、次の二通りがある。
　①「誰かが『彼が（は）行くつもりだ』と言った」という場合
　②「彼が『（私が（は））行くつもりだ』と言った」という場合

ここでは、「行く」の主語が、第三人称である場合を意図しているので、①の文脈で回答して頂きたい旨を被調査者のお二人に説明し、御理解頂いた上で回答を得た。

おわりに

1. まとめ

　本書で述べてきたことを以下にまとめる。
　第1部では、助動詞「う」と「だろう」が、ともに時代を下るにつれ、内容判断表現から聞き手めあての談話機能表現へと性質を変質させつつある実態を、資料に基づき考察した。第2部では、その一方で、形式名詞「つもり」が、文法化を起こし、「〜するつもりだ」という文末の固定的表現として内容判断的な意志を表すようになり、談話機能重視へと変質しつつある助動詞「う」との補完機能を果たすようになってくる実態を分析した。これによって、典型的モダリティである推量の「だろう」と、近代語における特徴である分析的表現「〜するかもしれない」「〜にちがいない」などの判断系モダリティ形式との間に見られるような一次的モダリティと二次的モダリティとほぼパラレルな階層関係が、意志表現においてもこの時期に確立した過程が明らかになった。
　動詞が文法化を起こして助動詞相当のものに変質していくプロセスは、日本語以外の諸言語においてもよく知られているが、「だろう」に見られるような、もともと助動詞であったものが、より意味変化を起こして談話機能重視のマーカーへと変質していくといった変化は、従来よく知られている文法化のタイプとは異なっており、特徴的である。このような文法化の方向は、他の諸言語においてあまり分析されていない新しいタイプのものとして日本語の側から積極的に情報を発信していく必要があろう。このようなタイプの

変化を従来の文法化現象の枠で捉えられるのか、捉えられないとしたら、このようなものも含めて説明出来るような新しい理論的枠組みを打ち立てる必要があるのではないかと考える。

　助動詞「う」「だろう」と形式名詞を用いた「〜するつもりだ」に現れる変化はともに江戸語を中心とした近世以降の変化であったのに対し、動詞基本形終止文による意志表現は古代語から現代語に至るまで見られる現象である。そのため、第3部では古代語を中心として現代語と比較しつつ、通時的変化の実態を記述した。動詞基本形が意志を表すための前提条件として、動詞基本形終止文の表すテンス・アスペクト的意味は重要な問題である。そこで、まず基本形のテンスについての古代語資料における問題点を整理し、次に古代語と現代語の動詞基本形終止文の表す意味・用法の差異を明らかにした。関連する重要な文形態として連体形終止文や係り結びによる終止法についても分析を行い、これらが終止形終止と比較して、従来言われていたような単なる情緒的強調表現にとどまらず、情報内容と発話者との関係を明示する機能を持つものであったという説を提示した。

　これらの通時的変遷の結果、現代日本語の意志表現体系では、発話者の視点から描き出された事柄を表す無標の形態である動詞基本形終止文が、ある条件を満たした場合にのみ文脈的に意志表出の機能を果たす、という最も原初的な表現方法を中心に、非現実事態を想定する叙法形式である「む」を祖とする「う」が、古代語より限定的な意味で意志を表し、更に限定的な意味で意志を表す形式名詞を用いた近代語的表現の「〜するつもりだ」という形式と、談話機能の点において相互に役割分担をしていることが明らかになった。

2. 意志表現とモダリティ

　基本形における意志用法が、一定の構文的条件を満たした場合にはじめて現れ得る、多分に文脈依存的な性格のものであることを述べたが、動詞基本形が意志を表すための条件として序章で掲げた以下の諸条件は、無標形であ

る動詞基本形が意志表現となる場合に最も厳密な形で適用されるものの、助動詞「う」や「〜するつもりだ」についてもほぼ同様にあてはまるものである。

1. 会話文中であること
2. 主節の文末に位置すること
3. 助動詞類がつかないこと
4. 意志動詞であること
5. 主体が一人称の平叙文であるか、二人称の疑問文であること

1については、書き言葉の地の文で「う」を用いた場合に意志と解釈するのは極めて困難であり、また「〜するつもりだ」も、地の文であっても一人称主体で言い切りで現れれば読者を聞き手に見立てた意志表出として解されよう。森山(1990)で、動詞基本形は「独り言的な発言が極めて不自然である(p.4)」とされているが、「僕は帰る」のようなその場での判断形成ではなく、「僕は(絶対)アメリカに行く」のようなあらかじめ予定・計画するのが普通である事柄の場合は独話的な発話でもごく自然であり、聞き手の存在の有無という点では、両者の差はさほど大きくない。

2については、「う」はもちろんのこと、「〜するつもりだ」についても、意志表現として確立していくに従って、文末に限って現れる傾向が固定化していく実態を第2部で詳述した。

3については、「〜するつもりだ」には可能性があるものの、例えば「〜するつもりだった」「〜するつもりだろう」などとなった場合に、これを意志表現と呼べるかどうかという点で疑問が起こる。

4については、「う」や「〜するつもりだ」に前接する動詞は意志動詞であることは意志表現として必須である。

5については、「〜するつもりだ」が、「彼は行くつもりだ」など、三人称主体の意志を叙述出来る点で、より客体的な二次的モダリティに相当する性格を持ち、他の二形式とはやや異質であるが、助動詞「う」については基本形と全く同様である。

このように見ていくと、どの形式も、かなり共通したある一定の構文的、

文脈的条件のもとでしか意志を表せないという点で、厳密な意味での意志専用表現形式というものは日本語にはないということが出来る。「一人称主体にとってコントロール可能と思われる未実現の出来事の出来を聞き手に向かって表出する」場合の文脈的意味を、便宜的に「意志」（あるいは聞き手への働きかけ度によって「勧誘」や「命令」など）と名付けてモダリティ論に組み入れていたというのが、モダリティ形式に関する先行研究における大方の実情であると思われるが、形態的な現れ方を重視する視点を厳密に適用するならば、「意志」という意味的カテゴリーは日本語モダリティ論から除外すべきであるということになろう。

　しかし、序章の注４でも述べたように、意志用法の「う」をモダリティ形式として認定しない立場を明確に示しているのは、管見によると大鹿（2004）のみであり、多くのモダリティ論では「う」を排除していない。この助動詞が「む」から分出してきたという歴史的背景をどの程度勘案するか、また、現代語では相当文語的であり、かつ慣用句として限定的に残っているに過ぎない「う」の推量、仮定、婉曲用法（「よかろう」「校長先生ともあろう人がそんなことをするなんて」など）を、現代語の「う」の用法としてどの程度重く位置づけるか、という点で「う」に対する扱いが変わることになる。これらを過去の事実として、現代語の「う」を完全に意志に特化した表現形式として変質してしまったものと見るならば、「う」は願望の「たい」とほぼ同列の表出形式であると考える方が適切であり、狭い意味でのモダリティからは除かれることになろう。

　他方、モダリティを形態的なカテゴリーではなく、意味的なカテゴリーとして捉えるならば、意志も勧誘、命令と連続した一種のモダリティの類型として十分成り立ち得る。その場合、「う」が意志を表すためには必ず一人称主体で意志動詞に下接するという条件を満たす必要があり、その条件下であれば意志動詞の言い切り形のみでも（つまり助動詞「う」がなくても）、結果的に意志を表すことが出来るという点で、動詞の言い切り形をモダリティから排除することは困難となろう。

　モダリティとは何かを考える上で、意志表現に観察される文脈的意味と形

態との相互関係をどのように捉えるかという視点は、本質的な部分で極めて重要な問題である。

3. 言語体系の通時的考察

　既に多くの先行研究によって指摘されていることであるが、「言語体系の通時的変化」を直接的に観察することは極めて困難である。そのため、古代語と現代語とを構造的によく似た別の言語として比較しつつ対照研究を行うという姿勢が、実際の日本語研究においては最も有効なのではないかという見解が近藤（2000）などで示されている。

　古代語動詞基本形終止文の文脈的意味用法の広がりについては、その実態の全体像を体系的に記述した先行研究はなく、古代語が現代語と比較してどのような共通点と相違点を持つのかという点はほとんど明らかにされていなかった。現代語については尾上（1995、2000）などの詳しい分析があるが、その結果は古代語の分析にそのまま適用出来るものではない。そこで本書第3部では、近藤（2000）で示されている研究姿勢をとり、現代語と対比させつつ古代語の基本形終止の実態を明らかにすることを試みた。

　一方、助動詞「む」が「う」と「だろう」に分化し、古代語の「む」と現代語の「う」が用法的に相当異なること、また、「〜するつもりだ」が近世以降に発達した意志表現形式であることについては、既に諸先行研究により明らかである。そこで、本書第1部と第2部では、体系の通時的記述の困難さを認めた上で、やはり何らかの形で時間の流れを軸とした体系的言語変化の展開を捉えることが出来ないだろうかと考えた。

　広範囲にわたる言語現象のすべてを、時代的に長いスパンで体系的に扱うことは不可能でも、意志表現という比較的狭い意味的カテゴリーを設定し、その範囲で互いに関連する諸形式との緊張関係に目を配りつつ、体系的に通時的展開を捉えることは可能である。本書で触れることが出来なかった問題も多いが、体系的な通時的変遷の実態を描き出すという目的をある程度達成することが出来たと考える。

引用文献・参考文献一覧

青木博史 1999「中世室町期における「動詞連用形＋ゴト」構文について」『国語学』198

赤塚紀子・坪本篤朗 1998『日英語比較選書 3 モダリティと発話行為』研究社出版

安達太郎 1997「「だろう」の伝達的な側面」『日本語教育』95

―――― 1998「意志形・推量形の伝達性」中部日本・日本語学研究会 第 20 回口頭発表資料（於三重大学）

―――― 1999「意志のモダリティと周辺形式」『広島女子大国文』16　広島女子大学国文学会

安達隆一 1972a「天草版平家物語の「ウ・ウズ・ウズル」について（一）―いわゆる原拠本との比較を通してみた―」『解釈』18-2

―――― 1972b「天草版平家物語の「ウ・ウズ・ウズル」について（二）―いわゆる原拠本との比較を通してみた―」『解釈』18-9

荒木雅實 1982「「さう（そう）について」『語学研究』29　拓殖大学

安平鎬・福嶋健伸 2005「中世末期日本語と現代韓国語のテンス・アスペクト体系―存在型アスペクト形式の文法化の度合い―」『日本語の研究』1-3

池上嘉彦 1981『「する」と「なる」の言語学―言語と文化のタイポロジーへの試論―』大修館書店

井上親雄・山内洋一郎編 1992『継承と展開 1 古代語の構造と展開』和泉書院

岩井良雄 1974『日本語法史 江戸時代編』笠間書院

大木一夫 1997「古代日本語における動詞終止の文と表現意図―テンス・アスペクト的意味を考えるにあたって―」『日本語の歴史地理構造』加藤正信（編）明治書院

大鹿薫久 2004「第 8 章　モダリティを文法史的に見る」北原保雄監修・尾上圭介編『朝倉日本語講座⑥文法Ⅱ』朝倉書店

―――― 2005「叙法の組織と「のだ」文・規定文」日本語学会 2005 年度春季大会予稿集　シンポジウム分科会 B「モダリティをどう捉えるか」（於甲南大学）

大塚光信 1956「ウズとウズル」『国語国文』25-9（265）京都大学文学部国語学国文学研究室

大野晋 1993『係り結びの研究』岩波書店

沖裕子 1996「アスペクト形式「しかける・しておく」の意味の東西差――気づかれにくい方言について――」『日本語研究諸領域の視点 上巻』明治書院

奥津敬一郎 1974『生成日本文法論：名詞句の構造』大修館書店

奥田靖雄 1984「おしはかり (1)」『日本語学』3-12 明治書院
―――― 1985「おしはかり (2)」『日本語学』4-2 明治書院
尾上圭介 1982「文の基本構成・史的展開」森岡健二他編『講座日本語学 2 文法史』明治書院 (2001『文法と意味Ⅰ』くろしお出版　第 1 章第 5 節に所収)
―――― 1997「国語学と認知言語学の対話Ⅱ・モダリティをめぐって―」『月刊言語』26-13　大修館書店 (2001『文法と意味Ⅰ』くろしお出版　第 3 章第 5 節に所収)
―――― 2001『文法と意味Ⅰ』くろしお出版
―――― 2004a「第 1 章　主語と述語をめぐる文法」北原保雄監修・尾上圭介編『朝倉日本語講座⑥文法Ⅱ』朝倉書店
―――― 2004b『文法と意味Ⅱ』くろしお出版
加藤正信編 1997『日本語の歴史地理構造』明治書院
加藤康秀 1993「古今集のテンス・アスペクト」『国文学解釈と鑑賞』58-7
金沢裕之 1998『近代大阪語変遷の研究』和泉書院
カレル・フィアラ 2000『日本語の情報構造と統語構造』ひつじ書房
川端善明 1976「用言」『岩波講座日本語 6』岩波書店
―――― 1997『活用の研究』清文堂
―――― 2004「第 2 章　文法と意味」北原保雄監修・尾上圭介編『朝倉日本語講座⑥文法Ⅱ』朝倉書店
川端善明・仁田義雄編 1997『日本語文法 体系と方法』ひつじ書房
木坂基 1988『近代文章成立の諸相』和泉書院
北原保雄 1981『日本語助動詞の研究』大修館書店
金水敏 1991「伝達の発話行為と日本語の文末形式」『神戸大学文学部紀要』18
―――― 1992「談話管理理論からみた「だろう」」『神戸大学文学部紀要』19
―――― 1994「書評『古代日本語動詞のテンス・アスペクト』」『国語学』176
―――― 2000「第 1 章　時の表現」『日本語の文法 2　時・否定と取り立て』仁田義雄・益岡隆志編　岩波書店
―――― 2002「日本語文法の歴史的研究における理論と記述」『日本語文法』2-2　日本語文法学会
金田一春彦 1953a「不変化助動詞の本質 (上)」『国語国文』22
―――― 1953b「不変化助動詞の本質 (下)」『国語国文』23
―――― 1953c「不変化助動詞の本質、再論―時枝博士・水谷氏・両家に答えて―」『国語国文』22-9
金田一春彦編 1976『日本語動詞のアスペクト』むぎ書房
工藤浩 2000「第 3 章 副詞と文の陳述的なタイプ」『日本語の文法 3 モダリティ』仁田義雄・益岡隆志編　岩波書店
―――― 2005「現代日本語の叙法性 (modality) ―その中核と周辺」日本語学会 2005

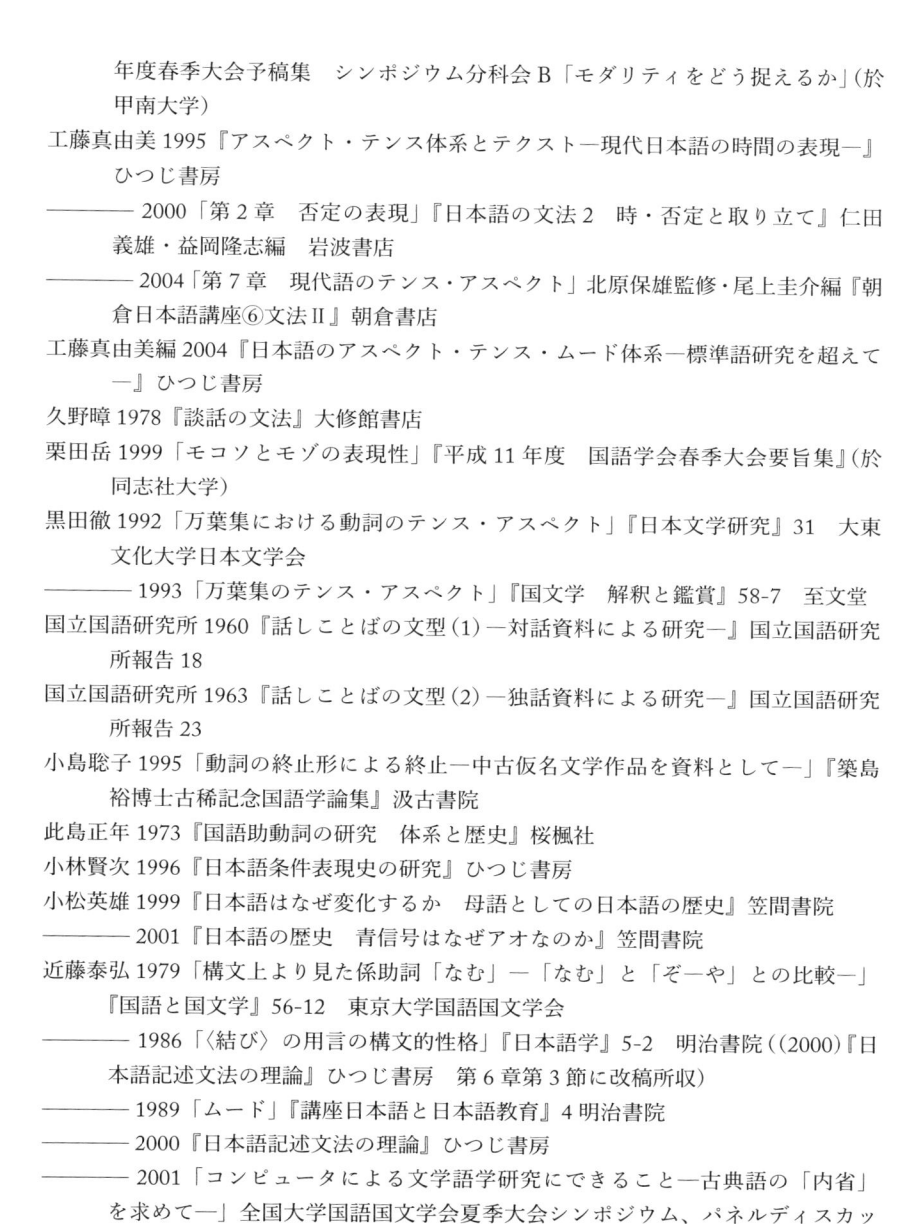

年度春季大会予稿集　シンポジウム分科会 B「モダリティをどう捉えるか」(於 甲南大学)
工藤真由美 1995『アスペクト・テンス体系とテクスト―現代日本語の時間の表現―』ひつじ書房
――― 2000「第 2 章　否定の表現」『日本語の文法 2　時・否定と取り立て』仁田義雄・益岡隆志編　岩波書店
――― 2004「第 7 章　現代語のテンス・アスペクト」北原保雄監修・尾上圭介編『朝倉日本語講座⑥文法Ⅱ』朝倉書店
工藤真由美編 2004『日本語のアスペクト・テンス・ムード体系―標準語研究を超えて―』ひつじ書房
久野暲 1978『談話の文法』大修館書店
栗田岳 1999「モコソとモゾの表現性」『平成 11 年度　国語学会春季大会要旨集』(於 同志社大学)
黒田徹 1992「万葉集における動詞のテンス・アスペクト」『日本文学研究』31　大東文化大学日本文学会
――― 1993「万葉集のテンス・アスペクト」『国文学　解釈と鑑賞』58-7　至文堂
国立国語研究所 1960『話しことばの文型(1)―対話資料による研究―』国立国語研究所報告 18
国立国語研究所 1963『話しことばの文型(2)―独話資料による研究―』国立国語研究所報告 23
小島聡子 1995「動詞の終止形による終止―中古仮名文学作品を資料として―」『築島裕博士古稀記念国語学論集』汲古書院
此島正年 1973『国語助動詞の研究　体系と歴史』桜楓社
小林賢次 1996『日本語条件表現史の研究』ひつじ書房
小松英雄 1999『日本語はなぜ変化するか　母語としての日本語の歴史』笠間書院
――― 2001『日本語の歴史　青信号はなぜアオなのか』笠間書院
近藤泰弘 1979「構文上より見た係助詞「なむ」―「なむ」と「ぞ―や」との比較―」『国語と国文学』56-12　東京大学国語国文学会
――― 1986「〈結び〉の用言の構文的性格」『日本語学』5-2　明治書院((2000)『日本語記述文法の理論』ひつじ書房　第 6 章第 3 節に改稿所収)
――― 1989「ムード」『講座日本語と日本語教育』4 明治書院
――― 2000『日本語記述文法の理論』ひつじ書房
――― 2001「コンピュータによる文学語学研究にできること―古典語の「内省」を求めて―」全国大学国語国文学会夏季大会シンポジウム、パネルディスカッション報告 2『文学・語学』171　全国大学国語国文学会
阪倉篤義 1993『日本語表現の流れ』岩波セミナーブックス 45　岩波書店

桜井光昭 1978「平安時代語の時の表現」『国語学』112
佐田智明 1974「「はず」と「つもり」」『北九州大学文学部紀要』10
真田信治 1984「4方言の助動詞」『研究資料日本文法⑥助辞編（二）助動詞』明治書院
澤田治美 1993『視点と主観性―日英語助動詞の分析―』ひつじ書房
重見一行 1988「「む」は「推量」か」『国語国文』57-2 pp.31-49　京都大学文学部国語学国文学研究室
――――― 1999『助動詞の構文機能研究―時枝詞辞論からの脱出―』和泉書院
――――― 1993「時間表現の変遷」『月刊言語』22-2　大修館書店
ジル・フォコニエ著・坂原・水光・田窪・三藤訳 1996『メンタル・スペース―自然言語理解の認知インターフェイス―』白水社
城田俊 1977「《う／よう》の基本的意味」『国語学』110
新屋映子 1989「「文末名詞」について」『国語学』159
鈴木一彦・林巨樹編 1984『研究資料日本文法⑦助辞編（三）助詞助動詞辞典』明治書院
鈴木重幸 1979「現代日本語の動詞のテンス」言語学研究会編『言語の研究』むぎ書房
鈴木泰 1986「テンス」『国文学解釈と鑑賞』51-1　至文堂
――――― 1992『古代日本語動詞のテンス・アスペクト―源氏物語の分析―』ひつじ書房
――――― 1993「時間表現の変遷」『月刊言語』22-2　大修館書店
――――― 1999a「宇津保物語における基本形のテンス―古代語のテンスにおけるアクチュアリティーの問題―」『国語学』196
――――― 1999b『改訂版古代日本語動詞のテンス・アスペクト―源氏物語の分析―』ひつじ書房
――――― 2001「時間的局在性とテンス・アスペクト」『日本語文法』1-1　日本語文法学会
――――― 2004「テンス・アスペクトを文法史的にみる」北原保雄監修・尾上圭介編『朝倉日本語講座⑥文法Ⅱ』朝倉書店
鈴木泰・角田太作編 1996『日本語文法の諸問題―高橋太郎先生古希記念論文集―』ひつじ書房
仙波光明 1976「終止連体形接続の「げな」と「さうな」―伝聞用法の発生から定着まで―」『佐伯梅友博士喜寿記念国語学論集』表現社
高橋太郎 1994『動詞の研究―動詞の動詞らしさの発展と消失―』むぎ書房
高山善行 1998「モダリティ形式の連体用法―助動詞ムの場合―」中部日本・日本語学研究会第21回口頭発表資料（於岐阜大学）
――――― 2001「モダリティ形式の連体用法―『枕草子』を資料として―」『国語語彙史の研究』20

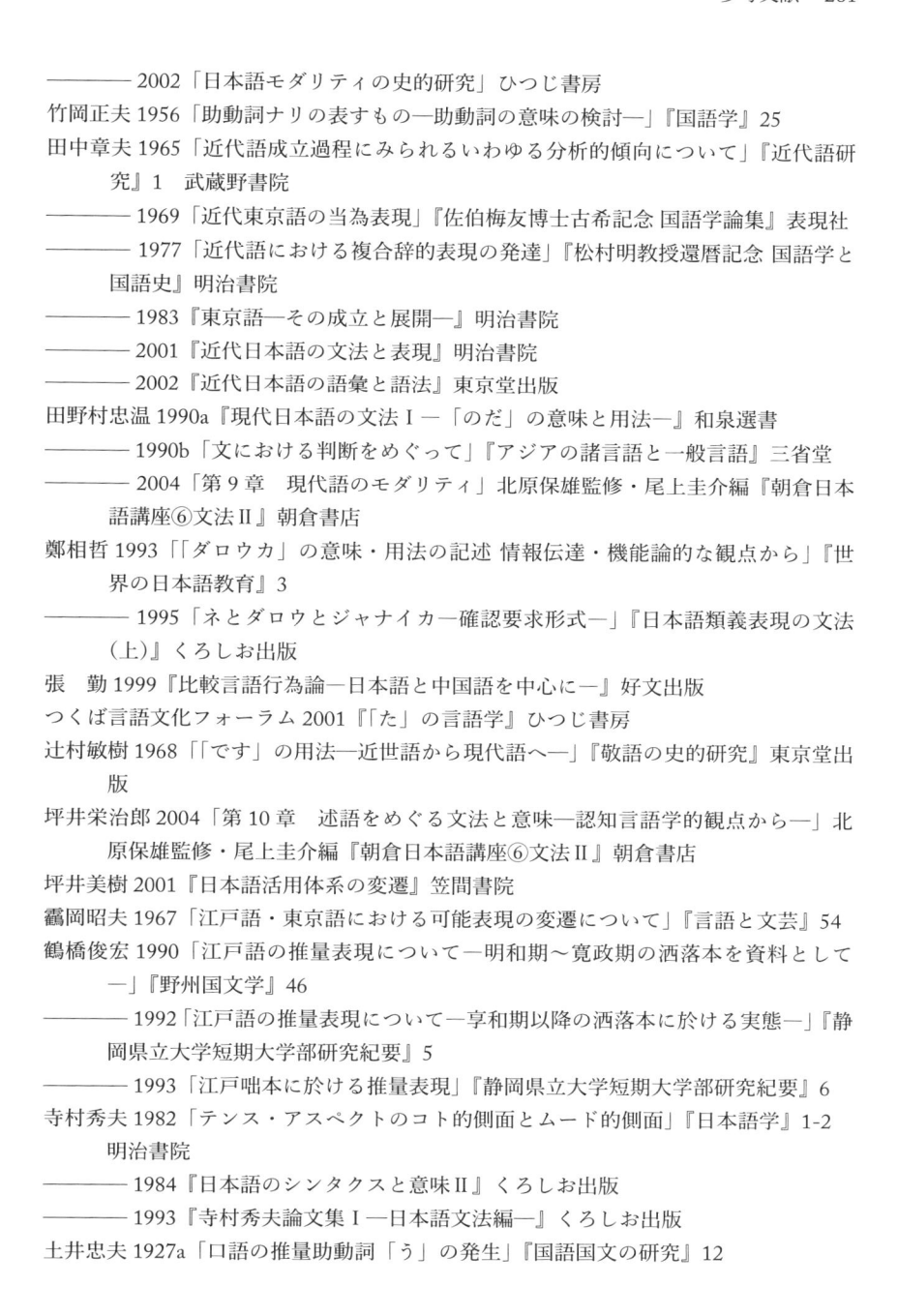

─────2002『日本語モダリティの史的研究』ひつじ書房
竹岡正夫 1956「助動詞ナリの表すもの―助動詞の意味の検討―」『国語学』25
田中章夫 1965「近代語成立過程にみられるいわゆる分析的傾向について」『近代語研究』1　武蔵野書院
─────1969「近代東京語の当為表現」『佐伯梅友博士古希記念 国語学論集』表現社
─────1977「近代語における複合辞的表現の発達」『松村明教授還暦記念 国語学と国語史』明治書院
─────1983『東京語―その成立と展開―』明治書院
─────2001『近代日本語の文法と表現』明治書院
─────2002『近代日本語の語彙と語法』東京堂出版
田野村忠温 1990a『現代日本語の文法Ⅰ―「のだ」の意味と用法―』和泉選書
─────1990b「文における判断をめぐって」『アジアの諸言語と一般言語』三省堂
─────2004「第9章　現代語のモダリティ」北原保雄監修・尾上圭介編『朝倉日本語講座⑥文法Ⅱ』朝倉書店
鄭相哲 1993「「ダロウカ」の意味・用法の記述 情報伝達・機能論的な観点から」『世界の日本語教育』3
─────1995「ネとダロウとジャナイカ―確認要求形式―」『日本語類義表現の文法（上）』くろしお出版
張　勤 1999『比較言語行為論―日本語と中国語を中心に―』好文出版
つくば言語文化フォーラム 2001『「た」の言語学』ひつじ書房
辻村敏樹 1968「「です」の用法―近世語から現代語へ―」『敬語の史的研究』東京堂出版
坪井栄治郎 2004「第10章　述語をめぐる文法と意味―認知言語学的観点から―」北原保雄監修・尾上圭介編『朝倉日本語講座⑥文法Ⅱ』朝倉書店
坪井美樹 2001『日本語活用体系の変遷』笠間書院
靎岡昭夫 1967「江戸語・東京語における可能表現の変遷について」『言語と文芸』54
鶴橋俊宏 1990「江戸語の推量表現について―明和期〜寛政期の洒落本を資料として―」『野州国文学』46
─────1992「江戸語の推量表現について―享和期以降の洒落本に於ける実態―」『静岡県立大学短期大学部研究紀要』5
─────1993「江戸咄本に於ける推量表現」『静岡県立大学短期大学部研究紀要』6
寺村秀夫 1982「テンス・アスペクトのコト的側面とムード的側面」『日本語学』1-2 明治書院
─────1984『日本語のシンタクスと意味Ⅱ』くろしお出版
─────1993『寺村秀夫論文集Ⅰ―日本語文法編―』くろしお出版
土井忠夫 1927a「口語の推量助動詞「う」の発生」『国語国文の研究』12

──── 1927b「口語の推量助動詞「う」の発生（二）」『国語国文の研究』16
──── 1928「口語の推量助動詞「う」の発生（三）」『国語国文の研究』21
東京大学国語研究室創設百周年記念国語研究論集編集委員会編 1998『東京大学国語研究室創設百周年記念国語研究論集』汲古書院
時枝誠記 1953「金田一春彦氏の「不変化助動詞の本質」を読んで」『国語国文』22-5
土岐留美江 1992「江戸時代における助動詞「う」―現代語への変遷―」『都大論究』29
──── 1994「意志表現としての「つもり」の発達―モダリティ化への歴史的変遷―」『都大論究』31　東京都立大学国語国文学会
──── 1998「「だろう」の確認要求の用法について―江戸時代後期と現代における様相の比較―」『日本近代語研究 3』ひつじ書房
──── 1999「現代韻文資料における日本語動詞基本形のテンス」『国語国文』68-6
──── 2003「古代語と現代語の動詞基本形終止文―古代語資料による「会話文」分析の問題点―」『社会言語科学』6-1
──── 2005「平安和文会話文における連体形終止文」『日本語の研究』1-4
永井鉄郎 1997「「～ようとする」の意味と用法について」『日本語教育』92
中出惇 1964「天草版伊曽保物語における助動詞「ウ」と「ウズ」について」『愛知大学文学論叢』28
──── 1965「ロドリゲス「日本大文典」における「ウ」・「ウズ」・「ウズル」の用法―時・法を中心として―」『愛知大学国文学』6
中右実 1979「モダリティと命題」『英語と日本語と』くろしお出版
──── 1999「モダリティをどう捉えるか」『月刊言語』28-6
中田祝夫・竹岡正夫 1960『あゆひ抄新注』風間書房
長友千代治 1984「幕末一戯作者の動向―柳園種春伝―」『文学』52-7
中西宇一 1996『古代語文法論 助動詞篇』和泉書院
中野伸彦 1996「確認要求の平叙文と終助詞「ね」」『山口明穂教授還暦記念国語学論集』
中野伸彦 1998「確認要求の平叙文の「だろう」」『東京大学国語研究室創設百周年記念国語研究論集』東京大学国語研究室創設百周年記念国語研究論集編集委員会編　汲古書院
中村通夫 1948「東京語における意志形と推量形」『東京語の性格』川田書房
中村幸彦 1984『中村幸彦著述集 13』中央公論社
中山緑朗 1999『動詞研究の系譜―研究と資料―』明治書院
西村義樹 2004「第 12 章　主語をめぐる文法と意味―認知文法の観点から―」北原保雄監修・尾上圭介編『朝倉日本語講座⑥文法Ⅱ』朝倉書店
仁田義雄 1984「係結びについて」『研究資料日本文法』5 助辞編 (1) 助詞　明治書院
──── 1991『日本語のモダリティと人称』ひつじ書房

─── 2000「第 2 章 認識のモダリティとその周辺」『日本語の文法 3 モダリティ』仁田義雄・益岡隆志編　岩波書店

─── 2005「モダリティをどう捉えるか」日本語学会 2005 年度春季大会予稿集シンポジウム分科会 B（於甲南大学）

仁田義雄・益岡隆志編 1989『日本語のモダリティ』くろしお出版

日本語記述文法研究会編 2003『現代日本語文法 4　第 8 部　モダリティ』くろしお出版

丹羽哲也 1996「ル形とタ形のアスペクトとテンス」『人文研究』48-10　大阪市立大学文学部

─── 2004「第 11 章　主語と題目語」北原保雄監修・尾上圭介編『朝倉日本語講座⑥文法Ⅱ』朝倉書店

野村剛史 1994「上代語のリ・タリについて」『国語国文』63-1

─── 1995「ズ・ム・マシについて」『宮地裕・敦子先生古稀記念論集 日本語の研究』明治書院

─── 2003「モダリティ形式の分類」『国語学』54-1

─── 2004「第 3 章　述語の形態と意味」北原保雄監修・尾上圭介編『朝倉日本語講座⑥文法Ⅱ』朝倉書店

ハイコ・ナロック 1998「日本語動詞の活用体系」『日本語科学』4

─── 2002「意味論的カテゴリーとしてのモダリティ」大堀壽夫編『シリーズ言語科学 3 認知言語学Ⅱ：カテゴリー化』東京大学出版会

─── 2005「言語類型論から見た日本文文法史」『国語と国文学』82-11

橋本研一 1979「「べし」における可能の意味―「可能」の意味史序説―」『田邊博士古稀記念　国語助詞助動詞論叢』桜楓社

橋本四郎 1950「動詞の終止形―辭書・注釋書を中心とする考察―」『国語国文』22-12

橋本進吉 1969『助詞・助動詞の研究』岩波書店

蓮沼昭子 1993「日本語の談話マーカー「だろう」と「じゃないか」の機能―共通認識喚起の用法を中心に―」『第 1 回 小出記念日本語教育研究会論文集』今田滋子、上野田鶴子、佐々木倫子、中村妙子、西原鈴子編

─── 1995「対話における確認行為「だろう」「じゃないか」「よね」の確認用法」『複文の研究（下）』仁田義雄編 くろしお出版

蜂谷清人 1971「助動詞「う」「うず」「うずる」の語形・用法に関する一考察―狂言古本を中心に―」『国語学』86

原口裕 1973「江戸語の推量形」『静岡女子大学国文研究』6

─── 1981「近世後期語（江戸）」『講座日本語学 3 現代文法との史的対照』明治書院

半藤英明 2001「係助詞の歴史と係結びの本質」『国語国文』70-11
東辻保和 1972「源氏物語の文章―「ものなり」の場合―」『国文学攷』59 広島大学国語国文学会
─── 1997『もの語彙こと語彙の國語史的研究』汲古書院
平野尊識 1980「助動詞"そうだ"についての一考察」『山口大学文学会志』31
福沢将樹 1997「タリ・リと動詞のアスペクチュアリティー」『国語学』191
福島悦子・上原聡 1999「会話における裸の文末形式の用法」『日本語教育学会秋季大会研究発表予稿集』日本語教育学会
益岡隆志 1987『命題の文法』くろしお出版
─── 1991『モダリティの文法』くろしお出版
─── 2005「モダリティの意味と構造―構成的モダリティの見地から―」日本語学会 2005 年度春季大会予稿集　シンポジウム分科会 B「モダリティをどう捉えるか」(於甲南大学)
益岡隆志・田窪行則 1989『基礎日本語文法』くろしお出版
益岡隆志・仁田義雄・郡司隆男・金水敏 1997『岩波講座　言語の科学 5　文法』岩波書店
松下大三郎 1925『改撰標準日本文法』勉誠社 (復刻版 1974)
─── 1930『増補校訂 標準日本口語法』勉誠社 (復刻版 1977)
松村明 1957『江戸語東京語の研究』東京堂
─── 編 1969『古典語現代語 助詞助動詞詳説』學燈社
円井武 1984「狂言台本の「げな」と「さうな」」『香川大学国文研究』9
水谷静夫 1953「金田一春彦氏「不変化助動詞の本質」に質す」『国語国文』22-5
三宅知宏 1993「派生的意味について―日本語質問文の一側面―」『日本語教育』79
─── 1995「「推量」について」『国語学』183
─── 1996「日本語の確認要求的表現の諸相」『日本語教育』89
宮崎和人 1993「「～ダロウ」の談話機能について」『国語学』175
─── 1995「「～ダロウ」をめぐって」『広島修大論集』35-2
─── 1996a「確認要求表現と談話構造―「～ダロウ」と「～ジャナイカ」の比較―」『岡山大学文学部紀要』25
─── 1996b「「～ダロウネ」の意味・機能をめぐって」(第 9 回日本語文法談話会 (於神戸大学) 口頭発表原稿)
宮崎和人・安達太郎・野田春美・高梨信乃 2002『新日本語文法選書 4 モダリティ』くろしお出版
宮崎和人 2006「一人称の未実現の動作を表す文のモダリティー」『日本語文法学会第 7 回大会発表予稿集』(於神戸大学) 日本語文法学会
宮地幸一 1965「移りゆく断定表現」『近代語研究 1』武蔵野書院

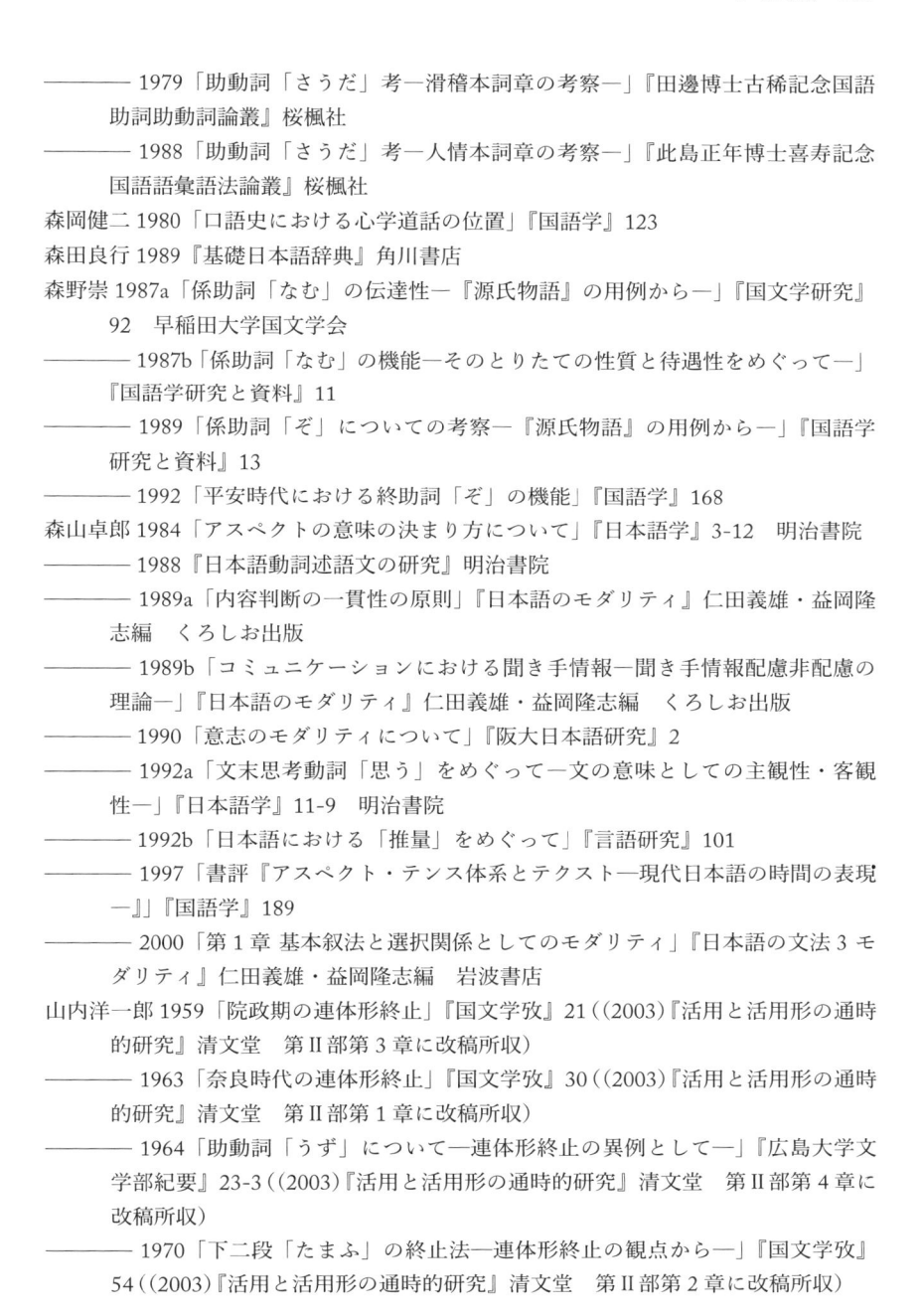

―――― 1979「助動詞「さうだ」考―滑稽本詞章の考察―」『田邊博士古稀記念国語助詞助動詞論叢』桜楓社
―――― 1988「助動詞「さうだ」考―人情本詞章の考察―」『此島正年博士喜寿記念国語語彙語法論叢』桜楓社
森岡健二 1980「口語史における心学道話の位置」『国語学』123
森田良行 1989『基礎日本語辞典』角川書店
森野崇 1987a「係助詞「なむ」の伝達性―『源氏物語』の用例から―」『国文学研究』92　早稲田大学国文学会
―――― 1987b「係助詞「なむ」の機能―そのとりたての性質と待遇性をめぐって―」『国語学研究と資料』11
―――― 1989「係助詞「ぞ」についての考察―『源氏物語』の用例から―」『国語学研究と資料』13
―――― 1992「平安時代における終助詞「ぞ」の機能」『国語学』168
森山卓郎 1984「アスペクトの意味の決まり方について」『日本語学』3-12　明治書院
―――― 1988『日本語動詞述語文の研究』明治書院
―――― 1989a「内容判断の一貫性の原則」『日本語のモダリティ』仁田義雄・益岡隆志編　くろしお出版
―――― 1989b「コミュニケーションにおける聞き手情報―聞き手情報配慮非配慮の理論―」『日本語のモダリティ』仁田義雄・益岡隆志編　くろしお出版
―――― 1990「意志のモダリティについて」『阪大日本語研究』2
―――― 1992a「文末思考動詞「思う」をめぐって―文の意味としての主観性・客観性―」『日本語学』11-9　明治書院
―――― 1992b「日本語における「推量」をめぐって」『言語研究』101
―――― 1997「書評『アスペクト・テンス体系とテクスト―現代日本語の時間の表現―』」『国語学』189
―――― 2000「第1章 基本叙法と選択関係としてのモダリティ」『日本語の文法3 モダリティ』仁田義雄・益岡隆志編　岩波書店
山内洋一郎 1959「院政期の連体形終止」『国文学攷』21（(2003)『活用と活用形の通時的研究』清文堂　第Ⅱ部第3章に改稿所収）
―――― 1963「奈良時代の連体形終止」『国文学攷』30（(2003)『活用と活用形の通時的研究』清文堂　第Ⅱ部第1章に改稿所収）
―――― 1964「助動詞「うず」について―連体形終止の異例として―」『広島大学文学部紀要』23-3（(2003)『活用と活用形の通時的研究』清文堂　第Ⅱ部第4章に改稿所収）
―――― 1970「下二段「たまふ」の終止法―連体形終止の観点から―」『国文学攷』54（(2003)『活用と活用形の通時的研究』清文堂　第Ⅱ部第2章に改稿所収）

─────── 1992「平安時代連体形終止」(井上親雄・山内洋一郎編『古代語の構造と展開』和泉書院)((2003)『活用と活用形の通時的研究』清文堂　第Ⅱ部第2章に改稿所収)
─────── 2003『活用と活用形の通時的研究』清文堂出版
山岡政紀 1989「発話行為論とモダリティ―擬似意向文をめぐって―」『言語学論叢』8　筑波大学一般・応用言語学研究室
─────── 1992「意志表現の文型提示に関する一考察―機能シラバスの1つの原理として―」『日本語教育』77
─────── 2000『日本語の述語と文機能』くろしお出版
山口明穂 1995「係結びの変遷」築島裕博士古希記念会編『築島裕博士古稀記念国語学論集』汲古書院
山口尭二 1989「疑問表現の推量語」『国語と国文学』66-7
─────── 2000『構文史論考』和泉書院
─────── 2003『助動詞史を探る』和泉書院
山口佳紀 1985『古代日本語文法の成立の研究』有精堂出版
─────── 1987「各活用形の機能」山口明穂編『国文法講座』2　明治書院
─────── 1997「万葉集における動詞基本形の用法―テンスの観点から―」『万葉集研究』21 塙書房
─────── 2001「『万葉集』における「時」の表現―動詞基本形の用法を中心に―」高岡市万葉歴史館論集 4　笠間書院
山崎恵 1988「「～ようとする」の意味と機能」『姫路独協大学外国語学部紀要』11
山田健三 2004「係り結び・再考」『国語国文』73-11
山田潔 1972「推量の助動詞「う」「うず」「うずる」の一考察―キリシタン資料における実態―」『学芸国語国文学』7
─────── 1985「史記抄における助動詞「ウ」「ウズ」の考察」『國學院雑誌』76-7
山田孝雄 1936『日本文法學概論』宝文館
山梨正明 1995『認知文法論』ひつじ書房
湯澤幸吉郎 1955a『室町時代言語の研究：抄物の語法』風間書房
─────── 1955b『徳川時代言語の研究　上方編』風間書房
─────── 1957『増訂版 江戸言葉の研究』明治書院
吉田金彦 1971『現代語助動詞の史的研究』明治書院
吉田茂晃 2006「係助詞の意味組織」『日本語文法学会第7回大会発表予稿集』(於神戸大学) 日本語文法学会
吉田光浩 1995「平安期形容詞の意味と終止用法について―『枕草子』『源氏物語』『栄花物語』を資料として―」『宮地裕・敦子先生古希記念論集　日本語の研究』明治書院

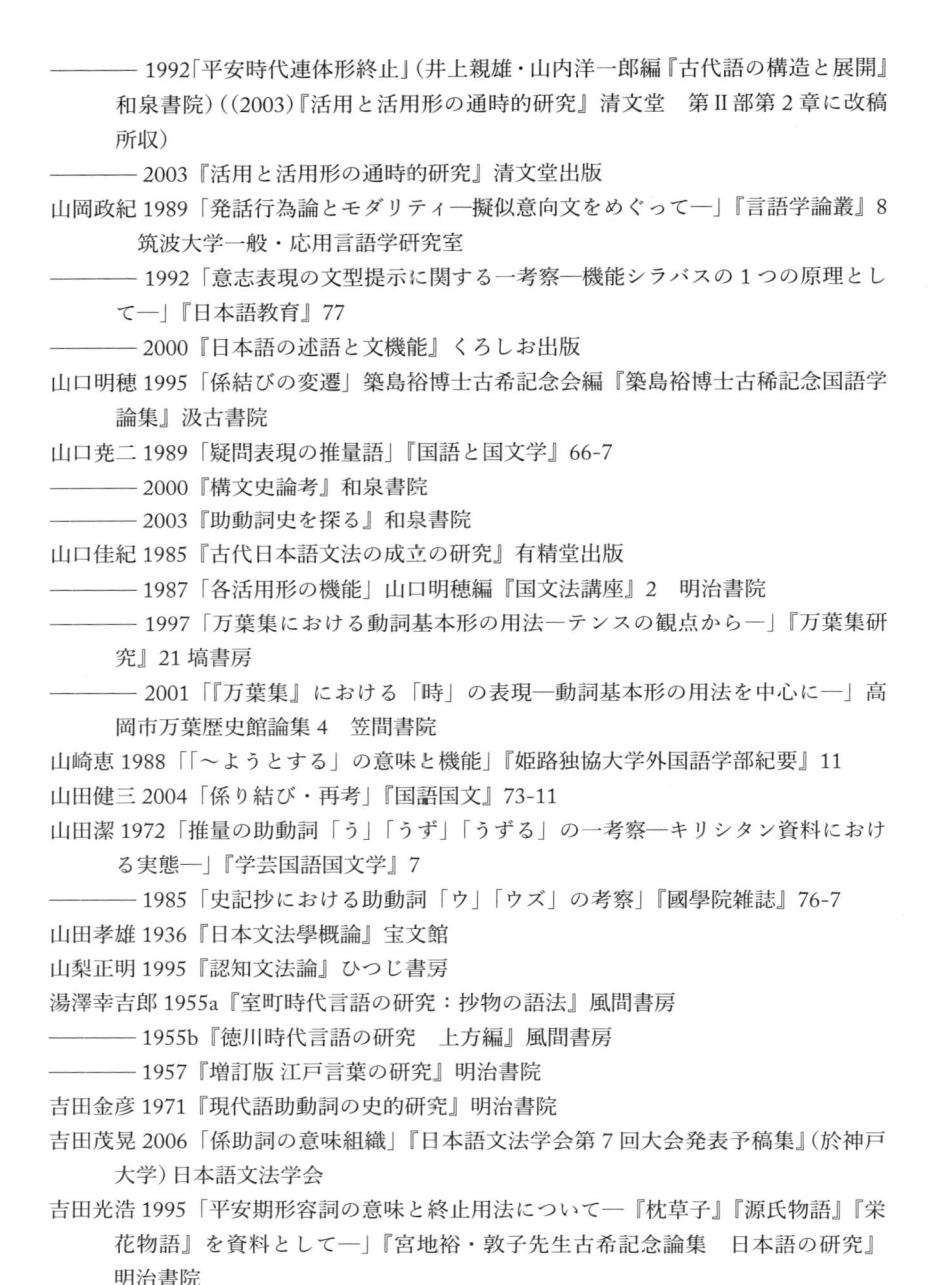

渡辺実 1971『国語構文論』塙書房
―――― 1981『平安朝文章史』東京大学出版会
―――― 1997『日本語史要説』岩波書店
和田明美 1994『古代日本語の助動詞の研究―「む」の系統を中心とする―』風間書房
Bybee, Joan, Revere Perkins, and William Pagliuca 1994 *The Evolution of Grammar: tense, aspect, and modality in the languages of the world*, The University of Chicago Press, Chicago/London.
Givón, Talmy 1982 "Logic vs. Pragmatics, with Human Languages as the Referee: Toward an empirically viable epistemology". *Journal of Pragmatics* 6.81–133.
―――― 1990 *Syntax: A functional–Typological Introduction. Vol.2*. Amsterdam/ Philadelphia: John Benjamins.
―――― 1995 *Functionalism and Grammar* John Benjamins.
Halliday, M. A. K. 1970 "Functional Diversity in Language as seen from a Consideration of Modality and Mood in English" *Foundations of Language* 6.
Hopper, Paul J. and Sandra A. Thompson 1985 "The Iconicity of the Universal Categories of 'Noun' and 'Verb'". J. Haimaned (ed.) *Iconicity in Syntax*, Amsterdam/ Philadelphia: John Benjamins. 151–183.
Hopper, Paul J. 1991 "On some principles of grammaticization". Elizabeth Closs Traugott and Bernd Heine (eds.) *Approaches to grammaticalization*, Amsterdom: John Benjamins. 1-35.
Hopper, Paul J. and Elizabeth Closs Traugott 1993 *Grammaticalization*, Cambridge University Press.
Iwasaki, Shoichi 2000 "Suppressed Assertion and the Functions of the Final–Attributive in Prose and Poetry of Heian Japanese". Susan C. Herring, Peter van Reenen and Lene Schosler (eds.) *Textual Parameters in Older Languages*, Amsterdam/Philadelphia: John Benjamins. 237–272.
Nicolle, Steve 1998 "A Relevance Theory Perspective on Grammaticalizatoin" *Cognitive Linguistics* 9–1, 1–35.
Ohori, Toshio (ed.) 1998 *Studies in Japanese Grammmaticalization—Cognitive and Discouse Perspectives—*, Kuroshio Publishers, Tokyo
Ohta, Kaoru 2002 "Kakarimusubi and Focus Structure" *Japanese/Korean Inguistics*, 10, pp. 293–306.
Palmer, F. R. 1986 *Mood and Modality*, Cambridge University Press.
―――― 1998 "Mood and Modality: Further Developments" Brown, Keith and Fim Miller (eds.), *Concise Encyclopedia of Grammatical Categories*, Elsevier, 235–239.
Szatrowski, Polly 1994 "Discourse functions of the Japanese epistemic model DESYOO"

Berkeley Linguistic Society, February, Berkeley, California, USA, 18–21.
Talmy, Leonard 1988 "Force Dynamics in Language and Cognition" *Cognitive Science 12*, 49–100.
Traugott, Elizabeth Closs and Bernd Heine (eds.) 1991a *Approaches to Grammaticalization. vol.1.:Focus on Theoretical and Methodological Issues,* Amsterdam/Philadelphia: John Benjamins.
——— 1991b *Approaches to Grammaticalization. vol.2.:Focus on Types of Grammatical Markers,* Amsterdam/Philadelphia: John Benjamins.
Traugott, Elizabeth Closs and Richard B.Dasher 2002 *Regularity in Semantic Change*, Cambridge University Press.

語句索引

C
CLAUSAL MORPHOLOGY　76

P
PRAGMATIC　75

T
TEXTUAL　75

あ
挨拶表現　164
アスペクチュアリティ　159
アスペクト　157
アスペクト形式　120

い
言い切り　21, 22
意志　11, 17, 29, 104, 105
意志・意図の内容　121
意志系　24, 31
意志系のモダリティ　2
意志・推量のモダリティ　157
意志する主体　105
意志的行為　34
意志の内容　105, 120
意志のモダリティ　129
意志表現　2
意志モダリティ　159, 169
意志や意図　140, 141
意志用法の萌芽期　148
意志を表す形式　126
意志を表す表現形式　129
意志を表す名詞　125
意志を表すモダリティ　158
意志を表すモダリティ形式　108
一次的モダリティ　234, 237, 247
一次的モダリティ形式　93
意味・機能論的側面　231
意味的なカテゴリー　254
意味的な変化　127
依頼　4
韻文　160

う
う　2, 11, 66, 94, 115, 116, 143, 158, 233, 235, 247, 251, 252, 253
ウ　9
有情物　44
うず・うずる　19
疑い　4

え
詠嘆性　211, 212, 213
詠嘆的表現性　214
詠嘆用法　230
婉曲　11

か
カ　231
ガ　212, 219
解説性　211, 212, 213
解説用法　230
階層化（layering）　71
会話文　44
係り結び　187, 204, 252
係り結び文　212
かかる　48
格助詞「と」　22
確認要求　23, 51, 52, 59, 69, 71
かける　48, 49
カシ　214
下接語　19
かたりのテクスト　206
価値判断　9
活用語　55, 56, 57
仮定　11
仮定条件主文末　61
カナ　214
可能性　11
かもしれない　1, 66, 80
ガル　215
関係節　72, 75, 230
感情・思考・知覚動詞　229
感情・評価型　225
感情、評価的態度の表出　205
感情表出　212, 226, 227

眼前描写　162, 167, 168, 172, 173, 176, 181, 203
眼前描写的用法　160
漢文訓読　46
漢文訓読語　199
勧誘　11

き

き　169
キ　227, 228
擬喚述法　213
聞き手　2, 3, 25, 65, 74, 76, 77, 79, 175, 201, 215, 221
聞き手側　216
聞き手のいない独白や心内発話　235
聞き手の有無　240
聞き手の領域　80
聞き手への配慮　31
聞き手めあて性　5, 9, 10
聞き手めあての談話機能表現　251
聞き手めあてのモダリティ　4
聞き手領域　81
記述的　1
記述的研究　230
記述的考察　212
期待　11
希望　11
基本形終止文の意味の広がり　180
基本形終止文の意味用法　181
基本形の意味用法の広がり　184
疑問　6

客体的・対象的な出来事　3
客観性　93
客観的平叙　212
共起終助詞　64
共起副詞　62
共時態　81
共時的観点　88
強調表現　212
共通認識の喚起　74
曲調的表現　223
曲調表現　213

く

句的体言　213

け

計算　98
計算・見積もり　102
形式名詞　129, 130, 252
形式名詞化　94, 100, 135, 138, 152
形式名詞的　123, 141
形式名詞としての意志用法　126
継続的意味　171
継続的意味のテイル形　175
形態的なカテゴリー　254
けり　169
ケリ　227, 228
原因・理由節　72, 75
限界動詞　200
言語体系の通時的変化　255
現在時眼前描写　169, 175

現在時状況　229
現実　5
現実事態構成の叙法　194
現代韻文資料　157
現代語のテイル　157
現場指示　176
現場指示性　167, 169, 172
現場的意味用法　187
言表事態　3, 4
原理的研究　230
原理的考察　213

こ

語彙的要因　172
構文的パターン化　146
構文的パターンの確立　152
口語体　43
恒常的事実　173
恒常的真実性　168
後接語　100
口頭談話　164
構文的なパターン化　135
構文的な変化　127
語気を和らげる働き　244
古代語　202
古代語動詞基本形終止文　204
古代語動詞基本形終止文の文脈的意味用法　255
古代語の動詞基本形　157, 194
古代語の未来時　157
事柄　3

事柄化　167, 168, 169, 175
事柄についての不確定表示機能　82
事柄の確定（断定判断）　229
事柄レベル　81
コミュニケーションの前提　175
コミュニケーションの場　176, 177

さ

さうな　37
誘いかけ　4
散文　160

し

時間性の有無　182
思考動詞　61
事実確認　71, 72, 73, 74, 88
詞辞論　2
時制の分化　168
事態構成　7
事態の具体性・個別性　188, 217, 218
実名詞としての推量用法　126
指定辞　212
射映性　8
射映的　10
射映的形式　9
じゃないか　66, 73
習慣的事実　168, 173
終止形終止　212
終止ナリ　227, 228
終止法　21

終助詞　63, 93
主観性　2, 4, 6, 93
主観的　3
主観的詠嘆　212
主題　76, 77
述定形式　6, 7
主話者交代　76, 77
準終止法　21
準体句　212, 213, 230
準連体法　21
状況叙述　225
将然態　46, 47, 48
将然態表現　39
将然態用法　35
情緒的強調表現　252
情緒的形容詞　229
焦点　76, 77
情報伝達上の焦点　201, 202, 221
情報伝達における発話者　231
情報内容と発話者との関係　252
情報の検索と提示　75
情報の絶対的優位性　217, 229
情報把握のあり方　88
情報領域　78, 79, 81
状況叙述　226
叙述内容　5
情緒的形容詞　225
助動詞の相互承接　115
叙法　6, 9
情報領域　80
資料研究　88
資料性の問題　179
真偽判断　9
心内発話　241, 242, 247

す

ズ　227, 228
遂行文　220
推量　4, 11, 17, 29, 59, 71, 72, 73, 74, 98, 104, 105
推量確認　71, 72, 73, 74, 88
推量系　24, 31
推量系のモダリティ　2
推量の助動詞　1
推量表現の通時的変遷　52
推量用法　69
スタイルのレベルの要因　172
既に〜せんとす　46
する　233, 235
するかもしれない　251
するつもり／考え／所存だ　233
するつもりだ　93, 108, 118, 125, 129, 152, 235, 247, 251, 252, 253

せ

精神活動を表す名詞　152
接尾辞　37
説明的な表現　233
前接語　100

そ

ぞ　187
ゾ　212, 214, 217
相互承接　2
そうだ　38
属性的形容詞　229

素材的概念　223

た

た　115
対聞き手の気持ち　6
体言ナリ　227, 228
対人関係指向の言語形式　65
対人関係への配慮　24
対人指向の機能　66
対人指向の談話機能　82
対立型　77
対話性　88
対話モード　77
脱テンス・アスペクト的　218
脱テンス的性格　215
タリ　198, 227, 228
だろう　2, 66, 94, 251, 252
ダロウ　9
単純推量　51
談話外部　247
談話（語りかけ）のスタイル　170
談話機能　78, 79, 80, 81, 82, 88, 252
談話スタイル　172
談話の効果　165
談話的スタイル　166, 169, 171
談話的スタイルの要素　174
談話と文章のシステム　175
談話内部　247
談話の主題や焦点　75
談話のための認識の基盤　75
談話の場　65
談話録音資料　179

ち

地域差・位相差　97
知識確認の要求　71
地の文　44
中国語の意志表現　234
中立説　159, 160
超越性　8
超越的　10
超時的現在　160
陳述論　2

つ

ツ　227, 228
通時態　81
通時的観点　88
通時的変化　88, 252
通時的変遷　1, 252, 255
通達動詞　200
つもり　11, 94, 158
つもりだ　1

て

丁寧形　5, 245
丁寧語　115
丁寧表現　3, 116
ている　120
テイル形との交替　167
ておく　120
できごと性　202, 221, 223
テクスト　160, 176
テクスト上の機能　76
「です・ます」体　244
テンス　157

テンス・アスペクト　6
テンス・アスペクト的意味　252
テンス・アスペクト的な対立　188, 217
テンス分化　169
伝達のムード　187
伝達のレベル　78, 80
伝達レベル　81

と

問いかけ　4
同意要求　4
動作・変化動詞の継続相や結果相　198
動詞　160
動詞基本形　8, 159, 179, 180, 253
動詞基本形終止文　252
動詞基本形のテンス　157, 161, 169
動詞基本形の持つ無標性　176
動詞性述語の無標形　233
同時性を持つ共有された場　175
動詞の無標形　242, 247
当然・適当　17
と思う　66
ト書き　43, 45, 48, 181, 199, 206
独白　241
取り立て　223

な

ない　115
内省　62

語句索引 273

内容判断のレベル　78
内容判断表現　251
内容補充　147
内容補充の機能　141
内容補充の連体修飾節
　　142
内容めあてのモダリティ
　　4
内容を表す連体修飾節
　　133
ナム　214, 217
ナリ　212, 213
なわ張りの情報　74

に

二次的モダリティ　125,
　　234, 237, 240, 247, 253
二次的モダリティ形式
　　93
にちがいない　1, 66, 80,
　　122, 251
認識形成の要請　74
認識要求　71
人称制限　237

ぬ

ヌ　227, 228

の

ノ　212, 219
のだ　57
ノダ構文　187, 203, 205

は

ハ　219
パーフェクト　198, 200

杯　98
はず　94, 129
はずだ　1
パターン化　144
発話の引用　170
発話現場　202, 221
発話行為的な意味　4
発話時現在　221, 223,
　　237
発話時現在状況　222
発話時現在の評価や解説
　　229
発話者　76, 215, 221, 228,
　　230
発話者側　216
発話者の内省　179
発話・伝達のモダリティ
　　3, 4, 8, 9
発話動詞　61, 200
発話行為を表す動詞
　　165
発話の際の現場的状況
　　180
発話の場面差　235
話し手　4, 5, 6, 65, 74, 77,
　　79, 175, 201
話し手の領域　80
話し手領域　81
反語　17
判断系のモダリティ　3
判断系モダリティ　5
判断系モダリティ形式
　　251
判断のムード　187
判断のレベル　80

ひ

非アクチュアル　223
非過去　185

非活用語　55, 57
非限界動詞　200, 201
非現実事態仮構の叙法
　　194
非情物　44, 45
筆記資料　179
否定意志　130
評価的文末詞　205
表現意図　184
表現系のモダリティ　3
表現系モダリティ　5, 6
表現態度の問題　65, 207

ふ

複合辞的表現　66
文語色　119
文語体　43
文語的な表現　242
文語的文体　11, 171
分析的表現　94, 179, 251
文体　5
文としての表現意図
　　160
文内容と現実との関わり
　　7
文内容の事実性　8
文の伝達機能　78
文の類型　2
文法化　1, 76, 251
文末辞的に機能　57
文末表現形式　66
文末表現の体系性　179
文末モダリティ　100
文末モダリティ化　100
文脈　180
文脈依存的　12
文脈的意味　11, 254

へ

平叙文　2
べし　93, 129
ベシ　227, 228

ほ

法助動詞　2, 6

ま

まい　130, 135
将に〜せんとす　46
マジ　227, 228
ます　115, 116
マホシ　227, 228

み

みたいだ　38
ミタイダ　215
見積もり・計算　119
未分化性　204
未分化な素材性　231
未来時を表す副詞　175
未来の計画　126

む

む　11, 66, 93, 129, 194
ム　9, 206
無意志的行為　34
ムード　2
無標形　252
無標の基本形　204
無標の形式　179
室町時代の口語資料　17

め

名詞一語文　213
命題　1, 2, 3, 4
命題確認の要求　71
命題めあてのモダリティ　3, 4
命令　6, 11, 17
命令文　2
メリ　227, 228

も

モ　219
モダリティ　1, 2, 3, 5, 6, 157
モダリティ形式　254
モダリティ形式の分類　8
モダリティ表現　144
モダリティ表現形式　66, 138
ものなり　192, 193

や

ヤ　231

ゆ

融合型　77

よ

ヨ　214
ようだ　38

ら

らしい　38

ラル　227, 228

り

リ　198, 227, 228

る

ル　227, 228

れ

歴史的現在　159, 181, 205
歴史的変遷　72, 94
(連語) ジトス　227, 228
(連語) ムトス　227, 228
連体形・已然形終止　187
連体形終止　204
連体形終止文　211, 252
連体形終止文の表現性　213
連体修飾語　137, 138, 141
連体修飾語句　100
連体修飾節　120, 126, 129, 136, 141, 143, 144, 146, 151
連体ナリ　227, 228
連体法　21

わ

和歌の古語性　169, 175
わけだ　1

人名・書名索引

G
Givón　8, 230

H
Hopper　71, 230
Halliday, M. A. K.　5

I
Iwasaki　230

P
Palmer　8

S
Szatrowski　69, 71, 72, 74, 76, 77

T
Thompson　230

い
池田廣司　19

う
浮雲　120
浮世草子　96, 97, 136
浮世床　19
浮世床総索引　19

え
江戸言葉の研究　17

お
大木一夫　159, 160, 180, 182, 186
大蔵虎明本狂言集（脇狂言之類）　18
大蔵虎明本狂言集総索引　19
大蔵虎明本狂言集の研究　19
大鹿薫久　254
沖裕子　49
落窪物語　194
尾上圭介　2, 5, 6, 7, 8, 9, 10, 180, 181, 184, 186, 194, 213, 255

か
金水敏　59, 69, 159
歌舞伎脚本　43, 95, 96, 97, 109, 131

き
北原保雄　19
黄表紙　43, 95, 131, 133
狂言　130, 136
狂言記　130, 135
キリシタン資料　130, 136
近世文学総索引　19

く
工藤浩　5
工藤真由美　160, 186, 205, 206
黒田徹　160

け
源氏物語　161, 162, 192

こ
古今集　161
小島聡子　180, 182, 187
滑稽本　43, 53, 96, 110, 132, 133
此島正年　204
近藤泰弘　2, 255

さ
西鶴　107, 108, 123
桜井光昭　185
佐田智明　94, 129

し
式亭三馬　19
重見一行　187
シナリオ　53, 199
芝居の神様　176
洒落本　39, 43, 95, 109, 126, 131, 133
朱継征　234, 243, 248
十返舎一九　54

小説　96, 132, 133
浄瑠璃　18, 97
浄瑠璃集　39
新古今集　165

す

鈴木泰　159, 160, 185, 186, 199, 200, 202, 228

そ

雑兵物語　39

た

大文典　37
高橋太郎　160
高山善行　1, 6
田中章夫　94, 126
田野村忠温　6, 71, 72, 73, 74

ち

近松門左衛門　18, 107, 108, 123, 135, 136
張昌玉　234, 243, 248

つ

鶴橋俊宏　51

て

鄭相哲　69, 71, 80

と

時枝誠記　2

徳川時代言語の研究上方篇　17

な

長友千代治　43
中野伸彦　52, 64
夏目漱石　97, 123
ナロック，ハイコ　2, 5, 8

に

仁田義雄　3, 4, 8, 9, 187, 206, 234
日本国語大辞典　104, 130
人情本　43, 96, 109, 132, 133

の

野村剛史　5, 7, 8, 9, 10

は

蓮沼昭子　69, 71, 72, 73, 74
白光の森　176
噺本　43
原口裕　55

ひ

東辻保和　192, 193

ふ

フィルモア，C.　2

ま

益岡隆志　1, 3, 5, 93, 233, 234, 237
万葉集　160, 161, 162, 165

み

三宅知宏　69, 71
宮崎和人　64, 69, 71, 77

も

森鷗外　97, 123
森野崇　187
森山卓郎　4, 8, 9, 59, 69, 160, 234, 235, 243, 253

や

山内洋一郎　211, 212, 213, 214, 228
山岡政紀　204
山口佳紀　157
山田孝雄　2

ゆ

湯澤幸吉郎　17

よ

吉田光浩　225

ら

落語口演速記　54, 96, 132, 133

ろ
ロドリゲス　37

わ
渡辺実　194

【著者紹介】

土岐留美江（とき るみえ）

〈略歴〉1995 年、東京都立大学大学院人文科学研究科博士課程単位取得退学。2006 年、名古屋大学大学院文学研究科より学位取得。博士（文学）。1995 年、愛知教育大学教育学部助手。2000 年、愛知教育大学教育学部助教授。現在、愛知教育大学教育学部准教授。専門は日本語学（日本語史）。

〈主な論文〉「古代語と現代語の動詞基本形終止文―古代語資料による「会話文分析」の問題点―」『社会言語科学』6-1（2003）、「平安和文会話文における連体形終止文」『日本語の研究』1-4（2005）。

ひつじ研究叢書〈言語編〉第82巻

意志表現を中心とした日本語モダリティの通時的研究

発行	2010 年 5 月 21 日　初版 1 刷
定価	6200 円＋税
著者	Ⓒ 土岐留美江
発行者	松本 功
本文フォーマット	向井裕一（glyph）
組版者	内山彰議（4&4, 2）
印刷製本所	株式会社 シナノ
発行所	株式会社 ひつじ書房

〒 112-0011 東京都文京区千石 2-1-2 大和ビル 2 階
Tel.03-5319-4916　Fax.03-5319-4917
郵便振替 00120-8-142852
toiawase@hituzi.co.jp　http://www.hituzi.co.jp

ISBN978-4-89476-474-3

造本には充分注意しておりますが、落丁・乱丁などがございましたら、小社かお買上げ書店にておとりかえいたします。ご意見、ご感想など、小社までお寄せ下されば幸いです。